"C理论"系列丛书

商业模式创新

Business Model
Innovation

郭斌　王真 _著

中信出版集团 | 北京

图书在版编目（CIP）数据

商业模式创新 / 郭斌，王真著. -- 北京：中信出版社，2022.10
ISBN 978-7-5217-4750-8

Ⅰ.①商… Ⅱ.①郭… ②王… Ⅲ.①商业模式－研究 Ⅳ.① F71

中国版本图书馆 CIP 数据核字 (2022) 第 167186 号

商业模式创新
著者：郭斌　王真
出版发行：中信出版集团股份有限公司
（北京市朝阳区惠新东街甲 4 号富盛大厦 2 座　邮编 100029）
承印者：宝蕾元仁浩（天津）印刷有限公司

开本：787mm×1092mm　1/16　　印张：17.5　　字数：203 千字
版次：2022 年 10 月第 1 版　　印次：2022 年 10 月第 1 次印刷
书号：ISBN 978-7-5217-4750-8
定价：69.00 元

版权所有·侵权必究
如有印刷、装订问题，本公司负责调换。
服务热线：400-600-8099
投稿邮箱：author@citicpub.com

目录

总序　C 理论：后真相时代的真相　　　　　　　　　　　　V
序言　商业模式创新：商业世界的阿基米德杠杆　　　　　　XI

第 1 章　改变商业世界的杠杆　　　　　　　　　　　　　　1
　　时代的狂飙　　　　　　　　　　　　　　　　　　　　2
　　商业模式创新的"寒武纪"　　　　　　　　　　　　　5
　　突破工业化时代的增长极限　　　　　　　　　　　　　8
　　商业模式创新浪潮中的技术因素　　　　　　　　　　　11

第 2 章　透视商业模式的本质　　　　　　　　　　　　　　15
　　商业模式认知的"战国时代"　　　　　　　　　　　　16
　　过多的细节：不识庐山真面目　　　　　　　　　　　　18
　　什么才是"本质"？　　　　　　　　　　　　　　　　21
　　商业模式的实质　　　　　　　　　　　　　　　　　　23
　　商业模式与战略之间的关系　　　　　　　　　　　　　28

第 3 章　商业模式：价值设计　　　　　　　　　　　　　　35
　　价值设计的两个维度：对象维度（who）与价值点维度（what）　36
　　价值设计的对象维度："20/80"与"长尾"　　　　　　39
　　价值设计的天然起点：差异化 + 未被满足的需求　　　　44

	为什么"产品"思维会限制价值设计？	46
	建立价值标签	49
	激发对价值的感性认知	52
	重新定义场景	54
	中国情境的价值设计：性价比	56

第 4 章　商业模式：交易过程设计　59

	交易链条上的成本与时间分布	60
	逻辑 1：精简（去中间化）	63
	逻辑 2：集约化（"工厂化"）	65
	逻辑 3：外包给高效率或低成本的第三方	69
	数字赋能：大航海时代	72
	如何知道我们的交易过程设计是有效的	74

第 5 章　商业模式：收入流设计　77

	收入流设计的维度	78
	逻辑 1：资源交换的闭环	80
	逻辑 2：产品的分拆	83
	逻辑 3：产品与服务的分拆	85
	逻辑 4：流量与变现的分拆	88
	逻辑 5：基于时间的分拆	90
	逻辑 6：资产变现	92
	逻辑 7：收入方式的转换	95
	逻辑 8：从能力差与时间差中获益	97

第 6 章　商业模式设计的隐含维度：能力　103

	看不见的往往更重要	104
	能力的异质性与适配	109
	能力的套利：移用与降维	115
	能力的聚合	120

第 7 章　商业模式创新的力量　　127
产业重塑与颠覆　　128
加速创新的商业化进程　　130
变不可能为可能　　134
重新定义竞争领域　　136

第 8 章　"好"的商业模式：如何评估　　141
商业模式的外部独特性　　142
商业模式的外部难以模仿性　　146
商业模式的可拓展性　　151
所有参与者获得增量式收益　　153
商业模式的新颖性与效率："平衡"或"选择"？　　156

第 9 章　商业模式的冷启动　　163
什么是冷启动　　164
冷启动面对的限制与挑战　　165
策略 1：精益式验证商业逻辑的可行性　　168
策略 2：建立全新的顾客价值认知　　172
策略 3：充分利用互补性资产　　176
策略 4：尽快越过拐点　　179

第 10 章　打破商业模式的思维边界　　183
请勿止步于商业模式的拆解　　184
我们为什么会视而不见？商业模式隐藏的底层假设　　186
突破商业模式的限制因素　　190
无边界思考：资源沉淀　　193
每一次商业模式创新都是一场革命　　196

第 11 章　商业模式的嵌套设计　201
商业模式的嵌套性　202
DNA 复制　204
从 O2O 到元宇宙　210
商业生态系统　214
跨域商业逻辑重构　219

第 12 章　商业模式设计实践方法论　223
步骤 1：需求趋势洞察　226
步骤 2：商业模式的战略性反思　229
步骤 3：对现有商业模式的整体性诊断　230
步骤 4：价值设计　232
步骤 5：价值创造与交易过程设计　234
步骤 6：收入流设计　236
步骤 7：能力匹配性诊断　238
步骤 8：商业模式的评估　240
步骤 9：商业模式跨层、跨边界优化　242
步骤 10：基于持续改进思想的迭代优化　245

注释　247
参考文献　256

总序

C 理论：后真相时代的真相

在这英雄辈出的市场经济时代，人们，尤其是"学者们"，会情不自禁地问：是时代造就了英雄？还是英雄造就了时代？160 余年来国人的工业化之梦终成正果：重回"世界第一制造大国"。是第一次、第二次，还是第三次工业革命的巨大风口鼓动了这些企业家英雄？还是第四次工业革命？或称"新一轮科技革命"？或是企业家们成就了这一轮又一轮的工业革命？

近年来，有一个很流行的时代描述："后真相时代"。其定义是这样的："后真相时代，立场越极端，敌人越鲜明，越容易迎合和操控民意。这个时代流行的，是断言、猜测、感觉，是通过对事实进行观点性包装，强化、极化某种特定看法。"原来如此！

每一次工业革命的兴起，每一个大国的崛起，都伴随着影响世界的伟大经济理论和管理理论的流行。从英国亚当·斯密的《国富论》、法国法约尔的《工业管理与一般管理》、德国韦伯的《新教伦理与资本主义精神》、美国人泰勒的《科学管理原理》、熊彼特的《经济发展理论》、福列特女士的《福列特论管理》、大内的《Z理论》，到日本藤本隆宏的《丰田制造系统的演化》(*The evolution of a manufacturing system at Toyota*)、韩国金麟洙的《从模仿到创新》，没有一个经济大国的崛起是没有理由的，也没有一个经济大国的崛起是没有其独特而又有普遍意义的管理创新的！时不我待，伴随着中华民族的伟大复兴，基于中国企业管理实践的"C理论"亦将应运而生！

而今，中国经济的快速发展意味着什么？当"中国式现代化"登上世界大舞台之时，基于中国实践而又能影响世界的经济理论和管理理论是什么？身处"后真相时代"的"喧嚣"中，如何形成这样的理论？管理学的本源在于揭示价值创造和价值实现的规律。在忙于将西方理论引入中国，并用中国企业的进步去验证西方管理学的意义和价值的同时，中国的管理学者们还真得好好思考一下自己在中国情景下从事管理研究的意义和价值，沉下心来对中国企业的伟大实践进行深入的研究，以回归管理学者的本质。

面对彻底放下历史包袱，成功运用西方现代管理理论与方法，又浸润、融入中国千年文化底蕴，与当代科技革命紧密结合而取得巨大成功的中国企业，恐怕我们得先从"赛先生"这里开始补课。

眼下还有两个比较流行的名词："民科"与"官科"。即所谓"民间科学"与"官方科学"。二者有什么关系？有人说"官科"主要由政府支持，"民科"则有民间自发的自由探索，犹如金庸小说中的"名门正派"与"江湖豪侠"。在眼下的管理学研究中，似乎"官科"就是各高校主导的西学，"民科"则是由笃信传统文化或称"国学"的研究者主导的国学，大家各抒己见。

其实，在我们看来，就科学而言，本无"官民"或"等级"之分，科学是客观规律，所谓的"官科"或"民科"，都不能代表真正的科学。作为社会科学的管理学，是因组织的存在与竞争而存在的学问。它根植于在有限资源的限制下追求效用最大化的企业竞技场，它研究竞技场中勇士们的竞争规则、制胜行为和战略、战术及其文化精神，而这一切又都受到组织外部和内部不断动态变化的情景影响。

很多时候，人们习惯于从现象中总结规律，是为"经验科学"；但人们也能感觉到现象背后还有某种更抽象的、不以某人的意志为转移的东西，当人们能够通过"实验科学"的手段来探知这些规律，进而运用于实践，它所建立起的架构、规则和范式则能普适地造福于人类。在这所谓的"管理学丛林"中，我们还是欣喜地发现：中国的管理学正在进入一个"百花齐放"的新阶段，其中一个很典型的现象，就是新名词、新概念的涌现。兴奋之余，我们也不得不反躬自省：这些新名词、新概念，是不是忘掉了一些假设或前提？是不是忘掉了一些最基本的科学原理？是不是谁的嗓门大、听众多，谁就是对的？谁引证的企业厉害，谁就能证明他有一套理论或范式？这好像又回到了"后真相时代"……

人们时常会把某些成功企业家视为"神人"，可是这些人有时也会一个趔趄"跌下神坛"；人们总是过度关注"某某企业家说过……""某某企业家做过……"，似乎可以"照猫画虎"，让自己也成为一代枭雄。成功的企业家自有其伟大和神奇之处，一些明明白白的常识，经他们之口就成了"醍醐灌顶"的金句，可一转眼，他们自己却又往往倒在一些更为"浅显"的常识上。管理与管理学的区别就在这里。管理讲实效，管理学讲客观规律。人类文明的进步就在于，对客观规律的认识成为推动社会前进的"发动机"。

结果的成功能证明过程的正确？我们应该向失败者学习，还是向成功者学习？托尔斯泰在其名著《安娜·卡列尼娜》中说："幸福的家庭都是相似的，不幸的家庭各有各的不幸。"而在企业实践中，"失败的原因往往是相似的，成功之路则各不相同"。管理学者的科学精神，首先在于摆正管理科学研究与管理实践之间的关系。它们之间有着必然的紧密联系，但一定是有所区别的，同时也不仅仅是"经验"与"实证"或"规范"的关系。现实中更多的情况是：基于个别企业的经验直接得出的"有效"结论，与运用西方理论范式的"科学"统计和演绎方法得出的脱离中国实际的结论，二者并存。

作为研究者，我们常以"理性精神"自诩，有批判理性的前提是要有批判的能力。这就需要我们在认真学习和借鉴前人理论和经验的同时，深入中国的企业，以全球视野和科学方法来"大胆假设，小心求证"，研究企业管理的真正科学规律，揭示蕴藏于千变万化的企业行为背后的管理真谛。

古希腊先贤亚里士多德曾作下面这张图（见下页），其中的四个维度分别是理论、知识与技能、智慧、实践。

这里的"phronesis"这个词是很有意思的，它是指基于实践的智慧，有人将它译为"实践科学"或"实践智慧"，是管理研究中最为人们所乐道的内容。通过这个框架，反思实践与理论的关系，能够端正我们的研究理性。

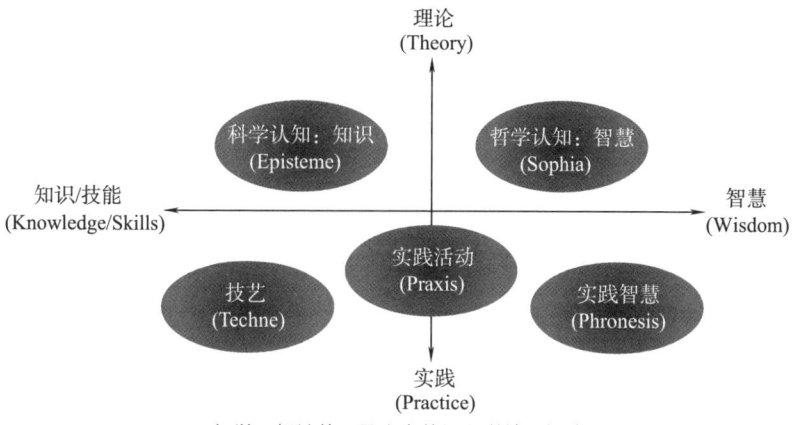

与学习相关的亚里士多德语义学精要概述

翻译自：Amann, W. (2017). Phronesis 2.0 and its impact on an executive's learning. Presentation given during the research workshop on April 6, 2017, University of Twente.

回到管理研究工作的本源。管理研究的本源是什么？管理研究的科学意义在哪里？我们认为，管理研究的本源就在于揭示组织的价值创造和价值实现的原理与规律，并将之与价值分享机制联系起来，形成某种可持续发展的良性循环。

作为长期关心和研究中国领先企业管理实践的学人，我们致力于用科学的批判和建设性思维，将曾经或正在华为等企业一线奋斗的管理者们的实践经验提炼出来，通过"睿华创新管理研究院"这个新型智库平台，推出凝结了三十多年管理科学研究成果的"C理论"系列丛书。该丛书分"理论系列"和"实践系列"两部分。"理论系列"以学者的理论探讨为主，是从中国实践出发，对情景与变革（context and change）、超越追赶（catch-up and beyond）、混沌与范式转变（chaos and paradigm shift）、妥协与灰度（compromising and grey management)、共创共建共赢共享（co-create, co-construction, co-win, co-share）等核心概念的理论探索；"实践系列"则通过学者和曾经的资深管理者的合作，对一个个鲜活的企业案例进行系统性的科学剖析和理性建构，从不同的视角总结出实用而又不失智慧的管理案例和管理实务，能为当下经理人的管理工作提供切实的帮助和启发。两个系列因相生而相融、因相争而相洽，在纠缠中升华。

我们一直在路上。我们殷切地期望更多的学者和企业管理者携手并进，通过系统研究，开发出基于中国实践的管理理论、方法和工具，成为自立于世界先进管理理论、方法和工具之林的优秀知识成果，为全球企业乃至人类社会的健康发展做出应有的贡献！

吴晓波、田涛
2022 年 9 月，杭州、北京

序言

商业模式创新：商业世界的阿基米德杠杆

商业的历史，就是一部商业模式创新的历史

2020年以来，我们看到中国互联网行业出现了明显的产业波动，一些主流的互联网公司似乎陷入了低谷，资本市场的寒流也让人们明显地感觉到了这样的趋向。一些对互联网行业的看法也越来越偏于负面，甚至对商业模式创新也出现了负面的观点，尽管商业模式创新曾经毫无疑问地被视为互联网行业兴起的重要驱动力。这不禁让我们想起在20年前发生的互联网"泡沫破灭"。那时人们的形容甚至比现在还要悲观——"网络泡沫如昙花一现，彻底破灭了"。我们如果以一个更大的时间视角去观察所处的世界，会发现它存在着一些有趣的历史循环。许多隐含在历史趋势背后的规律，终将在不同的时间段里循环往复。这些规律重现的时候，它们外在的具体形态和细节或许已经有一些变化，但其本质并未改变。

就此而言，商业模式创新对于我们理解商业世界的长期变化有着特别的意义。一方面，那些在历史上不断涌现的商业模式创新者已经证明了商业模式创新在创造商业价值和改变商业世界的竞争形态上具有强大的力量；另一方面，一个常常被人们忽视但又会令人惊讶的问题是，尽管商业模式创新蕴含着巨大的力量和价值，但时至今日，不论是在学术研究领域还是在产业实践领域，人们对于商业模式的看法依然很模糊，甚至商业模式这个概念都一直没有一个被研究者和实践者普遍认同和接受的定义。

尤其需要指出的是，尽管商业模式创新在互联网时代释放出了巨大的商业价值创造力量，给人的感觉似乎是互联网的兴起给商业模式创新提供了大量的机会，但商业模式创新本身却不是一个新的现象。在历史上，许多产业的发展和产业竞争格局的更迭，背后都隐藏了许多商业模式创新的身影。事实上，人类对商业模式创新的探索可以追溯到市场经济和商业诞生之初。就此而言，商业的历史，就是一部商业模式创新的历史。

一个非常简单的例子就是货币的出现。我们知道，在一些历史学家看来，改变人类历史的三个最为重要的早期发明分别是"火"、"轮子"和"货币"。货币的出现，对当时的人类社会而言，是一个极其关键的创新。它将物物交换的交易模式转变成以货币作为媒介的交易模式，使交易的效率与成本发生了革命性的变化。可以说，货币的出现所导致的交易模式变化，本身就是一种商业模式创新。

理论的价值，是帮助我们用更为简洁的方式理解看似复杂的世界

本书是一本面向商业模式创新实践者的书。不过与很多时候人们习惯于将思想性与实践性、理论与实践进行某种对立不同，我们相信这两者之间存在着非常微妙的联系。因为即使是那些没有意识到理论存在的实践者，他们的行动所暗含的那些思考和逻辑，本身就是对理论的某种印证或与理论有某种程度的契合。商业模式创新者面对着更大的模糊性和不确定性，因此在实践上更需要一些理论来给予认知和思考上的帮助。

不过，我们在提出面向实践者的理论框架的时候，所追寻的最为重要的原则是"简洁的力量"。至少在我看来，理论的意义在于帮助人们用更为简洁的方式来理解复杂的世界和现象，而非相反。而理论的简洁性就需要我们尽可能地触达事物的本质。那些对商业模式创新现象和实践的简单描述，无法帮助我们建立简洁的思考框架。这事实上也是商业实践者容易产生的困惑，因为现有对于商业模式的分析，要么注重对现象与细节的描述，使人们迷失在大量的细节里，要么虽然给出了理论或者是理论性的阐释，但是这些理论性框架往往不够简洁、过于复杂。

必须承认的是，商业模式本身确实是一个具有高度复杂性的分析对象。这种复杂性固然与商业模式在现实世界里的多样性有关，但更为关键的是，商业模式不论是在构成要素上还是在范围上都具有较高的复杂性。人们在拆解商业模式的时候，都不可避免地需要从各个方面来梳理商业模式所涉及的参与者与互动关系，以及跨越

企业边界来分析整个价值链条和商业生态系统。在试图构建关于商业模式设计的简洁框架时，这种复杂性无疑会给我们带来不小的挑战。如果用一个词来表达我们对本书的期望，我想有一个词能表达我们所追求的境界——"庖丁解牛"。我们试图给出一个简洁且在逻辑上自洽的商业模式设计框架，并且力图让本书的各个章节形成清晰的逻辑脉络，由此来帮助阅读者对"商业模式"这个看起来具有较高复杂性的概念形成更为透彻的认知。我们深知这是一个非常具有技术性的且非常具有挑战性的任务。也正因为如此，我们的目标并不是挑战已有的商业模式研究，恰恰相反，我们的目标是能够对商业模式设计与创新问题提出新的思维方式以及提供启发性的视角。因为没有之前那些商业模式研究和实践的探索，我们是很难走到这里的。

在本书中，我们提出了商业模式设计的"层次嵌套模型"（nested embedded analytical template, NEAT）。"neat"这个英文单词有简洁、优雅之意，符合我们在本书中一再强调的一项原则——"理论的意义在于用简洁的方式帮助我们理解复杂的世界与现象"。基于这个层次嵌套模型，我们可以把本书的要旨概括成如下三句话：(1) 我们可以从价值、交易过程、收入流这三个核心维度去理解商业模式，商业模式创新源自这三个维度。(2) 商业模式创新者需要找到商业模式的隐含假设、建立商业模式的底层能力、去除商业模式的瓶颈、构建商业生态系统，这构成了商业模式创新的隐含维度与思考方向。(3) 商业模式是内嵌在商业生态系统中的。换言之，对商业模式创新者而言，商业模式的价值创造（value creation）、价值传递（value delivery）与价值获取（value capture）过程包含了多个商业生态系统参与者共同完成的多个环节（在学术上被称为 activity system）；并且，在业务和企业这两个层面，商业模式是存在层次嵌套特性的，彼此之间有不同但又密切关联。

当然，对理论简洁性的追求并不意味着我们会放弃对思想性以及实践性的追求。我们依然希望我们所提出的商业模式设计框架能够帮助实践者在现实的商业世界里更透彻地理解商业模式的本质，以及在商业模式设计和创新中更有效地实践。为此，在本书的写作过程中，我们融合了这些年来在商业模式领域的学术研究与咨询实践经验。在我们看来，这些学术研究和咨询实践，本身就是一个研究者与商业模式创新者的对话过程，这个过程可以以迭代的方式对思考进行精炼和印证，以及对理论框架和建立在此基础上的方法论进行实践可用性的测试和验证。

此外，近年来，社会创业（social entrepreneurship）也成为社会关注的热点领域。我们在本书中所给出的商业模式设计框架及方法论，虽然以企业这样一种营利性组织为对象，不过总体上对于社会创业情境依然有着较大的适用性。这是因为社会创业可以被视为通过商业手段来创新性地解决社会性问题，它需要对商业模式进行设计，以实现在解决社会问题时的效率、有效性和可持续性。就此而言，那些针对作为营利性组织的企业的商业模式设计原则与创新策略，依然可以被运用在社会创业的情境当中。这也从另外一种层面体现了商业模式创新所具有的价值与意义。

关于本书的写作

一本书的写作过程，就如同一座建筑被建造的过程。我们首先以设计的形式将其结构与逻辑呈现在纸上，然后真实地建造出来并呈现它最终的形态。在这些年的不断思考中，我逐渐完善了商业模式设计与创新的整体思想、逻辑拆解与分析框架。不过，本书的写作时间点却有一点有趣的偶然性，如同我对自己的微信公众号的命名——随机行走的文字。由于正在写作另外一本关于战略本质与反思的书，所以我本来是计划在这之后再准备开始写作《商业模式创新》这本书的。不过有一次在与我的博士生们聊起一些事情的时候，无意之间提及写这本书的想法，我的学生们都很感兴趣，主动跟我提起是否可以参与这本书的写作。这让我想起许久以前，我在准备第一本书的写作时那种好奇而又期待的心情，那确实是一种很特别的体验。我从他们身上看到了我当年的影子。于是我决定调整原定的写作计划，在写作另一本关于战略的书的同时，与我的学生们合作完成《商业模式创新》这本书。

这种合作方式对我而言，也是一种新的体验。为了保证整本书的结构系统性和逻辑一致性，我先拟写了一份提纲，确定了整书的章节名称以及各个章节的写作要点，大致有14000字；然后花了大致一天的时间跟我的学生们讲解了我的整体构思以及各个章节要点背后的意图和思考。对于商业模式这样一个具有相当复杂性的主题，在写作过程中保持这种逻辑一致性显得尤为必要。

本书由我完成了序言和第1章。从第2章到第12章，是在拟定的章节目录和各章节要点上，由我的学生们写作了初稿，其间我们针对疑问和问题进行了讨论；然后由我对全部初稿进行修改，完成初步的定稿，为了更好地呈现本书的逻辑，我大致重写了一半的文稿；最后再由我的学生进行细节上的补充和修订。这是一个有趣的并行和迭代的过程。因此，最终的成稿是由谭子雁参与了第 2 章和第 10 章的写作；李曦参与了第 3 章的写作；张宁参与了第 4 章的写作，并与张嘉乐共同参与了第 12 章的写作；殷嘉咛参与了第 5 章和第 8 章的写作；贾玥参与了第 6 章和第 11 章的写作；王真参与了第 7 章和第 9 章的写作。我和王真完成了对整本书的最终统稿。当然，作为本书框架的构思者，书中如有错误或不足之处，依然是我的责任。如果读者愿意对本书的内容、观点和逻辑提出改进的意见及建议，我们欢迎至极，并在此先表示由衷的谢意。

郭斌
2022 年 6 月，杭州

第 1 章

改变商业世界的杠杆

时代的狂飙

每一个时代在商业价值的创造上，都存在着一些主导的驱动力量，而这些力量或者说价值创造的杠杆，会随着时间的推移发生转换。而我们如果想要知道在每一个时代是什么样的价值创造力量在商业世界占据主导地位的，可以透过一些"窗口"找到线索。一个非常直观的"窗口"就是"全球市值最高的公司"榜单。在资本市场当中，人们对一个公司的估值，反映了他们对于这家公司的价值认知，原因在于公司的估值在很大程度上取决于它在当期所展现出的竞争优势，以及人们对它未来价值的预期。所以，"全球市值最高的公司"榜单实际上反映了人们对于那个时间点上商业价值创造力量的趋势性看法。换言之，我们可以通过分析在这样的一个榜单当中，究竟是来自什么行业或领域的公司占据主导地位，从而推断出在那个时间点上在商业世界里处于舞台中央的力量是什么。

在 2021 年全球市值最高的前 10 家公司中，有 5 家是互联网公司，它们分别是亚马逊、Alphabet Inc.（谷歌母公司）、脸书、腾讯、阿里巴巴。这就产生了一个非常有趣的问题，为什么这个时期的互联网公司会在全球市值排名前 10 的公司榜单中占据半壁江山？我们可以从这些公司在刚出现的时候总是被称为"新物种"上发现端倪。之所以被称为"新物种"，是因为它们出现的时候，人们发现很难用现有的商业类型或行业来定义或者理解它们。它们的出现，既代表着一些新的商业模式在诞生，也意味着它们巨大的成长潜力来自它们在商业模式上的创新。与它们形成鲜明对比的是那些在历史上被称为传统企业的工业企业，这些企业往往需要经过漫长的时间积淀才能获得市场价值的认同。因此，商业模式之所以会日益引起人们的关注，一个重要的原因在于商业模式创新者在商业价值创造和捕捉上所拥有的巨大力量。

从汽车行业公司市值的历史性变化上，我们也可以看到以往时代与当今这个时代的巨大差异。从 2022 年 1 月的全球汽车企业市值排名来看，排名第一的特斯拉的市值接近排在第 2 位的丰田公司的 3 倍（这个市值差距在 2021 年更大，接近 4 倍）。2021 年，丰田汽车在全球范围内共交付了 1049.55 万辆汽车，而特斯拉在全球累计交付新车 93.6 万辆，这无疑是一个巨大的反差。2021 年 7 月 19 日，特斯拉推出了完全自动驾驶软件的订阅服务。这给资本市场提供了更多的想象空间，意味着特斯拉的估值将会因其商业模式的变化而获得更大的潜在发展空间。特斯拉公司的估值之所以会大大高于丰田公司，一个关键之处在于它并非以传统意义上的制造企业被估值，而是按照一家在商业模式上不断进化的高科技公司被估值。事实上，这并非特斯拉一家在资本市场上的崛起，而是那些被称为"造车新势力"的新能源汽车企业的集体狂欢。

中国互联网行业也充分地享受了这场由互联网技术和商业模式创新共同塑造的狂飙。在玛丽·米克尔（Mary Meeker）所发布的《2018 年互联网趋势报告》中，全球市值最高的 20 家互联网公司有 9 家来自中国，其余 12 家全部来自美国（由于榜单中美团和今日头条并列第 20 名，所以前 20 名榜单实际上共有 21 家企业）。而据 Statista 网站统计，截至 2022 年 6 月，即使美国股票市场大幅上涨而中国 A 股和 H 股市场的互联网公司股价有所下跌，中国依旧牢牢占据"全球市值最高的 20 家互联网公司"中的 9 个席位（其余 11 家中 9 家来自美国，1 家来自新加坡，1 家来自韩国）。[1] 由此可见，中国在互联网领域所获得的影响力不可低估。

商业模式创新的力量，并不仅仅体现在对于商业价值的创造上，也体现在对一些行业中曾经存在的主导力量的摧毁上，尤其是那些伴随着技术创新而出现的商业模式创新。例如，伴随着数字化和多媒体技术的发展，报纸、杂志等以纸张为载体的媒体出现了影响力下降的趋势，人们甚至会很严肃地讨论纸媒在未来是否会逐渐消失，其中一个很重要的原因在于，纸媒的一个重要收入来源——栏目广告，正在日益被替代并失去其商业注意力。如今，人们已经不像以往时代那样对于纸媒抱有那份期待和热情。云计算的出现，也引发了商业模式和产业结构的巨大变化，给那些传统意义上的软件、硬件提供商带来巨大的冲击。有 40 年发展历史、在鼎盛时期曾拥有 1200 多家连锁书店且年销售额超过 40 亿美元的全美第二大连锁书店鲍德斯（Borders）集团，面对亚马逊所开启的网上书店模式的冲击，于2011年宣布破产清算并关闭所有剩余的运营门店，这实在令人唏嘘。这些曾经立于舞台中央的企业逐渐退至舞台边缘甚至谢幕，它们曾经或许很努力地试图改变自己的命运，然而最终还是输了，它们并不是输给了对手，而是输给了时代，输给了创新理论之父约瑟夫·熊彼特（Joseph A. Schumpeter）所说的由创新带来的"创造性破坏"（creative destruction）。就此而言，商业模式创新可以被视为这样的一种力量，它一方面在进行着毁灭，为那些曾经极尽绚烂的巨人带来诸神的黄昏[①]，而另一方面又同时在进行着生机勃勃的创生，为那些将要在商业舞台上大放异彩的新生力量吹响进军的号角。或许狄更斯在《双城记》中的一段话可以作为这种对比的生动写照（虽然这段话的原意并非如此）：那是最美好的年代，那是最糟糕的年代；……那是希望的春天，那是失望的冬天。对那些商业模式创新者而言，这是"最美好的年代"和"希望的春天"，而对于那些黯然退场的企业，则无疑是"最糟糕的年代"和"失望的冬天"。

商业模式创新的"寒武纪"

寒武纪所指的地质年代，大约开始于5.4亿年前。在这一时期，

[①] 诸神的黄昏是北欧神话预言中的末日之战，这场战争造成很多重要人物的死亡。用来比喻世界毁灭并重生的"世界末日"。

寒武纪地层在 2000 多万年时间内突然出现了门类众多的无脊椎动物化石，该物种在这段时间的突然出现以及在数量上的激增，被称为"寒武纪生命大爆发"，其成因目前仍然存在着多种有待证实的假说。寒武纪见证了地球生命演化进程中极其壮观的一段特殊历史。

我们如果把目光投向商业模式的涌现以及人们对于商业模式现象的关注，就会发现一个有趣的现象：在西方，不论是在学术研究领域还是对大众而言，人们对商业模式的关注在 1995 年前后出现了爆发点（如图 1-1 所示）。这是为什么呢？或许与当时的两个因素有着密切的关系。一方面，商业模式在商业价值的创造上有着惊人的效率，随之而来的是一些后来成为互联网巨头的企业开始出现加速增长，在各个领域和赛道也出现了大量的独角兽企业，这作为一种明显的信号不断出现在各种商业媒体以及社会群体的话题当中；另一方面，与技术相伴而生的商业模式（尤其是那些基于互联网技术的应用形态）渗透性地进入人们的工作和生活场景，改变和冲击着人们的一些认知，甚至于对我们的社会形态也产生了一些深远的影响（例如，基于互联网的社交网络应用使我们的信息获取方式及其所造成的社会影响已经变得与以往任何一个历史时代都不同）。这暗含了一个事实，那就是互联网的出现和发展为商业世界释放商业模式创新的力量提供了关键的条件，以至于马化腾这样描述一个时代的开启："1995年，我用 modem（调制解调器）和电话线开通了惠多网（Fidonet）的深圳站，打开了一个新世界的大门。"

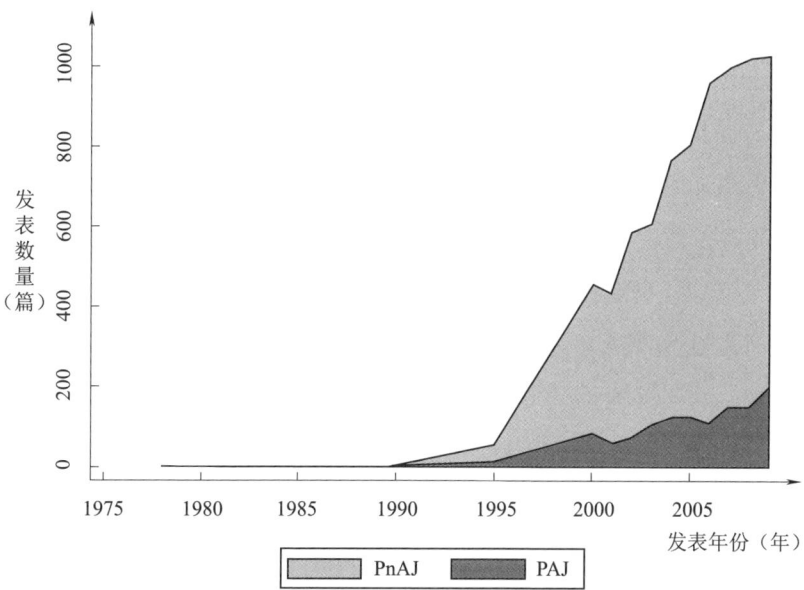

图 1-1　商业/管理领域的商业模式相关文章

注：该面积图显示了与商业模式相关的文章发表数量随时间变化的趋势，其中 PnAJ= 非学术期刊发表数量，PAJ= 学术期刊发表数量（Zott 等，2011）

与美国相比，中国互联网的发展并没有那么长的历史。1994 年被称为中国互联网时代的元年。在这一年的 4 月 20 日，中关村地区教育与科研示范网络（简称 NCFC）通过美国 Sprint 公司连入互联网的 64K 国际专线，中国由此成为国际上第 77 个正式拥有全功能互联网的国家。不过，如果从商业意义上看，这之后的 1998—1999 年或许有着更为重要的里程碑意义。因为在这一段时间，诞生了一系列对中国互联网行业发展举足轻重的互联网公司，这当中包括在 1998 年创立的搜狐（1998 年 2 月）、腾讯（1998 年 11 月）和新浪（1998 年 12 月），1999 年创立的阿里巴巴、中华网、当当、携程、盛大、易趣、天涯社区、ChinaRen、8848、亿唐网。另外，略早一些诞生了网易（1997年6月），略晚一些诞生了百度（2000年1月）。一批日后在互联网领域叱咤风云的中国互联网"豪杰"纷纷进入一个风起云涌的大时代。正如我们之前将那些商业模式创新者引入的商业形态称为"新物种"，中国诞生的这些互联网公司也是那个时代的新物种，这些新物种在数量上的激增与短时间内的突然涌现，与寒武纪生命大爆发极其相似。这也是我们可以把这段时间视为中国互联网发展和商业模式创新的"寒武纪"的重要原因。

尽管中国和美国都在商业模式创新上呈现出了类似的寒武纪大爆发，但二者互联网公司崛起的背后存在一个较为重要的差别。对美国的互联网公司而言，它们的大量出现、快速发展以及商业模式的创新方向，大多基于对美国商业基础设施优势的充分利用。这些商业基础设施包括物流基础设施、信息技术基础设施、金融及支付基础设施等，直接决定了在其基础之上运行的商业所能发挥的效率。毫无疑问，美国作为当今世界最为强大的经济体，在这些商业基础设施上拥有均衡且高效的优势。相比之下，中国的互联网公司作为涌现出的新物种，在最初的时候，很多是针对中国互联网基础设施上存在的瓶颈而出现的。就像阿里巴巴于2004年推出的支付宝，对于解决当时中国电子商务普遍存在的网上交易买方与卖方之间缺乏信任的问题起了非常关键的作用。

突破工业化时代的增长极限

在互联网时代成为商业世界的主流之前，很多在工业化时代成长起来的公司在商业世界中一直占据着主导地位。人们往往把这些企业与它们所推出的一些产品和技术关联在一起，因为这些产品和技术在被推出的时候往往带来了创新性的价值。所以人们对这些产品和技术有着深刻的印象，而这些企业在产品上的优势也被视为它们最为强大的竞争基础。这也是为什么人们在提到这些公司的时候，脑海里总是会出现这些公司在发展历程中推出的那些划时代的产品。

不过，在工业化时代，每个将竞争优势建构在产品基础上的公司，在追逐企业规模增长时都有一个难以解决的问题，那就是随着企业的规模不断扩张，它们在单位产品上的盈利水平在开始的时候会随着产品销量而上升，但在达到一个限度之后，产品销量的进一步增加反而会导致单位产品盈利水平的下降，尽管营业收入仍然可能由于产品销量的增加而进一步增加。最初的单位产品盈利水平上升，通常是因为规模经济效应，也就是规模对于固定成本的分摊以及学习效应带来的经验复用性。不过，在达到一个规模限度之后出现的盈利水平下降，则在很大程度上与业务和组织规模不断扩张所带来的管理复杂性有关。因为业务和组织规模越来越大，对业务活动的协调与控制会变得越来越复杂，对组织的管理和控制也变得越来越复杂，相应地管理成本也变得越来越高，最终导致单位产品的盈利水平不可逆转地下降。这意味着，那些将竞争优势建构在产品上的公司，难以摆脱管理复杂性所带来的增长极限。这几乎是它们难以摆脱的宿命。

随着互联网时代的到来，这种难以摆脱的趋势被极大地改变了。这种改变毫无疑问与互联网作为商业赋能的强大力量有关。每个时代都会有一些由于技术的出现而创生的力量，它们让那些商业模式创新者获得了改变和重塑商业世界规则的能力。就像阿基米德所说的："给我一个支点，我就能撬动整个地球。"我们可以从两个层面理解互联网技术赋予商业模式创新者的力量。我们知道，商业模式具有的一个潜在优势就是，它很大程度上可以从一个业务领域或地理区域高效率地复制到另外一个业务领域或地理区域。而这种潜在优势的释放，或者说突破增长极限的机会，源自互联网技术可以有效地消除业务和组织管理中的信息不对称问题，业务与组织的控制成本也被大大降低了。在此基础上，20世纪90年代中期之后，全球化与互联网时代开始紧密地交织在一起。一方面，互联网技术的渗透性应用极大地支撑了业务的跨地域复制；另一方面，全球化的趋势大大增加了公司可以覆盖的区域市场类型与范围。最终的结果就是商业模式所能够承载的增长上限被大大提高了。

商业模式创新被技术创新赋能，并由此突破传统时代以产品为核心所存在的"天花板"，这可以用来解释为什么在我们这个时代，一些拥有强大产品的公司可以突破增长的极限。这并非因为这些公司所拥有的产品的强大，而是因为当这些公司成长到这样一种巨大的规模之后，不论这些产品曾经或者当下具有怎样的创新性，它们本质上依然是工业化的产品，并且具有相当的标准化特征。譬如苹果公司的iPhone手机，时至今日，它已经成为单款销量惊人的工业化产品，这与苹果公司推出电子产品的早期情境是截然不同的。那时，苹果公司所推出的产品针对的是那些对苹果公司产品具有深度偏好的用户，更接近于用差异化来打动特定用户群体的小众产品。而苹果公司能够在规模不断增长的同时，依然保持极高的单位产品盈利水平，是很难完全用产品本身来解释的，至少仅从产品本身来理解苹果公司的优势是很不完整的。换言之，我们可以这样设想，如果一家企业在单纯的技术层面有与iPhone相媲美的产品，它是否能够真正动摇苹果公司在市场上的主导地位？如果你给出的答案是"否"，那就意味着我们需要从商业模式的视角分析苹果公司所拥有的强大优势的真正来源。

商业模式创新浪潮中的技术因素

我们常常可以从一些典型的商业模式创新案例中看到创新者借用技术力量的情形，因而理解技术在商业模式创新中所扮演的角色就变得既很重要也很有趣。尽管人们很多时候都从较为狭义的视角来理解技术，例如把技术视为内含在产品和服务当中具有新颖性的知识、发明和由此物化的内容，但在商业模式创新情境下需要对技术有更为广义的理解。在很大程度上，那些能够帮助商业模式创新者大大提升商业效率，或者创生出现有商业模式所难以实现的商业价值和业务形态的事物，不论其具体形态如何，都可以被视为商业模式视角下的"技术"。譬如，前文提到的货币就是一个典型的例子。从货币的进化历史来看，从最早的货币出现到如今比特币等数字货币的出现，货币可以被视为通过技术来赋予的具体形态以及实现的作用。不过，站在商业模式创新的层面，货币在人类商业体系的演变中扮演了非常重要的角色。许多商业模式创新的出现以及在商业效率上的极大提升，都与货币的出现以及它的形态变化密不可分。

不过值得指出的是，虽然商业模式创新很多与技术因素有着密切的关系，但这并不意味着商业模式创新的背后一定需要技术层面的创新。在更多的情形下，商业模式创新所涉及的往往是一些已有技术的运用，包括一些技术的组合式运用，或者将一些已有技术融入价值创造、价值提供和业务场景当中。例如，迈克尔·戴尔（Michael Dell）于 1984 年创立戴尔电脑公司（Dell）的时候，他所运用的"直销"商业模式之所以能够成功建立，离不开互联网技术被引入电脑产品的制造与销售过程。不过互联网技术并非被戴尔公司创造出来的，而是被运用到新商业模式的构建当中。在一些情形下，一个可能从技术意义上来看"微小"的变化，可能会引发商业模式创新的出现并重塑整个行业的进化方向。一个经典的例子就是集装箱的出现对于大宗运输行业所产生的巨大影响。马尔康·马克林（Malcom McLean）发现传统的航运方式效率非常低，因为船运公司在码头进行货物的装卸需要花费大量的时间。于是在 1955 年，他雇用了一位工程师设计出了我们今天的集装箱——具有标准化的尺寸，可以很容易地从底架上分离并进行堆放。他又收购了一家小型船运公司并将其改名为海陆运输公司 [Sea-Land Service Inc., 这就是后来马士基航运公司（Maersk Line）的前身]，来运用集装箱技术。为了推动集装箱技术在整个运输行业的广泛运用，他把海陆运输公司名下的相关专利免费许可给了国际标准化组织。标准化集装箱在大宗运输行业的广泛运用，极大地改变了陆路运输与海路运输的形态，提升了整个世界的物流运输效率。[2]

在后文的讨论中，我们对于技术因素在商业模式创新中的关注，更聚焦在一类较为特别的技术上，我们可以将之称作"基础性技术"。这类技术具有的典型特点是：它们在商业领域具有广泛的运用或者广泛的潜在应用机会，而不是仅仅局限在单个或少数行业或业务领域，换言之，它们将会成为商业的"基础设施"，它们的渗透性应用会因商业的效率和价值创造可能性产生广泛而深远的影响。例如，MP3这种数字音乐播放器的出现不仅仅改变了音乐产品本身的技术形态，更关键的是引发了整个音乐工业的变革。相似地，在线书店的出现以及出版物的数字化，也对传统的出版行业以及书店产生了巨大的冲击，已有的在位者不得不做出巨大的改变来适应这种变化趋势，否则就难以改变被这种变化趋势摧毁的命运。事实上，在互联网时代，这些数字技术会成为商业模式创新最为高效的催化剂，引发互联网时代商业模式创新的寒武纪，以及催生许多行业的结构性变革，这都跟互联网技术和数字技术所具有的"基础性技术"特性密切相关。这些技术本身具有非常多元的形态，随其融合和渗透性应用，它们要么成为商业模式创新过程中新的价值载体，要么成为产业变革的诱发因素，又或者直接成为产业变革的一部分，并最终成为商业模式创新者所运用和依仗的最为强大的赋能力量。

第 2 章
透视商业模式的本质

商业模式认知的"战国时代"

在上一章，我们讲到互联网技术和商业模式创新共同塑造了时代的狂飙，商业模式创新的实践迎来了寒武纪大爆发，然而你如果问企业家"什么是商业模式？"，得到一个相对统一的答案似乎并不容易。你如果在搜索引擎中搜索这个问题，将会看见"8个商业模式""解构21个商业模式""商业模式50+种""商业模式的70个例子"，诸如此类。迈克尔·刘易斯（Michael Lewis）在讲述硅谷的故事时将商业模式视作一种"艺术"，这是因为艺术往往是那种人们看见就感觉自己可以分辨好坏，而实际上却难以定义的东西。[1] 那么关于商业模式，我们真正知道些什么？

一个有趣的事实是，时至今日，关于"商业模式"（business model），即使是在学术研究领域，也依然缺乏一个较为统一的、被普遍认同的定义。1994年，管理学大师彼得·德鲁克认为"商业模式是企业如何获取收入的假设"[2]；保罗·蒂姆尔斯（Paul

Timmers）指出"商业模式是产品、服务和信息流的架构"[3]；阿密特（Amit）和佐特（Zott）定义"商业模式是交易的内容、结构和治理，通过探索商业机会来创造价值"[4]；亨利·切萨布鲁夫（Henry Chesbrough）和罗森布鲁姆（Rosenbloom）提出，"商业模式是一种可以连接技术潜力和经济价值的启发式逻辑"[5]；玛格丽塔（Magretta）则认为"商业模式是阐释企业如何运作的故事"……

从各位学者的观点中可以看到，商业模式是假设、是产品/服务/信息流的架构、是交易、是逻辑、是故事……而这些只是商业模式众多定义中的片鳞只甲，还有人将其形容为描述、方法、理论工具、结构模板等。在一篇对商业模式研究的文献综述中，作者审查了103本有关商业模式的出版物，发现37%的出版物根本未进行定义，或多或少地认为其含义是理所当然的；44%的出版物明确定义或概念化了"商业模式"（例如通过列举其主要组成部分）。[6]关于商业模式研究的这一时期就像是我国古代的"战国时代"，周天子及诸侯的政治权威动摇并逐渐衰落，"学在官府"的破裂和知识平民化的趋势带来了思想的解放和学术的自由，推动"百家争鸣"走向兴盛。今天，科技的快速发展和商业的蓬勃繁荣使得关于商业模式的讨论"百花齐放、百家争鸣"。

然而，从理论构建的角度来说，商业模式的定义甚至商业模式的基本分析单元都没有达成统一，更不要说实现清晰的结构、明确的边界条件、确定的解释机制以及其他传统的好理论的标志了。以至于创新研究领域知名学者大卫·J.蒂斯（David J. Teece）这样写道："商业模式概念没有经济学或商业研究的成熟理论根基。"[7]这或许是因为人们当提出或利用商业模式的定义时，常常会采用符合其研究目的的特异性定义，但这些定义却很难相互协调。[8] 我们在提到商业模式时往往是用它来解释一些商业现实或者商业故事，这就使得其定义总是存在一些选择偏差。

神经心理学家马塞尔·金斯伯恩（Marcel Kinsbourne）曾说："思考之所以困难，是因为通向真理的崎岖小径与诱人的捷径争持不下。"商业模式百家争鸣的繁荣景象使得理解商业模式的钥匙看似俯拾即是，实则寥寥无几。那么，我们应该如何思考商业模式这样一个在理论研究者或是产业实践者认为"看上去很清晰但又莫衷一是"、既熟悉又陌生的概念呢？

过多的细节：不识庐山真面目

虽然我们对于商业模式的认知总体上还处于"战国时代"，不过市面上也不乏一些优秀的作品。我在授课期间常常碰到企业家对于商业模式理论非常感兴趣，希望我可以给他们推荐一些相关的书籍，我常常会推荐《商业模式新生代》这本书。然而，有一位企业家在阅读了这本书之后，向我提出了这样一个问题：为什么在阅读《商业模式新生代》这本书的时候，最初觉得相见恨晚，然而在书快看完的时候却忽然感到有些迷茫呢？

面对这样一个问题，起初我也感到有些意外和困惑，后来才明白，这是因为这位企业家的阅读体验与我们熟知的读一本好书的体验很不相同。一本好书带给人的阅读体验是怎样的呢？在《如何阅读一本书》中，作者讲到读者会追求三个目标，其一是体验或者消遣，其二是知识或者咨询，而其三则是思维方式和理解力。[9] 我们或许可以将书籍大致分为两类，一类是情节性或者是故事性较强的书籍，而另一类是思想性较强的。读一本思想类的书时，如果它确实是一本好书，我们的阅读体验常常可以用这些成语来描述——茅塞顿开、豁然开朗、醍醐灌顶，因为这些书为我们打开了认知世界的新的大门。我一直认为《商业模式新生代》无论从系统性还是实践性上都是一本好书，即使是现在我也是这么认为的，但是为什么这样一本好书却没有让这位企业家产生我所预期的阅读体验呢？《商业模式新生代》作为商业模式领域的一本重要著作，为商业模式实践者提供了一个非常结构化的商业模式分析工具，也就是商业模式画布（business model canvas），这可以帮助实践者们将商业模式这样一个较为宏观的概念拆解为能被充分理解和分析的丰富细节。[10]这种结构化和细节性的特征，也是商业模式画布在过去这些年里几乎成为实践者运用的标准化工具的重要原因。

当任何一个企业将它的商业模式拆解为商业模式画布所包含的9个模块①时，所呈现的细节都将会带来两个必然的结果。

第一个结果是，商业模式分析者的注意力将会被那些涌现出来的丰富细节占据，因此失去对整体的认知。很多企业在用商业模式画布探讨企业的商业模式时会有类似的经历，企业管理者兢兢业业地对商业模式进行讨论，整个过程使用喷绘展板呈现，各色的便利贴、逻辑链条充斥着整个讨论板。这种讨论方式对参与者来说有两个好处：很强的互动性（讨论过程需要大量的互动）和很高的获得

---

① 分别为客户群体、价值主张、渠道通路、客户关系、目标和机会、核心资源、关键活动、重要伙伴、风险和挑战。——编者注

感（在讨论结束的时候可以得到一个各色便利贴组成的展板）。企业可以通过商业模式画布得到一个很清晰的关于商业模式的细节描述。但是，此时若你问"是否能够用简洁的语言描述一下企业的商业模式？"，大部分的企业管理者只能重新花费不少的时间来复述其在讨论过程中描绘的细节。在刚结束讨论的时候，管理者们尽管直觉上会认为对商业模式已经有了足够清晰的认知，但是隔了一段时间之后，大多数参与讨论的人却仍然发现很难用简洁的方式来描述自己所讨论的商业模式。这似乎印证了一个我们熟知的道理，对细节的熟知无法保证我们能够真正认识事物的本质。正如苏轼那句著名的诗句所描述的：不识庐山真面目，只缘身在此山中。

　　第二个结果就是，当把企业的商业模式还原成这种颗粒度较小的细节的时候，我们会发现几乎不太可能有两家企业在商业模式画布的细节上重合。德国哲学家莱布尼茨说："世界上没有相同的两片叶子。"但是，在通过细节整合而设计出的商业模式中，我们常常会将"不同"误认为是"创新"。我们会发现在很多对商业模式的描述和分析中，尽管那些讲述者认为自己所实现的商业模式是一种创新，但实际上并不是。这或许也是一些企业家存在的困惑，如果这意味着一种商业模式创新，那么任何一家企业似乎都还没来得及进行商业模式的变革，它似乎已经是一种"商业模式创新"了。

　　商业模式的不同并不意味着一定是商业模式的创新，这一点与产品和服务的创新存在很大的区别。如果一个企业提供了与其他竞争者不同的产品或服务，这通常意味着是一种创新性的产品或服务。但是，商业模式与其他企业的差异并不一定意味着创新。为什么呢？

　　如果我们还是用叶子的隐喻，每个企业的商业模式都可以视为一片叶子，创新者所追求的并不是不同的叶子，因为世界上天然地并不存在两片完全相同的叶子。商业模式创新就像是在一堆树叶中的某片叶子，当它第一次出现在我们眼前时，就会从一大堆叶子中吸引我们的全部目光。我们会马上意识到这是一片迥然不同的叶子，甚至是在进行理性的分析和思考之前。

我们追逐的不是叶子与叶子的不同，而是完全不同类型的叶子。

著名经济学家吴敬琏先生在演讲中指出，现代的中国企业界对于千变万化的形势跟得比较紧，对背后的基本问题研究得不够，这样对于本质性的问题缺乏深入研究，那么解决问题的办法往往就是"就事论事"。[11] 对于商业模式的认识看上去百家争鸣，但对其本质却缺乏探究。我们就像身在洞穴中的人，只能看到墙壁上光怪陆离的影子，影子会夺去我们的注意力，而影子的本体却被遗忘在角落。①

什么才是"本质"？

大航海时代，巨额的财富和未知的危险伴随着每个航海队伍。实现环球航行的麦哲伦在第一次出航的时候带了 200 人，却只有 18 人返回。大航海家乔治·安森带了 1854 人出航，返回时仅余 188 人。在海上航行中，一个非常致命的危险就是坏血病，它导致船员的死亡率大大提高。1747 年，苏格兰海军偶然发现食用柠檬可以有效治疗坏血病。但是，谁都没有想到，柠檬"护佑"了英国海军百年后，一次机缘巧合，船队为了将柠檬保存得更久，将柠檬榨成汁

---

① 柏拉图在《理想国》中提到的"洞喻"，启发我们思考感觉与本质的区别。

后煮熟了才带上船，而这一次却又暴发了大规模的坏血病。柠檬的"魔力"困扰着英国海军。直到 1930 年，知名科学家阿尔伯特·森特·哲尔吉发现了维生素 C，人们才如梦初醒，原来可以有效治疗坏血病的既不是柠檬，也不是酸味，而是其内含的"本质"——维生素 C。

在商业模式领域，这种迷失本质的认知似乎更容易产生。丰富的表现形式和大量的细节使得商业模式的表象更加多样，我们可以将商业模式想象成现实世界里存在的颜色。我们知道，自然界存在着极其丰富的色彩，也有大量的关于颜色的区分，比如时尚行业，流行色每年都不同，甚至可能会创造出以前没有的颜色。如果只是描述这些色彩，似乎有成千上万种。

然而，17 世纪，牛顿的分光实验通过玻璃棱柱，将光折射出了红、橙、黄、绿、蓝、靛、紫 7 种颜色，这是人类第一次从科学意义上揭示了色彩的光学本质——可见光包含了 7 种具有不同波长范围的光波。更进一步，在技术意义上，人们可以用三种颜色来合成近乎无限种类的色彩，也就是我们所说的 RGB 光学三原色：红、绿、蓝。我们今天在各种电子显示屏幕上还原色彩的方式大多是基于三原色原理。

好的理论能帮助人们用简单的方式来理解复杂的世界与现象。比如三原色，又比如笛卡儿坐标系，简单的 x 轴与 y 轴却孕育了多少伟大的数学思想。

如果只是用简单的方式来描述现象，我们所能看到的只是外在的呈现和细节。现实世界里存在的商业模式，在细节和具体的表现形式上，似乎存在无数的可能性组合。但是我们对于商业模式的探索，如同人们对于色彩的认知从"万紫千红"到"七色"再到"三原色"，就是一个不断触及本质的过程。如果说商业模式画布相当于商业模式万象的分光实验（确定背后的科学原理），那么我想再往前走一步，找到商业模式的"三原色"——给出"技术"或者说"实践"意义上的理解与实现方式。

如果说商业模式画布想要传递结构化的知识和信息，那么我们的目的则是通过对商业模式本质的拆解来传递一种更简洁的思维方式。我们所做的尝试，并不是对商业模式画布思想的否认或者颠覆，恰恰相反，它为我们提供了探寻商业模式本质的基石。探索本质的意义，就像电影《教父》中的那一句经典台词："花半秒钟就看透事物本质的人，和花一辈子都看不清事物本质的人，注定有截然不同的命运。"无论读者最后能否安然抵达所谓的终点，是否要在终点停留，这个探索商业模式本质的旅程将用全新的思考方式武装每一个探索的人。

商业模式的实质

在前文中，我们反复强调了"实质"的简洁性和重要性，那到底应该如何思考商业模式的实质呢？我们可以从"商业模式"这个词开始，因为每一个术语的背后，都隐含着人们通过词语所包含的文字赋予其的特定意义。商业模式这个术语，包含了或者说可以拆解为"商业"和"模式"这两个关键词语。

首先，我们可以思考的是："商业"的本质是什么？我们知道，在市场经济体系中，商业的核心就是"交易"或者说"交换"。随之而来的下一个问题是，交易的本质又是什么？对任何交易而言，都存在着交易的对手方，双方在交易中需要就特定的内容进行交换。生产者（企业）和需求者作为交易的双方，它们必然都有对方所需要的东西。就此而言，交易的本质是价值与收入流的交换。价值由生产者提供同时又被需求者需要，而收入流则是价值生产者追求的目标。

在企业视角，"用什么去交换"是个重要的问题。或许你会说用产品去交换收入，但是在营销学界有一个非常有名的比喻——消费者需要的不是钻头，而是墙上的孔洞。同理，产品或者服务也不是商业模式的核心，价值才是（这点我们在"为什么'产品'思维会限制价值设计？"一节会详细阐述）。可以想象一下，你如果开了一家书店，那么要用什么来交换？对人们认知中的大部分书店来说，书籍是其用于交换的核心。而事实上，书籍只是价值的一个载体，书籍蕴含的知识与文化才是真正的价值所在。通过这种思维方式，在传统书店受到在线图书交易平台（如亚马逊）冲击的背景之下，先锋书店异军突起，挖掘书籍本册与书店（建筑物）背后的文化价值与艺术价值，反而成了南京的文化名片和文化地标。先锋书店创始人如是说："我们不是要创造利润，而是要创造读者；不是要创造概念，而是要创造价值。"[12]

价值是商业模式设计的起点，而确定价值有一个隐含的问题，就是"为谁提供价值"。在电子商务软件开发商 Shopify 问出这个问题之前，亚马逊建立了一个几乎无人能敌的电子商业帝国，而易贝（eBay）稳坐北美第二大电商企业的宝座。在所有平台都利用消费端的流量密码来构建商业模式时，Shopify 敏锐地意识到：消费者的注意力是有限的。你如果搜索购买一台电脑，那么只会看到平台筛选出来并呈现在你面前的产品，而且你会无意间通过平台提供的展示模板来认知产品。这样会产生两个严重的问题：平台通过掌握搜索热点来营利，但长尾的商家难以被看见；即使某些商家极具特色，也难以展示其个性化标签（尤其是对初创企业来说）。"电商反叛军"Shopify将目光聚焦在这些"长尾商家"上，其创始人公开表示："亚马逊正在建立商业帝国，而我要做的就是给反叛者们武器。"他致力于帮助供应端的企业建立自身的个性化网站，并通过抖音（TikTok）、Youtube等流量平台推广。Shopify将创造价值的对象对准了一直以来被淹没在大平台上的小商家。[13] 2020年，Shopify凭借着1200亿美元的全球商家商品交易总额坐上了北美电商企业的第二把交椅，增长速度达到95.6%，远超亚马逊的38%。[14]

而对于交易来说，另一个重要的底层逻辑是收入流。这里我们要强调的是，商业模式的底层逻辑之一是"收入流"，而非"收入"，因为收入流是持续发生的，需要承载多次、持续的交易。换言之，收入流需要承载企业的可持续性。收入流的重要性从表面上来看是企业维系运营和创造持续性利润的方式，实际上也掌握了企业商业模式发展的命脉，这一点我们从网飞和百视达的故事中可见一斑。1997年，百视达的发展如日中天，在全美铺设了9000余家电影碟片租赁连锁店，将电影碟片租赁费用和逾期费用作为其主要的收入来源。此时的网飞刚刚成立，为了在行业巨头百视达的垄断之下快速建立用户基础，网飞通过线上租赁DVD的会员费获取利润，并且免去所有用户的逾期费用和邮寄费用等额外费用。通过差异化的收入流模式，网飞迅速拓展了用户。2002年，网飞的用户数量已经超过百万，而此时的百视达终于意识到了问题。有趣的是，百视达的应对策略是开展一个与网飞相似的业务。这个业务并没有续写其辉煌，相反，新的线上租赁业务与传统的租赁连锁店的利益产生了巨大冲突，新业务蚕食了实体租赁店的收入流并遭到强烈的反抗，而百视达也在试图全面整合线上线下业务的过程中逐渐衰败。

那么，是不是有了"价值"和"收入流"这两个维度就足以定义"交易"呢？答案是否定的，因为我们都知道虽然有人需要价值，也有人愿意支付，但这个交易不一定会发生。比如，在闲鱼等二手交易平台出现之前，人们的闲置物品大多数会被放在家里"吃灰"，即使很多人知道二手市场的存在，但仍然会因为前往二手市场过于麻烦等而不肯去。交易能否实现并具有持续性取决于交易过程，交易过程的核心是效率和成本，如果交易过程的效率过低或成本太高，则交易很有可能不会发生或者是难以持续发生。历史上最典型的交易过程创新就是货币的出现。货币被创生之时，最重要的功能就是作为交易媒介，这一发明几乎取代了所有的物物交换模式。货币作为交易媒介的意义就是提高了交易效率并有效地降低了交易成本。

因此，在思考交易过程这一底层逻辑时，交易成本和交易效率权衡是核心基础。2021年，苹果和小米在中国地区相继推出了"线上下单、线下取货"（Buy-online pickup-at-store，BOPS）的模式，用户可以在苹果或小米的网站上下单，下单后一个小时即可前往门店取货，不必在家苦等快递。这种典型的BOPS模式使企业通过门店库存来满足线上用户的需求，新零售的风靡使得众多企业寻求建立线上线下联动的全渠道模式。重要的是，这背后隐含的决定性逻辑是实体店密度（决定商店访问成本）和在线配送效率。如果实体店访问成本高而在线配送效率低，则需求分散效应就会产生，此时，看上去很好的全渠道零售模式反而不利于企业的盈利。[15]

不论时间如何变化，历史上和现在社会中，虽然交易的具体形态发生了很多外在形式上的变化，但是交易的本质或者说其最为本质的构成要素从来没有发生过改变：价值、收入流、交易过程。

我们在思考商业模式时，不可忽略的另一个关键词就是"模式"。模式看上去是一个被普遍使用的词，思维模式、设计模式、管理模式……模式无处不在。模式的背后实际上是两个重要特征：系统性和复现性。

系统性强调的是，商业模式不是各个构成要素的简单集合，而是一个由一组相互关联的要素组成并且旨在实现统一目标的整体[16]，例如，商业模式画布中各个模块也不是相互独立的。在《苏菲的世界》里有这样一个故事：因为"1+1=2"，所以你觉得只要知道两个"1"就能知道"2"，但是你忘了，你还必须理解两个"1"之间的关系。[17]系统中的要素相互连接，你不仅要思考要素，而且不能忽略要素间的联系，否则你将难以解释为什么系统的整体会大于部分之和。只有大于部分之和的系统才是有效的系统，社会性昆虫群落为我们提供了典型的系统范本。我们都知道，单只蚂蚁的行为极其简单，但整个蚁群一起构造的结构却复杂得惊人，它们甚至可以通过系统化地利用不同的材质和自己的身体，构造出具有宏大通道网络、温暖干爽的育婴室，并且便于贮存食物的巢穴。

模式背后的第二个特征——复现性则强调商业模式会不断地出

现，跨越时间、跨越行业。罗伯特·波西格（Robert M. Pirsig）在穿越美国大陆的旅程中感叹道："即使你的工厂被拆除了，只要它的精神还在，你很快就能建立起另一个。如果一场革命摧毁了旧政府，但新政府的思想和行为系统模式与旧政府无异，它就仍然难逃被推翻的命运。"[18] 能够不断地复制、延续、重现也是商业模式的重要力量。

基于以上对商业模式的拆解，可以知道，商业模式本质上是回答三个维度的问题：（1）价值维度，为谁提供什么价值？（2）收入流维度，从谁那里用什么方式来获得持续的收入流？（3）交易过程维度，以怎样的高效率或低成本的交易过程来支撑从价值到收入流的转换？这三个问题也并非割裂的，模式化的思维力量才能支撑企业实现整体的商业模式设计。

商业模式与战略之间的关系

在传统企业的管理命题中，我们往往会讨论企业应该采取怎样的战略，是低成本战略，还是差异化战略？因此，对传统制造业的研究引发了经典的企业战略研究。在新的信息和技术革命背景下，客户的选择更加丰富多样，关于"企业以何种方式向客户提供价值、吸引客户为价值付费并将价值转化成利润"的问题日益受到关注，商业模式成了业界和学界瞩目的焦点。那商业模式与商业战略究竟存在什么差异和联系呢？

从更加广泛的商业社会的视角来看，商业模式展现出了强大的跨行业和跨领域渗透性。换言之，不同行业领域的企业往往可以共享相似的商业模式,例如今日头条、网飞和拼多多,它们属于不同的行业,但商业模式相似。网飞早在21世纪初,为了挖掘不具有明确观影目标的客户的需求,成为最早开始运用大数据进行用户个性化推荐的企业之一,后来也将算法和用户数据用于决定其自制电视剧下一集故事的走向。今日头条用智能推荐算法给每个用户推送特定类型的新闻资讯等内容。拼多多作为电子商务平台,也根据用户的偏好和社交网络推送不同的产品。这三家企业从常规的行业视角看,似乎没有什么相似之处,但从商业模式的视角来看,答案却完全不同:它们在分发的过程中都利用了算法,将算法视为视频流(网飞)、信息流(今日头条)和商品流(拼多多)的集成分发。因此,商业模式成为理解公司业务运转和业务模式的透视镜,虽然不同企业服务的对象、提供的价值都不同,但在商业模式上依旧可以具有高度的相似性。

为什么我们常说商业模式创新最好的学习对象大多不会是同行业企业?这也是因为商业模式的渗透性带来了跨界学习的必要性。20世纪90年代末,软件行业的高前期投入和高维护成本模式使得"软件"一词总是与昂贵和复杂相关联。马克·贝尼奥夫(Marc Benioff)在甲骨文公司工作了10年,他看到亚马逊的兴起是将大量的书籍资源变得简单易用,便开始思考:软件企业能不能也像亚马逊一样呢?于是他建立了赛富时(Salesforce),致力于打造一个软件应用的公共服务平台,软件即服务(software-as-a-service, SaaS)应运而生。后来,赛富时推出了在线应用市场AppExchange,这个平台的准入门槛很低,人们可以根据自身的需求选择使用平台开发和分发的应用程序。2008年,它又率先推出了"平台即服务"

（platform-as-a-service, PaaS）平台，这是一个让开发者不用担心基础设施就可以开发和运行应用程序的平台。[19] 2020 年，受新冠肺炎疫情的影响，许多企业选择削减 IT（信息技术）支出，但赛富时在第二季度销售额为 51.5 亿美元，同比增长 29%，公司股价上涨至 244.48 美元。[20] 同年 8 月，道琼斯工业平均指数[①]公司宣布，赛富时将取代工业巨头埃克森·美孚被纳入这一指数。亚马逊是一个电子商务企业，它最初售卖的书籍与软件相去甚远，但赛富时以其商业模式为灵感，反而突破了软件行业的种种限制。同一行业的企业战略往往存在最佳实践性，你可以追随和学习，商业模式却很难在同行里找到合适的模仿对象，尤其是一个行业稳定之后，商业模式会趋同，此时基于同行业的模仿只会将自己陷入思维定式。

除了渗透性，商业模式与商业战略之间也存在着关注点的差异。战略研究的核心往往围绕着竞争优势，商业战略的根本问题也就是建立竞争优势，而商业模式则旨在阐明支持客户价值主张的逻辑，其核心是以客户为中心的价值主张。由于商业模式与商业战略的核心不同，其关注的焦点也会存在差异。战略关注的焦点是"竞争"，因为战略归根结底就是要解释"为什么有些企业的绩效会相较于其他企业更好"；而商业模式的焦点是"合作"，需要关注如何与价值链条的参与者一起完成价值设计的过程。[21] 更具体地说，商业模式探讨的是"如何与市场要素和产品进行连接"，而商业战略在探讨

---

① 道琼斯工业平均指数作为测量美国股票市场上工业构成的发展情况的数值，是使用时间最长的美国市场指数之一。平均指数包括美国 30 家最大、最知名的上市公司的股票指数。

"我们应该置于怎样的市场位置来与竞争者们竞争"。[22]

我们可以发现，事实上，商业模式比商业战略更具有通用性。商业模式的价值主张、收入流和交易方式往往更加容易被观测到，为了保护新商业模式的设计和实施所带来的竞争优势，我们有必要将战略分析与商业模式分析结合起来。战略设计与商业模式设计并非孤立的，在前文中，我们提到商业模式的核心在于客户价值主张，而商业战略的核心则在于通过市场的竞争定位来获取竞争优势[23]，二者作用互补且目标一致，需要更好地匹配来共同发挥作用，这样才能实现更佳的价值创造与价值获取。我们可以借助网飞的案例来分析企业的商业模式与商业战略如何实现更大的合力。

在上一节中，我们提到网飞是靠DVD租赁业务起家的，2007年网飞转型成了流媒体，惊人的是这个想法早在其创立之初就向投资人展示了："DVD加邮政这个系统可以组成一个数据量很大但是延迟很高的数据分发网络，未来的趋势是降低数据的延迟和分发成本。"互联网无疑就是那个更好的商业模式基础设施，向流媒体的转型顺理成章。[24] 那么如何顺着这波流媒体的势头，将商业模式的红利最大化呢？作为一家依靠用户看电视剧、电影的需求建立的企业，最核心的战略资源就是内容，更确切一点就是拥有独家版权的内容。针对这一点，网飞开始推出一系列自制剧和影片，这一战略举措实质上是走上了与传统电影制作的差异化之路。传统电影制作实际上是由有限时间的上座率来决定其盈利的，需要通过大量的广告宣传和多地区电影院上映来快速打造爆款影片。因此，与传统电影制作这种商业模式相匹配的战略资源在于其有影响力的IP（知识产权），所以常常出现剧情相似、结构一致的电影。与之不同的是，网飞的自制影片可以展示多元文化和世界多样化的价值观，战略上进一步深化其独家版权的内容多样性，商业模式上可以利用电影院难以兼顾的长尾价值——如果说传统电影制作和电影院是通过上映期间的上座率来赢利，电视剧是凭借其在电视台播出一次的收视率来赢利的，那么网飞则通过电影或电视剧在其网络平台上每一天的播放来赢利。从 2013 年的《纸牌屋》到 2021 年的《鱿鱼游戏》口碑满载，网飞的订阅量也高达 2.2 亿[26]，追求独特的战略资源与个性化分发优质内容的商业模式相得益彰。

尽管我们在前文中提到，在商业模式的学术研究领域，人们通常会强调商业模式关注的是"合作"，而战略所关注的是"竞争"，但这并不意味着商业模式并不关注竞争问题。事实上，有一个情境的讨论会把商业模式与竞争、战略紧密地关联在一起，那就是当一个商业模式创新者将一种新的商业模式构造出来并引入特定的业务领域时，它就不可避免地需要思考自己构造的商业模式如何与已有的商业模式展开竞争，并且通过一些战略性行动来帮助自己获得优势，进而最终完成新商业模式的长期生存甚至对现有商业模式的替代。这类商业模式级的竞争往往会为我们演化出非常精彩的历史画卷。如果说传统意义上的竞争战略更为关注业务或公司的竞争定位、环境适配和竞争能力，那么商业模式竞争所涉及的不仅仅是商业模式创造者（或者说商业模式的核心企业）与其他竞争者之间的竞争，而且往往更多地呈现为不同的商业生态系统之间的竞争。这样的竞争图景毫无疑问会卷入更多的参与者，不论是在竞争的范围还是规模上，以及在竞争的程度和复杂性上，如同商业版图上的巨型战争，规模宏大且影响深远。

比较引人注目的"商业模式大战"就是BAT（百度、阿里巴巴、腾讯）三大互联网巨头之间的领域争夺。从这三个企业的核心业务板块来看，百度的业务是搜索，阿里巴巴是以电商起家的，腾讯的核心业务是社交，但它们却在社交、视频、电商、理财、出行等多个领域打得如火如荼。这是因为这些业务的背后都涉及对用户流量和用户渗透率的争夺，基于线上流量资源和客户服务能力打造互联网生态是BAT商业模式竞争的重要手段。甚至于人们流传这样的说法："现在所有的互联网创业企业只需要考虑是否可以被BAT收购。"同为中国电商巨头的阿里巴巴和京东之间的竞争也反映了商业模式的竞争特性。阿里巴巴在核心电商业务上采取了以用户增长为核心的方式，通过掌握流量来换取现金流和信息流，并作为一个卖家与买家的中间平台为二者提供链接渠道。而京东则与之不同，采取了拓展平台业务边界的策略，通过京东物流等服务来整合价值链，成为供需双方的产品流通服务商。新的商业模式在被引入特定的业务领域时往往会遭到在位者的打压和抗拒，也往往会波及很多的利益相关者。21世纪初，时任微软CEO的史蒂夫·鲍尔默公开表示："Linux是微软的头号劲敌。"不同于以专有技术为主的操作系统巨头微软，Linux赖以生存的商业模式是免费且开源的操作系统。面对Linux和随之而来的无法计数的开源参与者，微软公司拉开了遏制策略的大幕，并在当时采取了一系列打压举措，开启了微软Windows与Linux爱恨情仇的序章。

商业模式与战略之间的另外一种特殊联结方式是，企业可以通过商业模式创新者重新定义自己的竞争领域和业务性质，重塑与现有竞争者或潜在竞争者之间的关系，进而改变自己的战略方向和拓展自己的战略空间。我们将在本书第 7 章"重新定义竞争领域"这一节中对此展开论述。在此,我们想要指出的是,竞争战略强调竞争性定位,强调如何在与竞争者竞争时获得不对称的优势,这样在产业实践者的认知中,往往隐含地假定竞争者是我们需要对抗或征服的对象。换言之,竞争优势的建立就是为了击败竞争对手。商业模式创新者会有更多的选项,因为商业模式的重构使得以往的竞争者并不一定成为当下的竞争者,这可以降低双方之间竞争的程度,让它们之间的竞争消解甚至是成为共赢互利的关系,正所谓"化干戈为玉帛"。这种竞争关系的重塑,我们可以视为一种更为高阶的竞争战略。

从这个角度来看,对于商业模式实践者而言,"如何透视商业模式的本质"往往比"商业模式是什么"更加重要,希望后续章节对企业商业模式本质的探索过程,可以为读者们提供一个了解商业模式底层逻辑的美好旅程和一个观察、思考现实商业世界的强大透视镜。

第 3 章

商业模式：价值设计

价值设计的两个维度：对象维度（who）与价值点维度（what）

商业模式的设计以什么作为出发点？对于这个问题，人们在直觉上给出的答案往往是"如何赚钱"，或者说"如何获取收入"。这样的看法似乎有一定的道理，因为收入的获取对商业的重要性不言而喻。不过对商业模式设计而言，"价值"的设计才是真正的出发点。这是因为商业模式本质上完成的任务是"通过满足需求来实现价值的变现"，获取收入是价值变现的结果，而如果价值设计出现了问题，那么收入的获取就变成了无根之木、无源之水。所以我们有一个形象的说法，那就是"价值设计在整个商业模式设计中始终是处于中心地位的"，正如人们熟知的一句名言："好的开始是成功的一半。"

在进行价值设计时，如何理解"价值"就成为一个关键性的问题。我们首先需要接受一个事实："价值"并不是单纯地由价值的提供者或创造者来决定的,"价值"高度依赖于对象,不同的用户群体对价值的理解有可能存在明显的差异。同样购买一盒糖果,在没有控糖需求的顾客眼中购买的是一盒"快乐",在有控糖需求的顾客眼中购买的则是一盒"负担"。亦舒在她的小说《曼陀罗》中所述"甲之蜜糖,乙之砒霜",大抵也是这种"价值高度依赖于个体感知"的写照——同样的人、情感或事物,在不同的人心里会有不同的感受。由此可以看到,价值在商业模式中是一个多维度的概念。在不同的商业领域,商业模式设计者需要拆解的价值维度将有所不同,它可以涵盖功能、质量、价格、外观、耐用性、娱乐性等各个不同方面,并且不同的目标用户群体所看重的价值维度也会存在着明显的差异。

我们在这里强调价值是一种站在需求者视角的主观认知,并不是在否认价值的客观性基础。事实上,如果一个产品或服务在功能性价值上缺乏一个必要的、合理的水平,我们很难让用户在很长的一段时间里始终接受并认同这个产品或服务承载的价值。即使我们有可能在一个时间段里扭曲用户的价值感知,但不要忘了——"你可以在某个时间段欺骗所有人,你也可以长时间地欺骗一部分人,但你无法一直欺骗所有人"。在这里,我们更想要强调的是,商业模式设计中对于价值的设计,是以客观价值为基础的,但是所需要设计的价值并不等同于客观价值,它更偏向于感知价值。这就意味着,我们在价值设计的过程中需要意识到,价值创造者与价值需求者之间往往是存在着认知差异的。例如,最早站在"健康生活"消费需求风口的零度可口可乐和农夫山泉东方树叶多年来却一直不温不火,少有存在感。这是因为年轻人想要饮料"健康无糖",但也拒绝"寡淡无味",显然这些"没有味道"的"健康"饮料并没有准确抓住年轻人的消费需求。价值创造者和需求者之间的认知差异往往也蕴含着新的机会,例如抖音最初是一款分享短视频的娱乐应用程序。当抖音发现很多用户更喜欢在热门视频下跟评自己创作的视频改编版本时,它开始鼓励内容创作者参与并展示自己喜爱的产品和穿衣风格,最终逐步超越娱乐应用程序成了一个营销工具。[1] 而在健身房赛道上,Planet Fitness①经过调研发现,美国的人群可以分为 15%的健身爱好者、50%的普通群体和 35%的健身弱势群体。[2] Planet Fitness 放弃 15%的健身爱好者,而主要满足 85%的普通人群的需求。Planet Fitness 的会员每月只需要缴纳 10 美元会费[3],就可以拥有简单的健身器材、免费的高热量美食,在无健身压力的环境中感受健身的乐趣,给自己一个"我有在健身房锻炼"的心理安慰。同样做另类健身房的还有风靡美国的 SoulCycle 健身工作室,它只靠动感单车一个项目,就满足了人们在健身中蹦迪、释放情绪的减压需求,将健身房变成健"心"房[4]。因此,对于作为价值提供者的企业而言,解决这种差异最好的方案是主动站在需求者的视角,更加深刻地理解消费者需要的价值,从而把握认知差异带来的机遇。例如,中国民营企业 500 强公司传音控股(Transsion)将其手机的目标市场定在非洲。2008 年进入非洲时,传音推出的第一款手机拥有"双卡双待"功能,一经推出,便被抢购一空。在中国很普通的"双卡双待"功能,为什么受到非洲人民的热烈欢迎呢?原因在于,非洲当地通信行业由多个运营商组成,

---

① 美国连锁健身品牌。——编者注

且不同运营商用户之间通话费用很高。"双卡双待"手机恰好满足了非洲消费者的本地化需要，传音甚至为非洲人民研发了"四卡四待"手机，截至 2020 年，传音在非洲智能手机市场的占有率超过 40%，位居第一。[5]

基于以上分析，在进行商业模式的价值设计时，我们需要解决两个问题：(1)我们的价值设计是针对谁（who）的？他们具有怎样的用户画像特征？他们真正关注的价值是怎样的？(2)我们将为他们提供什么样（what）的价值？这些价值是不是他们真正需要的？这些价值中最核心的是什么？我们的判断依据是什么？

为了解决用户视角的价值感知与企业视角的价值提供失配的问题，有两种典型的做法可以被运用在价值设计的过程当中：(1)"自食其果"机制，也就是说，价值设计者作为用户亲身体验自己将要推出的产品和服务，从一个用户的角度来体验这些产品和服务所承载、传递的价值，由此来确认这是否与自己作为价值设计者时的预期一致，以及找到价值设计的改进方向和改进机会；(2)"换位思考"机制，也就是在价值设计环节，不仅仅考虑企业想要做什么、企业擅长什么，而且要站在用户视角，考虑他们是如何理解和使用这些价值的。

价值设计的对象维度："20/80"与"长尾"

我们可以首先思考这样一个问题：在传统的图书零售行业中，书店最愿意卖什么样的书？答案是相当明显的，绝大多数书店更愿意卖那些畅销书，例如时下当红的小说、各类考试的复习材料等。

事实上，这样的一种选择并非偶然，背后的原因是销售畅销书具有商业效率上的显著优势。首先，销售畅销书会因为采购量较大而获得较高的议价能力，可以从出版商那里获得较低的采购折扣；其次，我们知道对于实体书的销售而言，物流成本是其中一个重要考虑部分，而畅销书可以借助于其规模有效地分摊运输成本；再者，"畅销"则意味着书的销售很快，因而有助于书店提高整体运营的周转率，这相比于受限于实体场地的传统书店，提高了空间利用率，进而提高了书店的赢利能力。我们可以把传统书店这种策略称为，基于"二八定律"选择其销售对象。"二八定律"作为一个使用非常广泛的分布描述规律，在我们所讨论的书店行业，意味着行业 80% 的业绩来自 20% 的产品，商业经营应该更看重少数畅销商品，而非不具销售力的多数冷门商品。

尽管传统书店所采取的"20/80"策略似乎具有难以撼动的效率优势，但随着互联网书店的出现以及兴起，图书零售行业在主导商业模式上出现了新的创新方向。例如，亚马逊网络书店通过销售原本不受重视的"长尾"图书迅速崛起。所谓的"长尾"，指的是这些图书种类较多，总量巨大，尽管单本图书的销量并没有畅销书那样多，但其最终累计起的总收益甚至超过了主流的畅销书。这类以亚马逊网络书店模式为代表的商业模式，都是利用了"长尾效应"。[6]

我们在前文以传统图书零售行业为例，讲述了商业模式进化的一个基本趋势。大多数产业最先出现的主导商业模式，往往针对集中性的需求。换言之，"二八定律"中 80% 的同质化需求，最初因其商业效率上的优势而最受重视并成为商业模式关注的焦点。此时，企业更容易获得规模经济的优势,并且同质化、集中性需求的捕捉成本远低于异质性、离散化需求。这是因为管理同质化需求在复杂性上远低于管理离散化需求,管理离散化、差异化需求则意味着更高的成本以及更低的获利空间。当行业达到稳定状态之后,头部企业会形成基于"20/80法则"的、更适合集中化需求的主导商业模式,而那些中小参与者则会选择差异化策略与细分市场定位。如同我们在传统图书零售行业中看到的,处于头部的传统书店会将主要的业务重点放在畅销书上,小众书店才会更多地选择差异化、离散化的图书产品。

当现有头部企业遵循"二八定律"捕捉集中化需求的时候,离散的需求往往被现有行业参与者嫌弃和忽略。但在创新者眼中,离散化的需求是极具吸引力的。首先,离散化的需求虽然不占规模优势,但其累计规模却相当可观。其次,长尾需求往往意味着少有人进入,竞争并不激烈。换言之,长尾需求是天花板较高又缺少竞争者的商业机会。也正因如此,长尾需求在很多行业里都成为商业模式创新者的乐园。

尤其是在互联网时代,离散化的需求(或者说长尾需求),会呈现出更多的商业模式创新机会。这首先是因为在互联网时代,人们个性化意识的觉醒加强了需求的长尾分布特性,此时长尾的累计规模往往会超出20%,甚至有着更高的占比。以亚马逊为例,1997年,其创始人杰夫·贝佐斯在采访中提到亚马逊提供约300万种图书,其中包含100万种已经停止印刷的图书,而一般的书店只能提供几千种。[7]另一个能够反映在我们这个时代人们需求离散化或者说长尾化的经典例子,就是中国观众对于央视春节联欢晚会的态度。

1983年2月12日,央视春晚正式拉开了序幕。在那之后很长一段时间里,观看央视春晚都是中国观众在除夕之夜最具仪式感的部分,而对很多人而言,这也成为他们记忆里非常重要的内容。可以说,那个时代的人们对于春晚是充满了好感和期待的,我们今天已经很难想象有一个节目、一场演出可以让每一位中国观众都赞不绝口。时至今日,这种盛况已经不复存在,人们对于央视春晚已经呈现了多元的看法。造成这个变化的原因,很大程度上并非作为产品的"央视春晚"本身存在问题(要知道现在的央视春晚在参演人员资源、节目创作资源、舞台技术手段、资金投入方面都是早期无法比拟的),而是如今这个时代,人们的个性化意识在各个产品和消费领域开始觉醒,企业已经很难用单一的产品来长时期地满足消费者具有差异化的需求。

此外,互联网的赋能也使得企业在处理长尾需求上能够付出比以往更低的成本。例如,如果按照传统书店所需营业面积计算,亚马逊的实体店面积将占到好几平方公里,顾客要浏览完几百万本图书才能选出自己想要的,这显然并不现实,但有了亚马逊平台,消费者便有了更多的书目选择。而在互联网"千人千面"算法变革来临之前,每个网民在网上获取的信息内容都是一样的。在"千人千面"算法变革之后,从进入网络的那一刻起,每个人都是有个性的。网络通过了解你的行为,为你贴上标签,对你的需求进行预测,每个人和网络的关系都变得具体而独特。例如,网飞在视频缩略图上实现了个性化推荐,使得观影习惯不同的用户在挑选视频时可能会看到不同的封面。比如同一部影片,常看喜剧的用户,可能看到剧集中的知名喜剧演员出现在封面上;而更喜欢看爱情片的用户,则可能会在封面上看到一对情侣。[8]

如果说互联网给了顾客丰富的选择，那么"千人千面"则帮助顾客进行搜索，让长尾产品得以公平地展示在顾客面前，真正高效地使顾客购买个性化的产品；卖方也更有余力关注具有长尾特性的产品，扩展了竞争维度。因此长尾商品可以展现出惊人的盈利空间，成为商业模式创新者成长的肥沃土壤。

为何长尾需求往往是创新者的机会，而少有在位企业注意到？

第一个原因是在位企业的认知惯性。阿里巴巴集团创始人马云曾说："很多人对于新兴事物，看不见、看不起、看不懂、来不及。"在位企业最初受限于认知，认为长尾处于销售曲线后端，并不重要，因此既没有意识到需要做出商业策略的改变，也没有立即进行改变的动机。等到在位企业开始"看得见"这些长尾机会时，创新者已经占据了长尾市场的有利地位，并且在逐步地向主流市场进行迁移和侵蚀，并最终足以和在位企业抗衡。戴尔公司的创始人迈克尔·戴尔曾经被邀请回到他母校得克萨斯大学奥斯汀分校——他当年由此退学去创业——参加一个对话节目，并为 MBA（工商管理硕士）学员进行经验分享。当被主持人问道："如果直销的商业模式确实如此有效，那为什么当时其他在资源、品牌、产品上更有优势的在位厂商没有采取同样的直销商业模式呢？"迈克尔·戴尔的回答是："这是我最大的意外。"这样的"意外"无疑是创新者的幸运。不过有趣的是，这样的情形在历史上总是不断地重演。例如，20 世纪 80 年代，IBM 主导了大型计算机市场，聚焦个人计算机领域的微软在此时乘虚而入；而到了 20 世纪 90 年代，在个人计算机领域大获成功的微软，却忽略了智能手机的变革。[9]

第二个原因是，在位企业往往会被转换成本拖累。"二八定律"

中 80% 和 20% 背后的商业模式相差较大，捕捉同质化、集中化需求的商业实践往往不适用于差异化、离散化的需求。同时，在位企业在尝试捕捉离散化需求时，往往担忧会因此对原有集中化需求业务产生潜在冲击、替代和内部竞争，所以决策艰难。例如，在世嘉公司（Sega）推出 16 位家庭游戏系统时，任天堂的 8 位家庭游戏系统正处于销售巅峰。任天堂认为此时 8 位机"还未达到最大产出"，推出 16 位机会蚕食 8 位机的市场，因此即使已经开发了 16 位机，它也没有将其推行。这样的决策延长了任天堂 8 位机的市场寿命，但代价是将 16 位机的市场领先机会拱手让人。[10] 回望近 20 年来蓬勃生长的"独角兽公司"，相当一部分快速发展的企业，其商业模式创新源自对长尾需求的捕捉和利用。例如，在 2020 年全球独角兽榜中排名第 7 的爱彼迎，就是通过提供多样化住宿服务迅速崛起的。[11] 2021 年全球独角兽榜中排名 21 的元气森林，专注无糖饮料进而在巨头林立、竞争激烈的饮料行业立稳脚跟。[12] 随着时代发展，"二八定律"中的"二"与"八"早已不是其最初的绝对值意义，而成为同质化与差异化需求的象征。企业进行商业模式创新时，首先应该想清楚，其商业模式是为了捕捉代表同质化需求的"八"，还是代表差异化需求的"二"。

价值设计的天然起点：差异化 + 未被满足的需求

在确定是针对集中化需求还是长尾需求之后，接下来的一个价值设计问题就是确定为所定位的需求者提供什么样的价值。由于企业总要面对来自市场的竞争，而价值又是企业吸引客户、与竞争者进行竞争的基础，因此基于竞争的逻辑是企业在价值设计上的一个天然起点。就此而言，价值设计的意义就是要为客户提供和别人不一样的价值，通过提供差异化的价值，企业能够更有效地吸引目标客户群体。我们可以把差异化作为价值设计的基础，以及通过价值设计来建立非对称竞争优势的基础。

在差异化的价值设计基础上，我们可以从消费者端和企业端两个情境来分析价值设计的扩展方向，并从中找到价值设计的创新机会。对于消费者情境，价值设计的一个出发点是关注消费者的痛点，从中分析他们未被满足的需求。例如，消费者想要在不同的商店中购买食品，但他们又不想浪费时间去不同的商店挑选。美国生鲜电商 Instacart 针对这一需求应运而生，它和美国各大超市、药店连接，消费者坐在沙发上使用 Instacart App，就可以从所有喜爱的商店中购物，购买的商品也会在 2 小时内送达。Instacart 诞生后受到了市场的欢迎，如今 85% 的美国家庭和 60% 的加拿大家庭都在使用 Instacart App 购买食品杂货。[13]

在企业端，一种较为常见的情形是即使企业看到了市场中存在的需求，但由于一些瓶颈的限制，以现有的商业模式也很难去捕捉和服务这种需求。一方面，瓶颈可能存在于企业自身限制其效率提升的问题中，例如，顾客在淘宝交易中，对其资金安全有顾虑，但委托银行等第三方保管流程复杂、周期较长。为了解决限制淘宝用户交易效率的"信任"问题，2004 年支付宝创立，后来创立的蚂蚁集团即起步于支付宝。[14] 作为一款担保支付工具，支付宝的出现优化了交易流程，提升了交易效率。另一方面，瓶颈也可能来自整个行业共同面对的问题。例如，传音控股聚焦的深肤色影像技术是其参与手机市场竞争的关键。麻省理工学院媒体实验室研究员乔伊·布兰维尼（Joy Buolamwini）和微软的科学家蒂姆尼特·格布鲁（Timnit Gebru）在其研究中发现，人脸识别技术存在技术瓶颈，面部识别软件包在识别浅肤色男性时错误率低于 1%，而识别深肤色女性时错误率高达 35%。[15] 这种识别错误主要是因为缺少足够的数据样本，并造成一般手机相机很难对深肤色人群进行识别与补光。传音针对非洲人的肤色特点，推出拥有定制化美颜功能的手机，其产品 Camon CX 主推深肤色用户的自拍功能，解决了一般手机面部拍摄过曝、人脸识别准确度不高的问题。[16] 同样解决行业问题的还有成立于 2016 年的元气森林，其 2021 年估值已经高达 950 亿元人民币。[17] 做无糖饮料，元气森林并非第一家，但无糖茶饮行业面对的共同问题是，消费者需要的产品"既要无糖，还要好喝"。元气森林找到"赤藓糖醇"作为"阿斯巴甜"的蔗糖替代品，为顾客提供了有甜味的无糖茶饮。综上，正是因为瓶颈的存在，企业满足消费者需求的能力和有效性往往受到限制，即使企业发现了痛点，也会觉得无能为力。此时，那些率先突破瓶颈的企业便会脱颖而出。

为什么"产品"思维会限制价值设计？

尽管人们已经有了较为多元的"产品"定义以及对其含义的理解方式，但多年以来，人们习惯性的思维还是将产品视为价值的最核心载体，因而在很多管理情境下，人们会强调产品思维，以及强调产品在企业运营中的重要地位。不过，有一个有趣的问题值得大家思考：为什么在一些主流的商业模式分析工具中，例如亚历山大·奥斯特瓦德提出的商业模式画布,"产品"或类似的概念并没有作为一个模块出现?而且,在前文的讨论中,我们也强调把价值设计作为商业模式设计的起点,而不是探讨如何在产品上来设计价值。

以"价值"而非"产品"为核心,对商业模式设计而言,是一个重要的思维方式转变,在很大程度上,这个转变是为了打破传统的习惯性思维对人们在进行商业模式创新时造成的认知限制。我们认为,商业模式创新需要从产品设计思维转变为价值设计思维,围绕"价值"而非"产品"进行设计。这种转变可以归结为如下三个方面的原因。

我们可以从营销领域一个非常有名的例子开始讨论。人们经常用"电钻"这个例子来阐释消费者真正需要的东西是什么:电钻作为一个产品,虽然看上去消费者是在购买它,但其实消费者真正需要的是墙上的孔洞。换言之,孔洞才是消费者真正需要的东西,电钻只是他们为了钻孔而使用的工具。从这一点来看,产品从来都不是顾客真正需要的东西,而是满足顾客需求的价值载体或工具;换言之,产品本身只是手段(means),而非最终目的(ends)。在价值设计过程中,我们需要把这两者进行严格的区分。

接下来,我们可以观察一下泡泡玛特推出的盲盒。盲盒这种玩法,相较于传统模式,实际上已经在重新诠释价值的来源了。传统的玩偶产品销售,往往是把玩偶放在开放的环境里或者透明的盒子中,这是因为人们认为如果要想打动消费者,就需要让消费者直观地看到将要购买的玩偶,这样他们可以判断这是不是自己喜欢的。因此,设计师会非常强调如何通过玩偶本身的设计,使人们在第一眼看到的时候就被打动，或许是因为形象非常可爱，或许是因为非常有设计感，又或许是色彩的搭配和细节的设计很有吸引力。这种逻辑在以产品为核心的时代是很容易理解的，不过，盲盒的做法完全背离了这样的价值逻辑。在消费者付费买下盲盒之前，他们并不知道盒子里到底是哪一款产品，只能从图片及介绍上知道这是属于哪一个系列以及这个系列总共有多少款。尽管消费者事先并不知道自己买到了什么，但仍有很多消费者尤其是年轻的消费者会多次购买这些盲盒，甚至会一次购买多个，这说明他们在真正看到这个盲盒内的产品前就已经获得了价值感。泡泡玛特盲盒带给消费者的快乐并不仅仅在于盲盒中的玩偶，也在于选择盲盒和拆盲盒的过程。这个简单的例子实际上说明了一个重要的价值设计理念，那就是价值设计的机会并不仅仅限于产品本身，而且可以存在于价值从提供者到用户的整个过程中，以及用户在使用产品或服务的整个生命周期里。这个交易过程很漫长，其中的每个环节都可以人为地设计价值接触点。事实上，这种价值设计的理念已经被实践者大量使用。例如，当我们进入一家北京烤鸭店，透明厨房使我们能看到制作烤鸭的全过程，以前价值感的获得只从我们吃到第一口烤鸭开始，现在却来自我们看到整个烤制和菜品制作过程。海底捞的甩面让我们在观看甩面的过程中感受到兴奋与期待，这比直接吃火锅中的面条更让我们感到满足。在原有价值之外获得的额外价值，也使我们有了物超所值的美好消费体验。

最后，产品的价值并非固定，而是取决于场景，也就是用户在什么情况下使用这个产品来解决他面对的什么样的问题。正如《与运气竞争》一书中所举的例子，同样是面包，作为早餐的面包与作为夜宵的面包在满足顾客的具体需求以及需要面对的竞争品上,都存在着巨大的差异。产品本身并不足以定义价值,它往往需要与场景结合。这也与我们传统意义上对产品价值的理解是不同的,通常人们会认为当一个产品被设计和生产出来之后,它的价值就已经被内含在这个产品里了,所以不论人们之后打算如何使用面包,面包生产商需要考虑的都是如何将"面包"的口味做好、质量控制好、成本控制好。这种忽略场景对于产品价值影响的思维方式,会使我们在价值设计时既缺少针对性,也失去很多重新定义价值的机会。

建立价值标签

时代日新月异,顾客面临着多样化的选择。多样化的选择固然给我们带来了裨益,但同时也产生了"甜蜜的烦恼"——我们在做出消费选择的时候,需要从大量的备选产品中挑选出合乎心意的产品,我们消耗了很多的时间和精力去搜寻、分析大量的信息,但有些时候我们甚至不知道真正需要的究竟是什么。由于我们所处的这个时代生产率有了较大的提升,市场竞争也比以往更加激烈,因而在很多领域都会存在这种选择的烦恼,美国社会心理学家巴里·施瓦茨(Barry Schwartz)将这种现象称为"选择的悖论"。[18] 于是,一种帮助顾客降低选择成本或者说认知成本的机制就被产品提供者大量运用于商业实践,这就是"价值标签"。所谓价值标签,指的是那些具有较为直观的呈现形式、易于被用户观察和理解,并且被广泛地和产品价值直接关联的表征性信号。

尤其在特定场景下，价值标签对顾客的价值感知具有重要的意义。最为典型的场景是，我们经常需要把产品或服务卖给并不真正懂得其价值的顾客，这些顾客要么没有足够的价值分辨能力（这些产品价值的辨别可能需要一定的专业知识和经验），要么没有足够的时间或精力去分辨或者掌握这种价值分辨能力。例如茶叶、红酒、艺术品和知识付费这类有分辨门槛的产品，其价值往往难以被大多数顾客判别。企业的任务已经不再仅仅是做好产品，更需要让其顾客感知到价值。如果企业无法让顾客有慧眼以"识货"，那么"酒香也怕巷子深"。

商业实践中，一些企业一直很重视建立价值标签。例如，闻名中外的龙井茶可以根据产地分为西湖龙井茶、杭州龙井茶和浙江龙井茶，其中西湖龙井被认为品质更好，而西湖龙井中又以"狮（峰）、龙（井）、云（栖）、虎（跑）、梅（家坞）"为最佳。又譬如位于法国巴黎东北部的香槟产区，也因为是香槟原产地而极负盛名。这类价值标签可以随着时间而逐渐基于历史传统而形成，也可以通过商业运作方式在相对较短的时间内建立，例如小罐茶为了凸显其品质，有意强调了"八位制茶大师作"的概念。

值得指出的是，价值标签最初的建立，往往和产品的品质、价值直接相关，只是随着时间的推移，价值标签和产品品质的直接关联将可能变得越来越弱。这是因为早期建立价值标签的时候，这些价值标签必须与产品的某些品质属性直接相关才能被大众认同和接受。例如，超极品葡萄酒（Super Luxury wine）一般由世界著名的优质葡萄酒产区的著名酒庄出品，但它们不一定就是这些酒庄生产的顶级葡萄酒，而是一种品质的象征。但只要红酒被标注为超极品葡萄酒，顾客便会认可它的高价值。随着时间的推移和品牌影响力的沉淀，人们会把这些品质属性进行某种程度的延展，并且通过"共识"的机制来获得价值标签不断自我强化的影响力，即当我们都认为产品有价值时，它便有价值；而且当越来越多的人相信价值标签背后的价值，就会吸引更多的人认同这种价值。

价值标签随时间变化会出现两种演化的趋向。一种是价值标签最初由某个企业建立，之后随着它的自我强化而使其为整个行业所采纳，最终为行业带来整体性收益。例如，西湖龙井的好品质使得来杭州的游客都想购买西湖龙井作为伴手礼，而人们对在龙井村喝一杯西湖龙井的向往，也带动了整个龙井村的经济发展。另一种趋势是，随着时间的推移，价值标签因为某种力量的冲击而被重塑。最为典型的是，技术的进步对现有价值标签进行的冲击、迭代和重塑。例如，闻名世界的瑞士机械表也经历过一次"石英风暴"。瑞士的钟表业拥有欧米茄、劳力士等知名品牌，从20世纪初开始，其机械表不断改进、创新，生产出自动手表、超薄型表等新表型，后期还增加了日历、秒表、闹钟等功能，但其基本原理始终没有大的变化，没有超出精密机械的范畴。换言之，在很长一段时间里，瑞士机械表所建立的价值标签就是计时的精准性。不过以当时的技术条件，由于气温、气压等外部环境的影响，即使是最高品质的机械手表每日误差也有3～5秒。日本精工公司（Seiko）决定对瑞士表发起挑战。1969年12月，精工推出世界首款石英表，平均每月误差仅为5秒。[19] 石英表生产速度快，物美价廉，大受欢迎，瑞士钟表业受到猛烈冲击，从业人员从1980年的9万锐减到1988年的2.8万。[20] 这场"石英革命"，迫使瑞士手表业考虑建立新的价值标签，来维持其在高端市场的领导地位。

激发对价值的感性认知

基于经济学"理性人"的假设，我们常常假定消费者在思考价值的时候会基于理性的逻辑。当决定购买某一产品时，顾客心中往往是有明确理由的，这个理由来自其价值认知，并成为他说服自己为这个产品买单的理由。或者说，他们在形成购买决策的时候，遵循的是一种"因为……所以……"的思考模式。

不过，有趣的是，价值塑造的最高境界是使顾客更愿意使用"感性"而非"理性"的方式来认知价值。也就是说，这个时候顾客采取的并不是"因为……所以……"的思考模式，而是"不要问我为什么，我就是喜欢"。有一个形象的比喻可以说明这两种思考模式之间的差别。当人们在选择他人生中的另一半的时候，如果他需要列出很多的理由来证明为什么这是一个好的选择，那这只证明了一个事实——他对于这位潜在的被选择对象并没有发自内心的真正喜欢，因为真正的喜欢是不需要理由的，唯一的理由就是"我爱这个人"（就像一首歌的歌词：因为爱，所以爱）。此前，曾经有人通过让安卓与苹果手机用户描述他们所持产品的价值与他们的偏好，来研究两类用户对手机产品价值理解的差异。安卓手机用户在整体上的思考模式更接近于"因为……所以……"，往往会说因为这款手机有更高的拍照像素，有更好的手机芯片，有更大的RAM（随机存取存储器，即常说的运行内存），等等。而苹果手机用户，尤其是早期的那些苹果手机用户，他们的回答很多时候只有一句"我喜欢啊",或者是"我喜欢这款手机的设计"这样含义较为宽泛的偏好表达。

我们在本章第一节提到,商业模式中的价值设计并非完全基于产品自身的功能或者客观价值,还基于用户对产品或服务的感知价值。因此,如果能激发顾客对产品价值的感性认知模式,一方面,可以使产品更容易在用户认知上塑造差异化价值,凸显产品在某种程度或者某些方面的异质性;另一方面,也会大大增加用户的黏性以及竞争对手争夺这些用户的难度。想想看,如果一个产品可以和顾客做朋友,那么顾客很难不成为这个产品的忠实粉丝。江小白就生产出了让那些年轻的顾客群体感到"一款酒竟然比别人更加懂我"的酒类产品。江小白瓶身和广告上经常出现的人物形象是一个系着围巾、戴着眼镜的文艺青年,相貌和人群中大多数年轻白领很像。他会说"纵然时间流逝,我们依然年轻",也会说"走过一些弯路,也好过原地踏步",传递出的个人情绪、生活哲理总能戳中年轻人的心。通过一两句点到为止的表达,人格化的江小白激发了顾客的感性认知。又比如,在很多年里,图书出版行业都默认采取给所有读者提供同样的书这样的模式,而这背后正蕴含了改变的机会。我们可以设想一下,如果出版社为那些书的作者提供具有专门设计或标志的版本,或者为有需要的读者提供一些特别的版本,是否会大大增加他们向亲朋好友及社交圈层进行赠送和推荐的行为?随着数字化技术在出版行业的渗透式运用,这样的做法就有了越来越大的可能性,因为制作与分享成本被大大降低了。

这就意味着,如果想让用户启动感性的价值认知模式,就不仅需要在产品本身下功夫（例如在产品的细节上进行不断的迭代和打磨），还需要在产品之上甚至产品之外去探索价值延展的机会。尤其是，如果一家企业能够通过它的产品和服务建立起与顾客的心理连接，那么它将很容易激发顾客的感性认知，最终赢得顾客的心。这也是为什么我们经常说对产品设计者而言，很多时候不仅仅要思考如何设计出功能强大、性能卓越的产品，还要设计出有"温度"的产品。

重新定义场景

用户对产品的价值感知非常依赖场景。也就是说，对于同样一个产品，在不同的场景里，它可以满足用户的不同需求，使用户产生不同的价值感知。因此，价值的设计者可以有意识地利用这种场景与用户价值感知之间的关联，对产品的价值进行设计，寻找创新的机会。这可以体现在两个思考方向上。一个方向是在进行产品设计时就考虑产品的典型应用场景，从而针对性地设计和强化对用户有吸引力的价值点。另一个方向则是针对想要推出的产品或者已有产品，通过重新定义场景来赋予其新的价值，进而创造新的商业机会。这种通过重新定义场景来寻找价值创新机会的方式，对于那些已经存在较为激烈竞争、较为拥挤市场空间的产品领域，尤其具有重要的意义。例如，在白酒行业尝试重新定义价值的江小白，让喝酒这件事情有了画面感。与白酒通常集中在商务应酬场景或者亲友聚会场景不同，江小白定义了4种消费场景：小聚、小饮、小时刻和小心情，不同场景也有相应的包装和语录。许多年轻人没有喝白酒的习惯，也不清楚什么时候喝白酒，没关系，江小白已经帮忙想好了应用场景，并且通过产品宣传和包装上的文案设计来不断地强化这些场景的用户联想。朋友相聚有挚友酒，感情受挫有失恋酒，部门聚餐有团建酒，获得荣誉有获奖酒。当这些场景出现，顾客自然而然地联想到了江小白，江小白让顾客感到自己喝的不是酒，而是一种生活态度。另外一个有趣的例子是噢麦力（Oatly）燕麦植物蛋白奶，它近年风靡了全球，并且于2021年5月在美国纳斯达克挂牌上市，成为"燕麦奶第一股"。然而，这一"网红"饮品品牌实则是20世纪90年代创立的，创始人利用专利酶技术发现了燕麦基，将针对乳糖不耐受人群的燕麦奶引入市场。从那以后，燕麦奶就成了乳糖不耐受人群的牛奶替代品。2012年，托尼·皮特森（Toni Petersson）出任了噢麦力的首席执行官，对这一品牌进行了全新的场景定义。噢麦力与星巴克等咖啡馆合作，推出了燕麦拿铁等一系列咖啡饮品，咖啡场景使得燕麦奶的价值不仅仅停留在牛奶替代品上。更进一步地，噢麦力通过在营销活动中主打燕麦奶在"家庭咖啡馆"的作用，把燕麦奶引入了千家万户。据噢麦力2021年度财报，其全年收入超过6亿美元，同比增长高达52.6%。

商业模式创新需要我们将"谁""何时""在哪""做什么"整合在一起并构造出新的意义。场景越多，能够拓展的商业机会就越多，场景的针对性也会使顾客的黏性越强。例如，点开Keep公司官网可以发现，现在的Keep公司定位为运动科技公司。而在2015年2月，Keep作为一款在线健身课程App上线时，其推出自有结构化健身课程针对的是一部分人请不起私教、缺乏系统健身培训的痛点。2018年开始，Keep升级为运动科技生态公司，逐步发布

Keepland、Keep 智能硬件和配套健身产品，比如智能运动手环和健康轻食。[21] 如今 Keep 已经发展出众多应用场景，从家中到户外，从徒手到器械，从核心训练到健美操，从购物到健康档案管理，覆盖了吃、穿、用、练。当需要跟练时，你会想起 Keep 课程；当需要购买运动周边时，你会想起 Keep 商城；而当想和人分享运动状态时，你会想起 Keep 社区。

中国情境的价值设计：性价比

性价比是站在用户视角对一个产品进行的收益和价格之比的感知。当然，我们可以把这个概念进行一些拓展，因为价格只衡量了用户所支付的货币化成本，只是用户所付出成本的一部分，在用户形成购买意愿到购买产品以及使用产品的全过程中，还会发生一些其他的成本，尤其是那些与用户花费的时间、精力和注意力相关的隐性成本。我们可以把性价比这个概念与市场营销领域泽瑟摩尔（Zaithaml）提出的顾客感知价值概念联系起来。顾客感知价值（customer perceived value, CPV）是指顾客将所能感知到的收益，与其获得产品或服务所付出的成本进行比较之后，对产品或服务效用做出的整体评价。因此，顾客从一个产品上获得的感知价值越高，该产品的性价比也就越高。

基于性价比策略来增强商业模式中的价值设计，恰好是中国企业最为擅长的，也是中国企业在捕捉本土市场需求以及拓展海外市场时行之有效的做法。在数字化时代，数字技术的赋能为这种策略带来了更大的潜力，海量的数据和数字化系统的支撑使得中国企业以更高效率以及更快的速度洞察市场需求，而柔性的本土供应链又让产品的高效率生产与提供成为可能。例如，与传统依靠销售硬件赚钱的手机公司不同，成立于2010年的小米公司的商业模式基于互联网模式，销售手机硬件只是和消费者"交个朋友"，小米MIUI系统的用户量才是其核心竞争力。换言之，用户越多，小米的盈利空间越大。基于此，小米将智能手机价格从4000元拉低至1999元从而成功打入工薪阶层，2013年又推出仅售799元的红米（Redmi）手机，开放购买90秒后10万台手机售罄，将智能手机的使用门槛降至更低，直接打入广大学生群体。[22] 是什么让小米的商业模式得以运行，将性价比做到极致，将手机仅卖出成本价格？答案就在小米的供应链管理上。小米在硬件技术上走整合路线而非研发路线，与苹果这类大型手机厂商相比，小米的实力不足以通过花钱更早地获得更高质量的组件，因此只能选择限时限量抢购的方法。这样供不应求的状态一方面使得市场对小米手机一直维持"饥饿状态"，另一方面也方便小米根据预售和抢购情况向上游厂商下订单。实时更新的动态数据和中国本土的柔性供应链使小米可以及时对市场偏好做出预测与反应。由此，小米在及时获悉市场需求实现"按需定制"的同时，实现了零库存采购，保证了供应的灵活高效，并最小化了物料储存和采购成本。

中国企业也常常会将性价比策略运用在其海外扩张的商业模式实践中。传音公司在进入非洲市场时，非洲只有三星、诺基亚等少数大公司的手机品牌，此时三星和诺基亚主要做中高端手机，低价位的手机市场存在空白。非洲较落后的经济水平决定了其中高端手机购买力不足，但非洲的人口基数又决定了其手机的需求潜力巨大。传音利用非洲当地的劳动力成本优势，建立本地工厂，降低了运输成本，同时庞大的市场需求产生规模效应，进一步分摊了成本。以 2018 年为例，每部传音智能手机平均售价为 454.38 元，其功能机平均售价仅为 65.95 元，单位成本为 49.99 元，每部手机获利 15.96 元，[23] 性价比战略进一步奠定了其"非洲之王"的优势。

第 4 章

商业模式：交易过程设计

交易链条上的成本与时间分布

对于任何一个产业而言，当其发展进入成熟阶段的时候，都会形成相对稳定的主导商业模式。这也就意味着，处于同一产业的绝大多数企业在所提供的价值、实现交易的过程、获取收入流的方式上会较为相似或相近，彼此之间并不存在十分显著的本质差异。这里所谓的"交易过程"，涉及交易双方的互动，即价值如何被创造和交付给价值的需求者，以及收入如何从支付者（可以是价值的需求者，也可能是第三方）持续地回流到价值的提供者。在刻画某种商业模式的交易过程时，事实上我们需要回答这样两个问题：价值从创造到交付以及收入流从支付到回流给价值提供者，需要经历哪些环节？每个环节分别对应着哪些参与者？

本书提到，交易的本质是价值与收入流的交换，而交易能否出现及其出现的频次则取决于交易过程的效率和成本。其中，高效率往往意味着这种交易过程设计可以同时支撑更大的交易规模，或者可以更有效地支撑更具多样性的交易内容；而低成本则意味着在完成交易的过程中，每个交易所需付出的平均成本更低。当然，尽管效率和成本关注的是交易过程设计中并非完全等同的两个方面，在一些情况下它们却是密切相关的，即存在效率和成本的耦合。在很多情况下，效率的提升有可能以成本的上升为代价。例如在传统的项目管理领域，在质量要求不变的情况下，工期的缩短往往意味着人力成本、管理成本等的附加损耗。不过，效率和成本的耦合方式还有另外一种可能：以"千人千面"为例，基于对商品标签与用户标签的匹配，这种算法可以帮助具有多样化偏好的消费者更快地找到理想商品，节省搜寻时间；这对商家而言，意味着产品信息可以更有效地触及有更高潜在购买意愿的消费者，在提高转化效率的同时降低营销、推广等成本。这种高效率-低成本的耦合之所以能够实现，是因为高效率商业模式可以支撑更大的交易规模或更具多样性的交易内容，因而将由规模经济或范围经济带来成本上的优势；更进一步，正是互联网、人工智能等使能技术的发展赋予了我们将这类耦合在更多应用场景中实现的机会。此外，我们还可以借鉴软件开发中模块化的思路，对具有特定属性的业务进行分拆，实现效率与成本的解耦。这样做的好处在于，效率与成本可以被视为相互独立的两个维度加以控制，使得交易过程设计更为灵活且拥有更多的可能性。因此，如何在商业模式的交易过程设计中基于技术支撑和商业策略实现效率与成本的解耦，是一个需要着重思考的方向。

由于效率与成本对于商业模式交易过程设计的重要性，交易链条中的时间分布和成本分布便成了我们进行交易过程分析与设计的重点。其中，时间分布的特殊之处体现在：一方面，时间可以被视为一种特别的效率特征；另一方面，时间还隐含着成本的维度，价值从提供者交付到需求者手中所耗费的时间对需求者而言并非分文不值，从一定意义上来说，这也是需求者以及交易链条的参与者所要付出的隐性成本。因此，在交易过程设计与优化过程中，我们首先要做的是针对现有商业模式中典型的交易，刻画（mapping）出这个交易过程中的所有环节，以及每个环节所对应的时间和成本消耗。[1]接下来，我们需要找出那些占据时间与成本比例较大的环节，并思考减少交易过程的参与者、减少交易过程的环节、合并某些交易环节并交由特定参与者集中完成等优化思路是否适用于改进这些环节。在此基础上，我们将可以综合考虑对某个环节进行改进的紧迫性、必要性和可行性，最终选定交易过程的优化对象并制定具体行动策略。最后，一个新的商业模式所蕴含的生机和力量，将取决于其能否以更高效率或更低成本的交易过程来与已有的商业模式进行竞争和抗衡。

　　本章接下来的内容将包括交易过程设计的若干常用逻辑、数字技术如何赋能和如何评价交易过程设计的有效性。

---

[1] 在活动系统视角（activity system perspective）下，商业模式可以被视为围绕焦点企业（focal firm）的一系列相互作用的组织活动所组成的系统，这些活动的实现主体可能是焦点企业、合作伙伴、供应商或顾客。尽管这一活动系统有时会超出焦点企业的边界，但依然是以焦点企业为中心的，其作用表现为促使企业与合作伙伴共同完成价值创造的过程并确保企业能从被创造的价值中获取收益。此处，刻画的过程可以被理解为刻画这一活动系统的架构，包括"系统由哪些具体活动组成"、"这些活动以何种方式关联"和"这些活动分别由谁来实现"。

逻辑 1：精简（去中间化）

对一个成熟的商业模式而言，其交易过程往往是一个很长的链条，涉及多个交易环节中的大量参与者。譬如在传统的零售行业中，商品通常需要经过多层级的分销商和零售商才能最终到达消费者手中。而多个环节、多个参与者的存在，将必然会通过以下两个机制导致效率的损失和成本的上升：其一，每个参与者都需要在价值的提供过程中获得收益；其二，共同完成价值提供和收入流的回流需要多个参与者之间的协调，显然，参与者越多，协调的复杂性所带来的成本就越高，交易过程的效率也越难保证。最终，不管是交易链条上众多参与者的收益还是参与者之间的协调成本，其中的大部分都将需要由价值需求者或者是作为支付者的第三方来承担，这无疑会削弱商业模式的吸引力和竞争力。因此，交易过程优化设计的一个重要思路便是剔除或绕开已有商业模式交易过程中的低效率或高成本环节，或者用具有更高效率或更低成本的交易过程加以替代，这一过程就是所谓的"去中间化"。

我们所熟知的戴尔公司的直销模式便是一个采用"去中间化"战略的典型范例，通过精简经销商这一环节，戴尔公司获得了成本和效率的双重优势，在激烈的竞争中脱颖而出。值得注意的是，在很多时候，交易过程的去中间化依赖于技术的赋能。以亚马逊在全食超市（Whole Foods）所采取的"拿了就走"（Just Walk Out）策略为例：为了精简顾客在线下消费中最为苦恼的排队结账环节，这家公司使用大量传感器和摄像头来捕捉顾客挑选和拿取商品的动作，顾客购物结束便可以直接走出商店，随后其账单将通过绑定的银行卡自动支付。[2]这一情境中交易环节的剔除和服务时间的缩短,显然与传感技术、移动支付等的应用和推广密不可分。我们相信,随着互联网、人工智能等技术的蓬勃发展,交易过程的"去中间化"将呈现出更多的可能性。

接下来,我们需要思考这样一个问题,交易过程的"去中间化"是一个单纯的技术考题吗？答案是否定的。这是因为对进行商业模式设计和优化的企业而言,它需要考虑的并不仅仅是减少交易链条中的环节和参与者在技术上的可行性,实质上还需要考虑一个更为隐性但也更为关键的问题,那就是"去中间化"通过提升效率或降低成本带来的收益增量应该如何分配？换言之,收益增量是不可能由商业模式的主导企业独占的。这是因为,给出充分的理由和充足的诚意吸引新的商业模式所需要的参与者加入进来,是一个新的商业模式想要取代原有的商业模式或者相对于现有商业模式而言具有比较优势的前提。我们知道,已有的商业模式往往存续了很长时间,且形成了较为稳定的商业模式架构和利益分享结构,相比新商业模式尤其是处于萌芽阶段的新商业模式,也就具有更高的确定性。因此,我们需要对新商业模式的参与者所承担的不确定性和风险进行补偿,让它们获得在原有商业模式中所不能得到的东西,或者是享有比参与原有商业模式更多的收益,否则,这些参与者将缺乏足够的驱动力参与交易过程。生鲜电商行业的老牌玩家"本来生活网"早期的发展历程便可以给出一些印证。本来生活网的初衷是立足互联网实现优质食品的供给,但由于最初采用的B2C（商对客）模式供应链过长、效率过低,送到顾客手中的食品在质量上总是与平台的承诺相差甚远。于是,在2015年,"本来便利"按计划推出,旨在与社区便利店进行合作，让便利店作为最小存货单位（stock keeping unit，SKU）的同时负责订单的配送。这一做法看似精简了交易过程的最后一个环节即所谓的"最后1公里"，具备效率上的优势，但为何最终没能取得成功呢？其中一个原因正在于便利店的经营者所付出的仓储和服务成本与获得的补贴是不对等的[3]，其参与交易过程的积极性也就不高。

既然增量收益的分享对于建立新的商业模式是重要的，那么接下来，我们就需要确定应该以怎样的原则来实现这种分享。一般而言，新商业模式的主导企业需要依据参与者对价值创造的重要性、对收益获取的潜在贡献以及它们的可替代性进行收益分配，甚至需要将一部分收益分享给价值的支付者——通常是终端用户。戴尔的直销模式能够在很短的时间内从个人计算机行业的竞争中胜出，与相较于传统的金字塔式层级销售模式，用户可以获得更高性价比、更低价格的电脑产品是密不可分的，换言之，戴尔公司把直销商业模式去中间化所得的收益让渡或者说分享了一部分给顾客。

逻辑2：集约化（"工厂化"）

集约化也是进行交易过程设计和优化的一个重要方向，由于它是制造业尤其是工厂的发展变化中常常出现的现象，因此也可以称"工厂模式"。在一些行业的进化历程中，我们能够窥见所谓"集约化"的巨大力量。美国肉类制品产业的发展便为我们提供了这样一个见微知著的例子。众所周知，鲜肉和肉制品通常需要经过养殖、屠宰、包装运输和零售这几个关键环节才能最终出现在各个家庭的餐桌上。起初，美国东海岸市场的牛肉供应依赖于先通过铁路运输来自中西部畜牧中心的活牛，然后在当地完成屠宰和零售的环节；同时，这些环节都是由大量散户分散完成的，整个交易链条的效率比较低下。19世纪70年代，Swift & Company公司基于"集约化"的逻辑引领了该产业的第一次重构。该公司的创始人古斯塔夫斯·斯威夫特（Gustavus Swift）将屠宰环节从东海岸转移到了中西部地区，并通过与各地批发商合作建立了一个全国性的冷藏设施网络。至此，牛肉可以通过标准化的冷藏货车从产地运输到市场，在实现巨大经济效益的同时，也使消费者能够享用更高品质的食品。[4] 直到20世纪70年代，得益于流水线等技术设备的发展，屠宰环节的集约化成为可能；同时，由于技术进步、合约化生产等原因，养殖行业也自1980年起呈现出集约化发展的趋势。[5] 在整个集约化进程中，美国市场的三种主要消费肉类——牛肉、猪肉和鸡肉产业链的价值都实现了迅速增长，Swift & Company、泰森食品（Tyson Foods）等顺势而为并主导商业模式变革的企业也因此而盆满钵盈。

我们可以将美国肉类制品产业的发展视为对广义情境的映射：在很多其他行业中，最初的交易链条也常常是由一些离散的交易环节构成的。这是因为行业发展的早期，离散的交易环节具备形成门槛低、灵活性高等天然的优势，当然这种优势所伴随的问题就是在效率和成本上存在着巨大的改进空间。而随着技术制约被逐渐消除和打破，集约化将会成为一个必然的趋势，这背后的逻辑在于，将离散的活动和参与者集中起来从而形成规模经济效应，有益于实现效率的提升或成本的节约。这种效率提升常常是数量级的提升，正如1914年亨利·福特将流水生产线这种生产模式大规模引入汽车制造活动，进而从根本上改变和塑造了汽车产业的整个历史发展轨迹。

在如今的经济社会发展过程中，随着使能技术的不断涌现和发展，交易过程的"集约化"改造在越来越多的行业中出现。例如，建筑业作为"集约化"思路初露锋芒的舞台之一，以工厂化方式生产的构件已经从最初的钢筋等材料拓展到如今的墙板、梁柱等大型部件，施工效率大幅提升。2020年年初，新冠肺炎疫情席卷武汉之时，总建筑面积3万多平方米的火神山医院和近8万平方米的雷神山医院能分别在10天左右的时间内交付使用，与装配式建筑的发展是密不可分的。我国在不锈钢低碳建筑领域领先全球的企业远大科技集团，基于集约化和模块化的设计、生产、运输和安装，于2021年创下了28小时装配11层不锈钢住宅项目的奇迹。同时，在生鲜电商行业中，我们也可以看到，每日优鲜所建立的基于冷藏货车的冷链物流使城市之间的生鲜运输可以实现最大限度的集约化，在极大降低整体损耗率的同时带来了履约成本的降低。[6]

此外，我们应该注意到当下商业模式创新正呈现出一个很有趣的趋势，即那些在传统意义上与制造业毫无关联的行业中的创新者也正在尝试用"工厂模式"对原有行业进行改造。我们知道，餐饮行业在历史上一直被认为高度依赖于厨师的个人技艺，在运营上非常强调差异化，与"工厂化"似乎没有关联的可能性。不过，近年来"中央厨房"模式已经在这个行业内被广泛采用，菜品的采购环节和预处理环节均实现了集约化和统一化，在采购价格、人力成本等方面形成显著优势。不仅如此，在餐饮行业的运营方式上，例如菜品的选择与制作这样一些关键的环节，那些创新者也在不断地探索将工业化思维加以运用。譬如以往在菜品设计上，人们往往会尝试用更为多样化的菜品来吸引和满足更多的顾客，而且在菜品制作的流程上，每位厨师都被要求是多面手，能够完成绝大多数的菜品制作。然而，多样化的菜品设计以及每位厨师都能胜任大多数菜品制作的模式，并不一定在效率和成本上有优势。为此，西贝莜面村在对菜品分析的基础上，将上百道菜减少到现在只剩33道，每个厨师只负责其中的3道，大大提高了顾客点餐和厨师出餐的效率。而1973年由正垣泰彦创立的萨莉亚意式餐厅（Saizeriya），在全球开出了1553家门店（其中日本本土1089家门店，截至2021年8月的数据），更是把工业化思维运用到了极致。萨莉亚通过中央厨房对所有菜品进行预加工，再将半成品送往附近各门店，在降低时间成本的同时，每家门店也不需要专业的厨师，受过训练的员工就可以从事标准化作业。萨莉亚在内部还设置了一个专门研究工作效率提升的部门，用该部门负责人说的话就是："假设摇晃沙拉需要浪费3秒，那么100个人就浪费了300秒，也就是5分钟。"[7]这种逻辑也能解释为什么海底捞这样的模式会大行其道：从工厂化视角出发，标准化的火锅菜可以采取流水线工业化制作，结合从点餐到就餐服务的标准化设计，很好地保持服务品质的稳定性。

就此而言，工厂化模式非常适合那些传统意义上高度依赖个人的特定能力（这些能力通常对业务运营非常关键且在传统模式下成本较高）、运营模式（包括服务流程）以离散化为主，以及在业务运营过程中工作任务存在大量重复性或复用性活动的情境。在教育培训行业，特别是在曾经轰轰烈烈的K12在线教育中，标准化、集约化的课程内容和练习题库使得单个企业或平台可以同时支撑巨大的用户规模；而在软件开发行业，我们也可以看到软件编程与测试这些环节已经逐渐走向规模化和集约化，尽管在软件产业的早期，软件代码的编写是非常具有个性化和创造性的工作。而对于那些运营规模（反映在员工规模上或业务活动规模上）巨大的情境，由于完成工作任务中的活动在各个地点、各个员工身上高频地发生，而且是日复一日地，那么每个业务活动单元即使有微小的效率提升，累计的效果在整个企业的业务运营系统层面也会呈现出巨大的量级。我们可以想象一下，如果一家全球连锁的餐厅有上千家门店，每个门店平均雇用 10 人，每天每位员工要服务的顾客有 50 人，如果员工每次服务能够通过效率提升节省 3 秒钟，那么该餐厅每天能够节省多少服务时间？答案是，416 小时。即使不考虑顾客由于减少等待时间所得到的价值，服务时间的节省也已然意味着企业运营成本的降低，这无疑会增强企业的经营回报和市场竞争力。正因为这种效率改进的巨大累积效应，将为效率而生的"工厂模式"融入商业模式设计，已经逐渐成为各个行业在进行交易过程优化之时的创新方向。

逻辑 3：外包给高效率或低成本的第三方

在社会分工和团队工作中，我们常说"术业有专攻""让专业的人干专业的事"，这是因为专业往往意味着能以更高的效率和更低的成本完成既定的工作和任务。这样的逻辑在商业系统中依然适用。对于一个特定的交易过程，由于交易链条往往很长，任何一家企业都难以掌握完成所有链条环节所对应的资源和能力，将所有的环节都做到尽善尽美、数一数二更是几乎不可能实现的。换个角度思考，这意味着交易过程总是存在着被优化的可能，也就是我们可以将自己不具备效率优势或成本优势的环节交给更擅长此道、更专业的第三方来完成，也就是所谓的"第三方外包"。

7-11为当前在全球范围内首屈一指的便利店品牌，它在短时间内实现门店数量大规模扩张，在一定程度上正是通过"第三方外包"策略实现的。因此，在这一部分内容中，我们将围绕20世纪90年代7-11在美国市场的转型之路来阐明"外包"策略的几条重要原则。

起初，7-11的美国门店基于"加油站 + 便利店"模式运营，最突出的特点在于高度的垂直化整合，诸如汽油运输和食品制作等活动均在企业内部实现，门店管理所基于的支付和IT系统等也均由公司自己负责等，这导致了极高的运营成本和管理负担，再加上当时来自其他石油公司的便利店铺天盖地而来，7-11的市场份额被严重挤占。为了吸引更多的客户，大幅度缩减运营成本成了运营团队必须攻克的难关之一，这促使它做出了学习当时日本门店所采取的外包策略的决策。围绕着"外包所有非关键业务"的目标，该团队评估了现有门店在产品分销、营销等多方面的能力，并声称只要合作伙伴具备的能力比7-11自身可以实现更高的效率，就可以考虑将这一能力外包出去。最终的结果是，7-11逐渐将物流、分销、IT管理等多个交易环节的所有权转移给了更具专业性的合作伙伴。但同时，如果深究细节，我们便会发现，7-11对所有的合作伙伴并非一视同仁，合作伙伴关系的建立方式在很大程度上取决于对应业务在公司内部具备的战略重要性。例如，财务管理等基础性工作将完全转移给合作伙伴自主完成；而在汽油零售方面，由于汽油是当时 7-11 的主要收入来源之一，它仅将运输环节外包给了希戈（Citgo）石油公司，保留了对汽油价格和促销方式的控制权，以更好地利用差异化战略获得持续的竞争优势。[8]

"第三方外包"对原有交易过程的打破使 7-11 能够逆风翻盘，直至今天它依然在行业中占据主导地位。从这一段故事中，我们至少可以知道这样几件事情：首先，外包出去的业务在战略属性上必须是非核心的，这关乎企业在商业模式上的控制能力和长期利益分享份额；其次，外包本质上是一个"选贤任能"的过程，终极目标是让那些能为交易链条带来效率优势或成本优势的合作伙伴加入，而与此同时，我们需要在治理外包关系和在企业内部实现这两种优势之间做出合理的权衡；最后，对于那些较复杂以及具有更高战略意义的环节，我们应当与合作伙伴采取更为精细的合作方式以规避竞争优势的丧失。在这里需要稍做补充的是，外包策略中所谓的"第三方"，并不局限于存在直接赢利动机的第三方企业、组织或团队，甚至可以是我们的顾客。对于这一点，不妨回想一下过去购买家具的体验，在支付完成之后顾客往往还需要经历运输和工人安装的环节，这对卖家来说无疑意味着额外的成本支出；而当前，以宜家为代表的板材式家具逐渐兴起，其轻便易组装的特点使上述环节可以由买家独立完成，卖家借此释放了巨大的效率和成本压力。因此，在某些情景当中，将部分业务外包给我们的客户也是一条可供选择的道路。

数字赋能：大航海时代

  大航海时代于 15 世纪末拉开序幕，以达·伽马、克里斯托弗·哥伦布、费尔南多·麦哲伦为代表的欧洲航海家相继踏上了探索更广阔世界的征途。对整个世界而言，如果只关注积极的一面，大航海时代所带来的也绝非单纯的"地理大发现"，更大的意义在于推动了东西方之间的贸易和文化交流；而对那些兼具冒险精神和征服欲望的欧洲各国来说，这段历史的影响则更加非比寻常，商业贸易的迅速扩张与文艺复兴共同催化了资本主义在西方世界的兴起。因此，在某种意义上，大航海时代的出现，一方面大大拓展了人们对于这个世界的认知方式和范围，另一方面也改变了这个世界已有的规则及其运作方式。当我们将目光从历史回转到当下，便会发现数字赋能推动整个商业世界也驶入了所谓的"大航海时代"，数字技术之于商业模式的创新者，正如船舵及罗盘之于航海家，正发挥着无可比拟的作用，给予了这些创新者颠覆旧世界的杠杆和创生新世界的武器。

  具体而言，聚焦于商业模式中的交易过程设计，数字赋能的作用主要体现在三个典型的方面，即降低交易成本、提升交易效率和释放次优资源。

  对于前两个方面，前文提到的亚马逊全食超市和在线教育的例子已经有一定程度的体现——在互联网技术的赋能之下，"去中间化"和"集约化"成为可能，交易环节的精简和整合为商业模式创新者带来了成本和效率的双重优势。但从更本质的角度来看，数字赋能的根本作用体现为打通原有交易链条中的瓶颈，使这一过程能够更平稳更流畅地运行，值得注意的是，这并不一定意味着链条中的各环节需要被精简、整合或外包。以数字技术对航运领域的赋能为例，在过去的国际贸易过程中，航运公司、海关、港口等参与主体之间的信息传输严重依赖于低效的文书工作，由于文件丢失导致易腐货物变质等事件带来的损失也往往无法彻底避免。如今，这段历史将被航运巨头马士基与IBM的合作改写，两家公司将区块链技术引入了供应链体系，用平台网络中共享的数字化记录替代了过去繁杂的文书工作，尽管整个交易链条的环节并未发生改变，但却在提升整个交易过程效率的同时避免了巨大的资源和成本浪费。[9]这背后的逻辑在于，数字技术的强大力量之一是使数据透明成为可能，任何由信息不对称带来的瓶颈将因此被消除，有助于参与者之间的协调和互动以更高效率、更低成本的形式实现。

接下来，我们来讨论数字技术赋能商业模式创新的另一种方式——次优资源的释放。在这里，网约车的出现及其给传统出租车行业带来的挑战可以为我们理解这种特别的数字赋能形式提供一些启发：在通过出行服务平台叫车的整个过程中，大多数用户并不在意打到的车辆是出租车还是网约车，这意味着网约车所提供的出行服务质量相较于出租车在用户眼里并没有显著差别，同时网约车还兼具一定的价格优势，因此可以被视为出租车的完美替代品；而对优步等打车平台来说，由于它们对网约车司机的专业技能要求明显低于出租车行业，在管理、培训等环节所需付出的商业成本便会降低，更为关键的是，供给规模可以轻而易举地实现扩张。

虽然我们讨论的是网约车服务这样一个具体的例子，但整个例子的背后有着更为重要的意义，因为这代表了一个更为普遍的趋向。我们在很多年里都信奉这样一条规则，那就是在一个有效的市场中，更高的专业技能要求意味着更高的商业成本。显然，对专业技能的更高要求意味着这种技能在市场上的供给相对不足。一些商业模式创新者已经察觉到了打破这条规则后所带来的巨大商业价值潜力。得益于互联网技术的赋能，大量离散分布的闲置资源或价值被有效地集聚起来，使得次优资源能在一定程度上实现对最优资源的替代，也就是可以使用次优资源（也意味着有更大的供给规模）来实现以往最优资源提供的具有一定品质要求的价值。也正是因为如此，这样的进化方向所蕴含的经济意义已经不仅仅局限于企业层面商业模式效率的提升，在更广泛的社会或经济体系层面，还意味着更大的经济增长机会的释放。

数字赋能所呈现的无数种可能使我们无比坚信：在商业模式创新的"大航海时代"，每个行业，包括那些以往被我们视为非常传统的行业，都值得重新再做一遍。对那些商业模式创新者而言，这无疑是一个黄金时代。

如何知道我们的交易过程设计是有效的

前文已经具体阐释了交易过程设计的思路和若干核心逻辑，至此，仍存在一个有待思考的重要问题，那就是在完成对商业模式的设计和优化之后，我们如何确认新的交易过程设计是有效的？本节为各位读者提供了以下四个可供参考的判断维度。

一是产出效率的提升。我们都知道，每个行业都存在一些用于衡量产出效率的特定指标，例如零售行业的坪效（也就是每平方米营业面积所带来的销售收入）、电商行业的用户转化率，以及制造业中的设备利用率，等等。这些效率指标的提升意味着在一定的成本约束之下，我们能够实现对资源的更充分利用，并推动价值在交易链条上的更高效流动。

二是服务时间的缩短。餐饮行业的"翻台率"是一个典型的例子，"翻台率"越高意味着门店能在越短的时间内完成餐食的提供，但容易被忽视的是，时间在这里并不仅仅是价值提供者视角一个单纯的效率指标，还有更为深刻的其他含义。一方面，随着经济水平的发展和生活节奏的加快，时间的价值不断上升，因此对企业而言，对用户时间的节省将成为一种独特的竞争优势来源。另一方面，从整个价值提供链条来看，时间是一种具有叠加效应的隐含成本，具体体现为上游环节参与价值提供的节奏为下游环节的效率预设了天花板，这将很有可能导致下游参与者的能力和资源无法实现最大化的利用。特别是在一些链条很长、规模很大的交易过程中，系统中的大量参与者以及交易的高度重复性将不可避免地将这种叠加效应无限放大，这其中效率与成本的损失则需要由参与者和用户共同承担。

三是成本结构的显著变化。杰出的战略管理领域大师迈克尔·波特提出的波特价值链分析模型（Poter's Value Chain Model）可以为我们分析这一指标提供一定的参考。在该模型中，企业为顾客提供价值的活动被分为两种基本类型，即基本活动和支持活动，其中基本活动包括进货物流、运营、出货物流、营销和售后服务，支持活动则包括企业基础设施、人力资源管理、技术研发和采购。通过对企业的价值链进行上述分解，我们很容易找出其中能带来更高价值增值或更大成本节约的活动，这些活动可被视为竞争优势的来源，因此在某种程度上具有更高的战略意义。[10]当我们依据本章介绍的思路和逻辑，针对价值链的各环节特别是那些战略环节进行有效优化和重新配置时，这一价值链的总成本和成本结构也将发生显著变化。此外，我们必须再次注意的是，单个焦点企业在其内部价值链上的成本优势并不意味着整个商业生态系统的繁荣，因此，终极的也是最根本的目标应是降低企业所嵌入的完整价值链的总成本。

四是能力门槛的降低。在汽车产业流水线生产方式的引入和前文提及的网约车行业的例子中，我们能够看到，降低完成某个价值提供环节所必需的能力门槛将打破人力资源供给的限制，进而以更低的成本支撑更大的交易规模，获得竞争优势。同时，兰蔻所推出的定制粉底液的例子将为我们印证另一种可能。在该品牌的线下商店中，基于AI（人工智能）技术的机器能基于对用户皮肤的扫描和偏好的询问，最终在由8000种色号、3种遮瑕程度、3种保湿水平组成的7.2万种组合中精准选择最适合用户的配比，并在之后完成粉底液的制作和装瓶。[11]专有算法的应用极大地降低了对专柜销售人员的专业技能要求，使得私人定制不再遥不可及。这意味着通过降低能力门槛，商业模式在支撑更具多样化的交易内容上可以释放更大的潜能。如果说在上述的例子中，能力门槛的降低所扮演的都是"锦上添花"的角色，那么其更关键的作用则体现在"雪中送炭"的一面。一个商业模式往往需要达到一定的交易规模阈值才能抵消前期投入的巨大成本，形成规模效应，从而越过生存点（survive point）；因此在某些情境中，能否通过有效降低能力门槛建立商业模式所需的最低交易规模，成了事关交易过程各参与者生死存亡的关键。

第 5 章

商业模式：收入流设计

收入流设计的维度

收入流的设计，是商业模式设计中的重要环节，这是因为企业要想支撑起商业模式的长期运转，就需要持续不断地获取收入。换言之，商业模式需要支撑的是企业业务的持续发生，而不仅仅是单次交易。一旦收入的持续性被打断，商业模式的存续性就会出现问题。如同我们身体内不断流淌的血液对于保持体内氧气和养分运输的重要性，收入流对企业而言有着同等重要的意义。

在收入流的设计中，我们需要考虑两个核心问题：(1)"来源"维度，即从谁那里获得持续性的收入；(2)"方式"维度，即以何种方式来获得收入。这两个维度共同定义了收入流的产生方式。

从收入流的"来源"维度来看，商业模式可以按价值获益者是不是直接收入来源分为两类。第一类是"谁享受谁付费"模式。这是商业体系中出现最早、存在时间最长，也是使用最普遍的一个交换规则，我们现代意义上的商业就建构在这个规则的基础之上。对此我们可以举出无数日常生活中的例子，譬如：去餐馆享受美食，我们需要为此付费；我们去书店买一本书或者去电影院看一场电影，也需要付费才能享受相应的价值。事实上，从商业模式进化的角度来看，大多数商业模式在收入流维度的初始模式，都建立在此基础之上。因而"谁享受谁付费"模式就成为收入流维度创新的基准或者说出发点。

第二类是"第三方付费"模式，即消费者能够免费享受产品或服务，相关的成本或费用由价值提供者和需求满足者之外的第三方来支付。例如我们在今日头条、Spotify[①]等在线平台可以免费获得新闻、音乐和视频等内容服务，这是因为这类平台的直接收入有相当大比例来自广告收入，用户实际提供的是广告商所需的注意力资源。由于很多面向消费者的互联网经济本质上是建立在"注意力经济"基础上的，因而"第三方付费"模式在互联网时代得以迅速发展，具体形式也层出不穷。这容易给人们一个感觉，那就是这种模式似乎是互联网时代的产物。

然而事实上，这一模式并非为互联网时代所独有。在历史上，这种模式是屡见不鲜的。1984 年洛杉矶奥运会的成功举办可以说是"第三方付费"模式的经典成功案例。在没有公共资金支持的情况下，彼得·尤伯罗斯临危受命，通过出售奥运会独家电视转播权和使用设计巧妙的赞助规则等，引入了大量企业作为第三方，筹集了充足的资金，创造了奥运会历史上前所未有的盈利。[1]

从收入流的"方式"维度来看，收入可以由现有业务直接创造，也可以通过在业务过程中沉淀或置换出来的资源进行新的创造。并

---

① 一个流媒体音乐平台，于 2008 年在瑞典斯德哥尔摩上线。——编者注

且，通过将收入流的来源维度与方式维度进行组合，以及来源维度或方式维度自身的组合，商业模式收入流设计就呈现出非常广阔的创新空间，并且给那些商业模式创新者提供了诸多的业务增长空间和超常规的跨界增长机会。正是由于收入流设计存在多样性的可能，以及收入流获取对于商业模式的建立并持续是一种直接的决定因素，所以不论是研究学者还是产业实践者都对商业模式的收入流给予了极大的关注，甚至在一些情况下将商业模式设计几乎等同于收入流设计。这种观点虽然有一定的偏颇，会使得人们忽视价值设计和交易过程设计对于商业模式创新的底层意义，但无疑也体现了人们对于收入流设计的重视程度。

我们可以在收入流创造的基本原则之上，将收入的获得按照一定的方式分拆，或通过对自身资源变现能力的重新审视和跨行业的思考，寻找新的收入机会。

在本章接下来的内容里，我们将对收入流设计的一些典型逻辑进行归纳与详细的讨论。这些典型的收入流设计逻辑在商业历史中都曾经被大量运用，有着丰富的商业模式实践直接对应性，尽管在一些情况下可能会比较隐性。需要指出的是，以下我们所讨论的每一种收入流设计逻辑，理论上既可能包含来源维度的创新，又可能包含方式维度的创新。这些收入流设计逻辑是商业模式创新者经常运用的，并且常常会在他们创立的企业当中被综合运用。

逻辑1：资源交换的闭环

随着互联网时代的到来，"免费"在产品和服务获取方面似乎正不断地出现，譬如，我们可以免费地浏览门户网站所提供的新闻，可以免费地下载各种各样的手机应用程序，甚至可以免费地（或者是以象征性的价格）获得净水器和喷墨打印机。还记得有次从英国伦敦国王十字火车站出来的时候，有人递给我一份报纸（厚厚一沓，看上去版面非常之多），那人还特意强调了一句："这是免费的，您可以读一下。"这是免费派发的报纸，可以供人们打发路途中的无聊时光，或许也是因为彼时的互联网尚没有如今这么无处不在且使用成本足够低廉。这不禁让我想起当年读大学的时光。那时，在玉泉校区的校门对面，有一个在墙角的报摊，一份报纸需要5毛钱，大致相当于当时在学校食堂就餐的一顿饭钱，可谓"不菲"。这种从价格"不菲"到免费的变化，对那些有着两种生活体验的人们而言，确实会有更为鲜明的感受。

这里所谓的"免费"模式，无疑是我们前文提到的"第三方付费"模式，在这种模式之下，价值获益者与支付提供者是错位的，这也是它常被称为"免费"模式的原因。然而事实上，"免费"是一种带有误导性的说法，这是因为商业世界里很难存在真正意义上的免费模式。企业本质上是一种追求利润最大化的组织，因此以企业为主体的商业活动的持续开展必须同时具备两个条件：一是动机，企业以获利为经营的首要目的，商业的持续运转必须以其赢利动机得到满足为前提；二是资源，即从持续的市场回报中获得持续现金流，以支撑企业对商业活动（包括能力投资）再次进行资源投入。这两个条件也是整个商业价值链条得以持续运作的前提。而如果有真正意义上纯粹的"免费"模式，则意味着商业的齿轮无从开启，也无法持续地转动，因为这无法保证商业模式中的众多参与者都能产生参与的动机以及持续地参与。这就如同在现实世界里不可能存在真正意义上的永动机。

因此,"免费"模式更为确切的说法是"第三方付费"模式。不过,其本质并不是关于简单地获取收入或者由谁来支付,而是关于"资源交换",即商业模式的多个参与者通过资源交换形成一个闭环。具体而言,每个商业模式都存在多个参与者,而每一位参与者愿意参与到这个商业模式中,也就是愿意在这个商业模式中扮演某种角色并投入一些资源(这里所说的资源是广义的,可以是资产、能力或注意力等),都是为了交换它们各自所需要的资源或收入。关键在于,每一位参与者所需要的都恰好能由其他参与者中的某位或某些来提供,而所有参与者都必须达到这个条件;如果有任何一位参与者无法得到资源交换的满足,那么涉及该参与者的所有环节中必然因为存在动机或资源的缺失而无法运转,整体的商业模式也将不成立。这也是我们最终把这种模式称为"资源交换的闭环逻辑"的原因。

我们可以用资源交换闭环逻辑来分析互联网服务商的广告盈利模式。以全球大型搜索引擎谷歌为例,其商业模式有诸多参与主体,包括用户、广告商、内容提供者和第三方网站等,而核心则是组成闭环的谷歌、用户和广告商。用户虽然不需要为使用搜索服务支付任何费用,但提供了对于维持网站运转至关重要的注意力资源。对于广告商,谷歌则提供了一项名为"关键词广告"(adWords)的服务,帮助他们将广告呈现在谷歌搜索结果的网页上,并根据与搜索关键词的相关性进行匹配,实现精准的广告投放。这意味着谷歌与广告商的交易,本质上是经过技术筛选的、高度匹配的用户注意力资源与资金支付的交易。在这一交易中，匹配精准性的提升依赖于规模足够庞大的用户，即谷歌的价值来自与用户的资源置换。这种三者缺一不可的关系所形成的闭环是该商业模式赖以成立的关键。[2]

逻辑 2：产品的分拆

　　收入流的设计可以从不同的角度进行分拆。产品的分拆是最为经典的方式之一，指的是将同一产品分拆为两部分，以不同的方式创造收入，也被称为"剃刀模式"（razor-blade model）。这一模式来自金·坎普·吉列（King Camp Gillette）为可拆卸剃须刀设计的分拆销售方式。19 世纪与 20 世纪之交，人们使用的还是刀身与刀柄一体的剃须刀，这种剃须刀想保持锋利需要经常打磨刀片，且更换价格较高。为了解决一体剃须刀的诸多不变，吉列发明了刀片可拆卸的剃须刀，以薄钢片作为刀片，钝时替换即可，省去了磨刀的麻烦。刀架作为耐用品不需频繁更换，为用户节省了成本，但用户在拥有了刀架后必须经常购买配套的刀片。因此，吉列给刀架定了非常优惠的价格，用来吸引客户，甚至在刚开始推广产品时，用户买刀片免费获得刀架；刀片则定了较高的价格，作为主要的利润来源。这一销售方式帮助吉列迅速打开了销路，到了 1918 年，吉列一年销售出约 100 万个刀架和 1.2 亿枚刀片。[3] 分拆模式不仅帮助吉列打开了市场，还为其创造了丰厚的利润。

　　由于这一模式的有效性和通用性，它后来也在其他行业广为应用。例如，打印机行业常见的模式是以低价销售机器，以高价销售墨盒、硒鼓等原装耗材，惠普就是典型的代表。应用同样原理的还有光学相机与胶卷、净水器与滤芯等。任天堂游戏机也采用了类似的模式。为了玩游戏，用户需要同时拥有游戏机与卡带。任天堂给游戏机的定价很低，其红白机的售价仅为 14800 日元[①]，接近成本，用来推广产品，而其主要收入来自利润较高的配套游戏卡带。[4] 雀巢的奈斯派索（Nespresso）胶囊咖啡与咖啡机也是一个成功的例子。

通过这些例子我们可以发现，产品分拆并不是可以任意进行的，而是需要两个前提。第一个前提，产品分拆基于其成本结构属性。产品分拆模式的基本特点是，产品可以依据功能、模块拆分成两部分，这两部分在产品成本结构中具有不同的特性，通常一个在用户成本中占比很高，而另一个较低；高成本部分更换频率很低，类似于耐用品，而低成本部分更换频率高，所以前者定价会远低于成本以增强对用户的吸引力和用户的购买动机，而后者则会成为获取收益的真正来源。这里也利用了人们难以放弃沉没成本的心理。沉没成本即已经付出且无法回收的成本，对应分拆模式中高成本的部分。由于已经投入了较高的成本，用户往往不会轻易放弃使用该产品，而是选择继续使用，哪怕在当下那并不是最符合其偏好的决策。

产品分拆需要满足的另一个前提是，被分拆出来的两部分必须不能各自独立具备完整的使用功能，也就是说它们需要整合在一起才能实现某种设计功能，存在强互补性和强耦合性，否则产品分拆

---

① 约 740 元人民币。——编者注

的逻辑会失效。在前文的例子中，企业均通过设计一些机制，例如使用门槛和专利等，保证耗材部分必须使用"原装"产品，市场上不会出现其他的互补产品损害该商业模式。例如任天堂游戏机，为了避免盗版软件导致互补性的缺失，它设置了硬件密码锁与软件授权码。当然从另一个角度看，强互补性与强耦合性也为产品分拆模式带来隐含的不足，即兼容性降低，限制了用户的选择空间，也限制了与其他品牌产品结合拓展功能的可能性。如果市场上出现更为通用的产品，而专用型产品又缺乏其他方面的优势，那么专用型产品可能失去竞争力。因此，在采用产品分拆的模式时，企业需要关注竞争者并确保自己拥有足够的优势。

逻辑3：产品与服务的分拆

很多产品本身带有服务属性，这主要有两个原因。首先，产品作为满足用户需求的载体，用户实际需要的是产品带来的效用，而并非产品本身，这种效用天然地以服务的形式来传递。其次，在用户购买产品的过程中以及在之后的使用过程中，企业也需要针对产品的选择、使用提供一些相关服务，这既可以增加用户的价值感知，也是使产品发挥作用的基础。例如，产品的售后服务可以让用户对产品质量更有信心，从而增加其购买概率，也会让用户即使在产品使用过程中遇到问题仍继续使用。

通常，我们会把产品与服务之间的差别归结为，消费产品以拥有产品的所有权为前提，而享受服务则不必如此。在服务行业日益发展的今天，购买服务的观念越发得到认同，而服务化也逐渐成为一种让企业从激烈竞争中脱颖而出的方式。[5]因此，企业可以将产品的服务属性分拆出来，或者把产品的所有权与使用权分离，进而将之作为收入流创新的方式。

我们可以以产品服务系统（product service system，PSS）为原型，将产品和服务视为一个整合性的共同为顾客提供价值的系统，对产品与服务进行不同程度和方式的分拆。[6]对此，我们可以考虑两个维度。

第一个维度是这种分拆是否涉及所有权的转移，据此又可以分为两类。第一类是面向产品的PSS，可以视为低程度的分拆，即企业提供的服务大部分仍依赖于产品所有权的转让或销售，服务是对产品的附加服务，如维护、质保等。这也是过去大部分制造企业采用的一种分拆模式，如汽车、电器行业等传统商业模式所做的产品服务分拆。[①]第二类是面向用户与面向结果的PSS，可以视为更高程度的分拆，即将所有权与使用权分离，服务的提供不涉及所有权的转移，只对使用权进行销售，例如出租、共享服务。这种分拆的好处在于，客户不需承担购买产品所需的成本，特别是在成本昂贵时，较大限度地减少了固定资产的投入，帮助客户节省物理空间与运维成本。对于提供服务化方式的企业，提供服务大大提高了客户的依赖性，并且能通过与直接客户接触获得更及时、更准确的市场反馈信息。这些优势，加上近年来信息技术与自动化技术的快速发

---

① 需要指出的是，随着新能源汽车的出现，产品与服务之间的分拆可以演化得更为淋漓尽致，例如一些汽车厂商（如吉利汽车）将它们制造的新能源汽车直接运用到出行服务业务中，或者在它们的新能源汽车销售业务中为顾客提供产品（含电池）直接销售和电池的租赁服务两种可选方式（例如蔚来汽车）。

展，大大推动了制造业向服务化转型。其中，制造业服务化可以被视为产品与服务的极致分拆。全球大型的航空发动机制造商罗尔斯－罗伊斯公司（Rolls-Royce）为此提供了一个典型案例，用计时提供服务的方式取代了发动机的直接出售，这为波音、空客等飞机制造商省去了自行运维的大量投入，也使罗尔斯－罗伊斯公司因扩展服务业务获得了收入增长机遇。这种产品服务化转型不仅仅发生在制造业，软件行业这类传统意义上不以实物为产品形态的行业，也在寻求改变并发生类似的产品服务化趋势，例如微软公司在 2017 年 7 月推出 Microsoft 365，推出了按年付费的软件订阅服务，用户不再需要像以往那样拥有软件产品，而是可以在云平台上使用这个产品所提供的服务。微软公司这种收入模式的新尝试，引起了当时资本市场的关注并给予了非常积极的评价，直接导致 2018 年 11 月微软的市值一举超过苹果公司并重回全球市值最高公司的榜首。[7] 服务化的变革也更深层次地发生在 IT 基础设施领域，云服务和云计算的出现将以往支撑企业 IT 业务所需的服务器、存储器等硬件设备被替代为基于云平台共用资源的服务，帮助企业"去 IOE"，即在 IT 架构中去除 IBM 小型机、甲骨文（Oracle）数据库和外部存储器控制器（EMC）。这一概念首先由阿里巴巴于 2009 年提出，旨在摆脱随着规模扩张而无法控制地上涨的硬件基础设施成本，实现 IT 基础设施的自主化。由此催生的阿里云业务不仅在 2019 年使阿里巴巴实现了核心系统去 IOE，并且为大量企业和公共领域的数字化转型提供了云服务，其 2021 年收入超 600 亿元人民币，同比增长 50%。[8]

产品与服务分拆的第二个思考维度是计费依据的设计，即销售使用权时所采取的计费方式。根据服务属性和客户使用习惯的不同，计费方式的设计可以有所差异。合理的设计能够帮助企业更好地匹配客户的需求，同时更有效率地获取收入流。常见的方式包括：按照使用次数收费，例如共享洗衣；按使用时长收费，例如电信运营商提供月租服务，以及 Microsoft 365 按年计费的软件订阅模式；还有按使用效果收费的，这些服务通常以达到某种效果为目标，例如那些为企业用户提供能源管理整体解决方案的服务商，或者一些为企业用户提供运营或供应链优化服务的管理咨询公司。

逻辑 4：流量与变现的分拆

对于收入流的设计，如何找到"源头"，即愿意为企业提供的价值付费的客户，是其成立的关键。在激烈的竞争中，企业要想更好地触达目标客群，往往需要争取更高的关注度，扩大影响力，也就是获得所谓的"流量"。然而，流量与收入之间仍存在一道鸿沟，其中一个常见的问题就是，企业获得的关注度与其创造的实际收入未必对等。从广告大师约翰·沃纳梅克对广告的"哥德巴赫猜想"中，我们不难窥见这个问题的普遍性——"我在广告上的投资有一半是无用的，但我不知道是哪一半"。事实上，这一问题的本质在于，关注度与收入的创造逻辑存在差别，关注度通过吸引力被创生，收入则需要切实满足客户的需求，找到愿意为价值付费的客群。

这意味着进行收入流设计有必要将二者分拆来思考。我们可以将关注与支付的群体视为"流量"与"变现"两个不同的群体。

流量为企业带来关注度，而企业赖以生存和发展的是有实际购买行为、为其带来收入的客户。流量群体的意义在于帮助企业吸引更多的潜在客户，而变现群体的意义在于创造收入，维持企业的运转。

流量与变现群体往往被认为是重叠的。营销学中的消费者"流量漏斗"刻画了一种高度重叠的、内含式的流量与变现群体关系，描述了从了解产品，到产生购买意愿、实施购买行为，再到持续使用或复购这一周期中，客户人数的递减过程。在这种情况下，收入流设计不仅要将最先进入漏斗的流量尽可能增大，还需要将每一级漏斗中的客户尽量留存下来，并转化为最终的消费者。常见的做法是通过免费或明显的低价等优惠吸引客户，在达到一定规模后恢复价格，回收为获得流量投入的成本，逐步获得收益。然而，这种策略的弊端在于，客户可能由于锚定效应形成对低价的预期，从而在价格调整后迅速流失。这一问题的部分原因在于，该模式下流量的吸引是基于低价逻辑的，而变现需要打破这一逻辑，逻辑的不一致性与流量和变现群体的高度重叠相矛盾。而事实上，流量与变现群体并不一定是内含关系，两者可以是部分重叠，甚至可能几乎不重叠。流量与变现群体往往在需求、购买意愿和支付能力上存在差异，这意味着企业可以利用两个群体的差异，将流量与变现解耦成两个可以分离的游戏。

对此，Freemium 模式（由 free 与 premium 构成的组合词，即"免费+收费"模式）提供了一种解耦思路，利用客户对功能需求和支付意愿的差异实现分拆，将产品分解为免费版和高级版两部分，通过免费的部分获得流量，而对具有更强功能、更多服务的高级版产品进行收费，用来获得收入。Freemium 模式被在线内容行业和软件行业广泛使用。音乐与视频流媒体平台、新闻报刊网站等会提供免费内容与仅向会员开放的付费内容，而软件会提供不同的版本或为免费下载的软件设计"软件内付费"。Freemium 模式还被应用在一些社交平台，如领英，以及网络服务的提供中，如云存储服务提供商 Dropbox 等。然而，Freemium 模式建立在企业能够控制和承担维护流量成本的基础上，这也是为什么该模式主要被应用在数字化产品或基于数字技术的服务中。这些产品或服务的边际复制成本几乎为零，维护流量的成本较低，但仍需要拓展网络服务器等资源，这意味着企业需要考虑获取流量的成本。另一个重要的问题是如何将 free 与 premium 部分按照合理的比例拆解，维持最佳平衡，即既提供足够的免费部分吸引流量，又保留丰富的高级功能创造收入。

逻辑 5：基于时间的分拆

在收入流的设计中，我们有时也需要从用户的角度考虑。企业获取的收入流意味着用户支付的现金流，因此会受到用户支付能力和支付意愿的限制。为了降低这种限制的影响，企业可以将收入流基于时间进行分拆。基于时间分拆的核心在于放宽整体的交易时间，把顾客的支付现金流在时间上进行分拆，以减少顾客的支付能力限制或压力，从而激发出更强的需求动机和更多的需求行为。由于这种分拆与用户的支付能力密切相关，因此大多数时候此类分拆模式在产品价格较高时使用，例如，消费端住房、汽车和电器的分期付款，或者企业端固定资产类产品或设备的分期支付等。

租赁也可以视作基于时间的分拆，与前文分拆方式的区别在于，这种情况下，"分期"的支付不是由同一个客户进行的，而是由不同的客户来按照时间分布式地完成，从而降低了每位客户所需支付的成本，帮助他们在短期内用相对较低的成本获得更高质量的服务。近年来共享汽车的出现正是以此降低了用车的成本，激发出有用车需要但支付受限或支付意愿相对有限的用户群体的需求。

基于时间的分拆也会影响消费者的心理。一方面，企业通过降低支付压力，减轻了消费者的心理负担，并利用"比例偏见"，即人们更关注比例而非数值这一心理特点，使消费者认为购买更为合算进而更易做出购买的决定；另一方面，一部分费用被支付后就成了沉没成本，这使消费者更难放弃。因此，为了促进销售、释放更多的需求，这种分拆策略得到了更广泛的应用。例如全球独角兽企业 Klarna，它提供"先买后付"（buy now pay later，BNPL）服务，作为中间支付平台向商户支付货款，而为用户提供延期付款服务。Klarna 还推出了分期付款业务，允许用户在一定时间内无须支付利息。这一模式减轻了用户的支付压力，且简化了支付流程，对欧洲电商的发展起到了促进作用。[9] 电商平台在促销活动中采用的"定金+尾款"的支付方式也利用了这一原理，先用小比例的定金进行预售，吸引购买，而大比例的尾款则放在后期进行支付。由此可以看到，基于时间的分拆能够帮助产品或服务触达原本不能吸引的客户群体。因此，企业可以使用基于时间分拆的方式，获取新的客户增量，寻找更大的收入空间。

逻辑 6：资产变现

　　企业在发展过程中会沉淀大量资源、资产或能力。在积累这些资产的过程中，企业付出了大量的成本。这些资源、资产或能力并不仅限于在企业现有业务领域运用。企业可以通过思考以下问题来寻找尚未发掘的商业机会：所拥有的资源、资产或能力能够创造哪些价值？这些价值对谁最有吸引力，即谁会有更强的支付意愿？

　　企业用来变现的可以是有形的资源、资产，也可以是无形的资源、资产或能力。无形资产具有较高的复用性，可以被多次使用而不会出现价值减损，且具有非竞争性（即可以被多个主体同时使用），因此拥有更大的变现空间。

　　知识产权作为一种重要的无形资产，往往在企业研发过程中消耗大量的资源，而这些研发成果或技术可能被行业内外的其他企业需要，企业可以主动为拥有的专利寻找应用场景和变现的机会。专利授权是知识产权创造价值的主要途径之一，很多拥有核心技术的科技公司每年都会从专利费中获得大量收入。高通（Qualcomm）就是一个典型的例子。凭借多年在无线通信领域的研发积累，高通构建了强大的专利资产，其主导的 CDMA 技术（码分多址，全称为 code division multiple access）成为 3G 通信的标准，还拥有诸多领先的底层技术，甚至具备控制整个手机行业的能力。高通对持有的专利进行系统化的管理，设立了专门的专利运营部门，即 QTL（高通技术授权，全称为 Qualcomm Technology Licensing）。购买高通的芯片，手机生产商不仅需要缴纳昂贵的标准授权费，其所销售的每台手机还要按比例支付给高通技术使用费。而根据高通的"反向专利授权协定"，这些被授权方还需要将自身的专利免费与高通及其客户共享。QTL 是高通利润的主要来源，2021 年，QTL 收入为 63.2 亿美元，占总收入的 18.8%；税前净利润为 46.3 亿美元，占总税前净利润的 45%，利润率达到 73.2%。高通的主要收入源自中国市场，2021 年，其约 67.1% 的营收来自中国大陆市场。[10] 此外，版权也是一类常见的知识产权。例如，为解决图片版权领域交易零散、效率低的问题，一些企业构建了以交易平台和版权资产运营为核心的商业模式。例如，全球大型图像提供商之一盖蒂图片社（Getty Images）通过收购素材库和与摄影师签约，积累了大量的图片与视频版权。除了通过帮助摄影师交易图片赚取中间费用，自有的图片版权授权也是盖蒂图片社主要的盈利来源，并通过平台触达媒体、广告商等潜在客户。[11] 应用类似模式的还有视觉中国，这是中国市场上第一家将互联网技术应用于版权视觉内容服务平台的技术型企业。2021 年，视觉中国全年实现营业收入约 6.6 亿元，净利润约 1.5 亿元。[12] 又如在学术出版领域，爱思唯尔（Elsevier）、知网等出版商建立了庞大的论文数据库，主要通过高校和研究机构的付费订阅赢利。

  品牌或声誉也是一种重要的无形资产。品牌被使用不产生额外成本却能带来收益，且由于网络效应，品牌的价值随着消费者数量的增加而提高，因此具有很大的变现潜力。阿迪达斯、锐步、耐克等体育品牌之所以愿意为足球、篮球、橄榄球等体育赛事提供大量赞助，就是为了借助这些体育赛事在体育迷心中强大的吸引力来获得最大限度的曝光，同时获得触达这些主要目标客户群体的机会。

久而久之，这些品牌就日益深刻地进入目标客户群体的心理认知，从而为它们的长期变现提供基础。[13] 企业还可以通过品牌授权进一步激发网络效应。例如，美国大型媒体公司通过品牌授权创造了巨额的收入。福克斯新闻（Fox News）、美国有线电视新闻网（CNN）和微软全国广播公司（MSNBC）授予其他电视台使用其品牌名称运营的权利，并收取许可费。美国皮尤研究中心公布的数据显示，2020年三家公司当年的有线电视品牌授权收入分别为29亿美元、17亿美元和11亿美元，分别占各自全年总收入的56.1%、60.3%和31%。[14]

此外，由于品牌效应是基于特定受众的，并不局限于特定行业，当品牌累积到一定的价值后，在资产变现上会有很强的延展性。一个在当下十分常见的、融合了品牌变现与知识产权变现的例子是文化创意产业的IP盈利。企业在前期投入大量资源打造IP，积累受众基础，而后通过多元的方式开发IP的商业价值。很多我们熟知的IP持有企业，例如迪士尼、任天堂等，都有丰富多样的变现业务，在IP的原始行业如电影、游戏或动画行业之外，推出了众多周边商品和演出、主题乐园娱乐等服务。2019年，一项"全球最赚钱的25个IP"统计显示，在以精灵宝可梦系列为首的25个IP中，很多IP的收入来源多样化，覆盖了游戏、衍生商品、漫画、图书等多项业务，且其来自衍生品销售的收入占总收入的较大比例。[15] 此外，版权授权也是IP变现的重要途径。迪士尼以强大的版权运营著称，每年仅通过品牌授权就能够获得可观的收入。

一些情况下，人员也可以视作资产。例如，足球俱乐部将球星作为一种运营资产，在早期签下有潜力的球星，而在球星获得行业认可、商业价值提高时进行交易。对比之下，我们不难发现，相比无形资产，有形资产是不可复制的，这种变现模式想要存续，必须持续进行运营来获得新的资产。

然而，无论是有形资产还是无形资产，值得强调的是，企业在思考资产的价值变现时，跳出行业边界都很可能发现更具创新性的机会。因为尽管资产的积累来自企业在行业内的业务，资产本身却并不必然具有行业特定属性，而是拥有更广阔的应用场景，甚至往往对行业外的企业具有更高的价值。因此，资产变现逻辑也是导致当今跨界竞争大量出现的原因之一。这一问题在第10章中会更详细地讨论。

逻辑7：收入方式的转换

在商业模式创新中，企业可以另辟蹊径寻找新的收入方式。同样的产品或服务，提供的价值可以是多样化的，创造收入的方式也并非唯一。企业可以寻找现有业务中能够变现的其他价值，以此作为设计新收入方式的起点。这种价值可以视为现有产品或服务衍生出的价值，与现有业务紧密关联且不可分割；更为重要的是，这种价值往往不是现有商业模式中已经存在的或者是已经被现有商业模式利用的。具体而言，收入方式的改变意味着收入产生于交易过程的不同环节，或依赖于不同的基础（如基于人数的购买与基于人次的使用），也可能是一种综合性的、更具想象力的全新方式。

就此而言，收入方式的转换对企业而言可能意味着完全不同的收入天花板；对客户而言，则常常伴随着新的体验。网络游戏收入方式的转换是一个典型的例子。网游最初的收入模式是按游戏时长计费，玩家可以通过包月或充值点卡的形式购买时长。这一模式虽然一度相当成功，但创造收入的空间有限，网游运营商需要寻求新的增长机会。这种情境下，"免费模式"成为新的机遇，即用户可以免费游戏，而道具装备等增值服务需要付费购买。作为转型先驱之一，盛大于 2005 年 11 月对《传奇》等几款核心游戏宣布免费，这一创造性的举措虽然迅速遭到了投资者的质疑，却受到了玩家的热烈欢迎。同一季度，盛大旗下所有游戏的同时在线人数相比上一季度增长了 13 万。[16] 2007 年第一季度，其净利润达到历史新高 5800 万美元。[17] 收入方式的转换打破了游戏时长对收入增长空间的限制，而对玩家而言，游戏不再受时长的限制，拥有更轻松的游戏体验。当然，增值服务付费模式并非没有缺点，玩家对损伤游戏体验的抱怨屡见不鲜。网游的收入方式仍在创新，以谋求收入与游戏体验更好的平衡。

  此外，在餐饮行业，自助餐也实现了收入方式的转换。它将按照菜品收费转换为按用餐人数收费，提供菜品的方式更加统一化，且减少了服务成本，但满足了顾客对菜品数量和多样性的需求，为顾客提供了不同的就餐体验。这一方式的成立与个人在限定时间内能消费的商品量或服务量存在上限有关，因此这一底层原理也能应用在其他行业。例如，新冠肺炎疫情导致航空公司上座率下降，一些航空公司推出"随心飞"业务，用户购买该业务后，在规定日期内可以不限次数地乘坐业务范围内的航班。这一策略增加了客流，也帮助企业预先获得收入，缓解了运营资金的紧张状况。

需要指出的是，与资产变现模式可以脱离现有业务不同，"收入方式转换"这种模式下新的收入方式与现有业务是紧密关联且不可分割的。正像前文的例子中呈现的那样，收入方式的转换需要非常准确地挖掘和定义用户潜在的新价值需求，也需要对现有交易过程进行某种改变，并在此过程中建立新的能力基础。这需要商业模式创新者具有敏锐的观察力并采取具有想象力的行动。

逻辑 8：从能力差与时间差中获益

一般而言，咨询行业是典型的从能力差或知识差中赚钱的模式范例，这是因为这些提供专业咨询服务的企业在专业能力或知识上相较于它们的客户具有更高的专业水准，这也是为什么客户愿意为这种专业性的咨询服务进行付费。这个能力差固然是存在的，不过基于这种能力差的获利方式并非我们讨论的重点，我们所关注的是另外一种能力差——咨询业务提供过程中的隐性的能力差。对于专业性咨询服务，如果要为客户提供高水准的服务，常规的看法是需要具有较高专业能力的咨询顾问，也就是那些通常被认为经验丰富的资深顾问。在一个有效的市场当中，这些经验丰富和能力水平较高的资深顾问意味着较高的价格，也意味着较高的能力门槛。而从咨询公司内部的运营来看，这也意味着这类能力的有限供给，以及巨大的运营成本。不要忘记，咨询公司最大的成本就是人力成本，因为那些聪明的大脑才是它们赖以生存和竞争的关键基础。这意味着什么？这意味着如果真的是这样，这种赢利模式的天花板是很低的，它难以支撑业务规模的不断扩张，因为高门槛、低供给会成为这个模式扩张无法越过的障碍。事实上，为了解决这个问题，咨询行业在很多年前就针对如何打破这个限制开始了一项创新性的探索：是否可以用更低的专业能力来完成本来必须用更高的能力完成的咨询工作？答案是可以做到，基本的思路是通过专业化分工（由资深咨询顾问生成结构化与系统化的咨询工具，而普通的咨询顾问来运用这些工具）、知识模板的应用（基于工具化和迭代思想的方式来生成咨询内容模板再大量复用）来实现。毫无疑问，知识的创造和知识的运用在能力门槛上是有差别的，而知识和经验的复用性可以在保证服务质量的前提下大大降低成本。由于这个变化发生在咨询公司内部，所以可见度并没有那么高，这也是我们所称的隐性的能力差。

尽管这里所讨论的只是专业咨询服务的例子，但是这个例子具有更为广泛的含义，那就是如何在企业创造价值和提供价值的过程中降低能力门槛，从而运用更低水平的专业能力（也意味着更少的成本和更多的供给）来为客户提供与原有模式类似或相同水准的服务。更细致地讲，从能力差上获益有两种情形。第一种是通过技术赋能或者组织创新，用比同行企业或类似现有商业模式更低水平的能力来提供相当的感知价值。例如利用自动化技术降低对操作技能的要求，利用有效的组织流程降低对个人决策能力的要求，从而在一定程度上降低实现同等水平的能力所需的成本。第二种是利用能力在不同行业、领域或区域的价格差获益。我们可以观察到的一个事实是，同样的能力在不同的行业、不同的领域或不同的区域存在显著的价格差别，这是因为一些能力可能在一个行业被视为基本能力，而在另一个行业被视为高阶能力，因而对另一个行业的企业具有更高的价值。找到这些跨越行业、领域或区域的有价值的能力应用场景，往往能够获得比本行业更高的回报。因此，这种策略也可以称为"能力套利"。例如，航空航天行业领域先进的雷达技术被应用到农业、建筑、测绘等领域的气象监测中后获得了明显的技术优势。[18]

从时间差中获益则是利用不同行业、领域或区域在发展状态上的差距进行技术的跨界移用。行业、领域和区域在发展上存在时间先后，领先区域的企业进入相对落后的区域，几乎无竞争者，而如果能释放出相应的需求，则可能找到商业机会的蓝海。例如，在20世纪90年代中期，美国互联网行业快速发展，不少中国互联网创业者将美国的成功模式在中国进行了引入和尝试，创造了很多早期的中国互联网企业。在中国互联网行业经过发展越发成熟的今天，我们可以看到，许多中国互联网巨头都存在着"对应"的美国版本。

类似的逻辑也可以推演到企业在一些发展相对滞后的海外市场进行的扩张。例如中国互联网企业在中东和北非地区的创业。由于文化等原因，当地互联网行业仍有较大发展空间，而中国的互联网生态已相对成熟。其中的一个突出范例是雅乐集团（Yalla）。它于2016年成立，2020年9月30日在纽交所上市。其2021年营收2.7亿美元，净利润率30.2%，月活用户2806万，日均使用时长4.5小时。雅乐利用中国企业的经验优势将在线社交与娱乐业务在中东及北非地区成功推广，建立了语音社交平台Yalla，推出休闲游戏产品Yalla Ludo，受到当地人的追捧。作为中东及北非地区最大的在线社交与娱乐平台，其模式与中国互联网巨头腾讯的"社交+游戏"运营模式十分相似，因此雅乐也在外界有"中东小腾讯"之称。类似的还有被称为"非洲亚马逊"的电商平台 Jumia。2012 年成立于尼日利亚的 Jumia 主要关注电商渗透率很低的北非市场，将亚马逊作为参考标杆，建立了易于用户使用的电商网站，主打低价商品的提供和快速的物流配送服务，成功开拓出一片蓝海。2017 年年初，Jumia 的业务扩展至 11 个非洲国家市场[19]，于 2019 年在纽交所上市，当年营收达到 1.6 亿欧元[20]。

　　需要指出的是，利用时间差的策略往往并不是简单的复制策略，因为行业、领域或区域的情境差异会要求商业模式进行本土化创新和快速的适应性调整。在 Yalla 的案例中我们可以发现，早在 Yalla 进入中东和北非市场之前，脸书、WhatsApp 等社交巨头已经进入，但远未获得预想的成功，这正是因为对中东本地独特的用户习惯研究不足。而 Yalla 的产品像其名称一样，具有本地特色（"Yalla"取自阿拉伯语，意为"一起来"），在产品与运营上高度本土化。Yalla 的创始团队在中东有多年的工作经验，深入了解了中东地区用户的社交习惯，发现当地人喜爱一种传统的亲友间社交活动 majlis，但宗教文化使当地仍存在很多未释放的社交需求。因此，他们将 majlis 活动拓展到线上，采用"语音聊天房间"的方式开展"陌生人交友"，受到了当地市场的广泛欢迎。此外，其游戏产品看似简单，却也颇具针对性，例如 Yalla Ludo 提供的两款棋牌类游戏，Ludo（飞行棋）和 Domino（多米诺骨牌）是中东居民常在线下日常生活中玩的游戏。Jumia 的案例中，北非市场的交通和互联网基础设施不完善、互联网诈骗频发导致人们缺少对电商的信任，也为电商业务的开展带来了困难。为此 Jumia 采取了诸多措施，例

商业模式创新

如：建立靠近用户的快递中继站；与MTN电信集团合作，允许其用户免费访问Jumia网站；提供货到付款选项；等等。[21] 这些例子充分说明了重视所要拓展的新市场的独特性及其与原有市场的差异性，对商业模式创新具有极其重要的意义。

第 6 章

商业模式设计的隐含维度：能力

看不见的往往更重要

在本书第 3 章至第 5 章，我们从剖析商业本质入手提出了商业模式设计的三个维度：价值设计、交易过程设计与收入流设计。这三个维度构成了商业模式设计的重要基础。然而从商业模式创新者的实践来看，在价值创生、价值传递到价值变现的整个过程里，以上三个维度均属于比较外显的商业模式要素，很大程度上能够在一段时间后被竞争者或潜在竞争者观察、分析、模仿或学习，这将不可避免地导致通过商业模式创新建立的竞争优势被逐步侵蚀。那么一个重要的问题是，商业模式设计是否存在内在根基，能够支撑企业面对不确定、动态变化、复杂的环境持续地借助商业模式获得竞争优势？答案是肯定的，这里涉及的就是商业模式设计的隐含维度——能力。1990 年，美国战略管理学家 C.K. 普拉哈拉德（C. K. Prahalad）与 G. 哈默尔（G. Hamel）在《哈佛商业评论》上发表了《企业核心竞争力》(The Core Competence of the Corporation)[1]

一文，他们用"树"来隐喻能力与企业产品即业务的关系。在这个隐喻中，能力（他们提出了"核心竞争力"这个概念）就像树根，而核心产品和最终产品就像树干和枝叶，能力构成了企业业务的根基。这个隐喻用于商业模式也非常合适，在商业模式的价值、交易过程、收入流这三个设计维度上，每一个维度在具体设计时都需要一定的能力基础作为支撑。企业拥有的不同能力基础，不仅决定了实践者最初的商业模式设计，也冥冥之中决定了商业模式未来可能的进化方向。虽然我们常说"只要站在风口，猪也会飞上天"，但恰恰是由于能力基础不同，不同企业的飞行姿态可能完全不同。例如，在日渐火热的健身行业，不同企业的商业模式也有所不同。Keep、FitTime、悦跑圈等企业通过线上社群与流量变现，乐刻、AnytimeFitness等企业主打24小时自助式线下服务[2]，超级猩猩、ClassPass等平台通过零售种类丰富的健身课程吸引大量客户[3]，而Peleton、Tonal、Hydrow等则主要提供基于健身产品的服务[4]。它们的商业模式不论是以做社区、做交易平台还是做产品为核心，每一种均有可能获得成功，但所需要的能力会明显不同。

能力对商业模式构建策略的影响远不止于此，其扮演的重要角色与商业模式的复杂性特征密不可分。这种关联体现在两方面。一方面，商业模式是一种整体性的架构，这意味着商业模式的三个构成维度——价值、交易过程、收入流——需要联结成一个统一体。能力这个隐性维度扮演的角色，恰恰就是把看似可以分离的三个维度凝聚成一个存在高度逻辑关联的整体。这就像一个魔方，它固然可以被拆解成一个个的小方块，但正是内在连接赋予了它灵性和千变万化的属性。另一方面，为了能够给企业带来持续的竞争优势，商业模式是需要满足一些特定条件的，这些条件包括了商业模式的外部独特性、难以模仿性、可复制性与可拓展性（我们将在本书第8章对此进行深入的探讨）。然而要满足这些条件，却并不是一件易事，这些条件都要以特定的能力作为基础。就像一座巍峨的城堡，它需要拥有一个稳定的地基，"沙砾上的城堡"会很快被竞争的浪潮摧毁。

　　能力还将影响商业模式的演化效率。商业模式需要不断进化与完善，但其能够实现进化的方向取决于能力，因为能力在很大程度上锁定了企业能够选择和实现的发展路径，并最终决定了企业构建的商业模式在进化上的效率。一个典型例子是，面对平台型商业模式对产品型商业模式的冲击，同样是从产品起步的公司，只有一部分能成功转型为平台企业，而另一些却止步于产品时代，这背后是吸引客户、创造价值、快速创新、阻止竞争等能力的差异。[5] 例如，起步于安全软件产品的奇虎，基于其核心产品360安全卫士自主开发了定位于安全的浏览器和搜索引擎，并推出了可下载无病毒第三方应用程序的应用程序商店，由此，持续增长的用户与第三方开发者相互吸引，推动了平台的快速成长。其成功之处在于提供全新价值、快速学习、高速迭代等能力，从而在竞争蓝海中迅速确立了市场地位。类似的是目前全球大型游戏分销平台Steam的拥有者Valve，它最初是一家电脑游戏开发商。在众多黑客对上线游戏持续进行非法改编，导致正版游戏稳定性变差、用户登录频繁受阻的背景下，Valve快速识别出游戏分销昂贵且缓慢的痛点并迅速将Steam渠道发展为平台，其基于开放性的创新能力与系统掌控能力成为成功的关键。相反，顺丰公司面对低成本竞争对手带来的压力，虽然在2014年推出了电子商务平台以及支持产品试用与体验的实体店，希望通过客服群与第三方商家创造更多价值，但由于价值不新颖、平台壁垒较低而未能成功。类似的是，微软在试图将Outlook转型为平台的过程中，由于缺乏用户整合以及及时阻止竞争的能力，面对谷歌Gmail以及iPhone等移动应用服务的挑战仍在不断丧失市场份额。面对新冠肺炎疫情的考验，企业能力对于商业模式转型的重要性愈加凸显。在新冠肺炎疫情暴发以后，得益于较高的便利性和性价比，比萨成了美国家庭外卖餐食的首选之一并引起一阵"比萨热潮"。在这一浪潮中，比萨企业巨头"达美乐"成了最大赢家，其2020年上半年的净收入达到2.4亿美元，相比2019年增长了30%。达美乐能够取得比必胜客、棒约翰更好的成绩，部分源自其多年来对比萨口味创新的坚守，而更根本的原因在于其行业领先的数字化配送基础设施能够支撑其从线下向线上运营的转变。一直以来，同行业其他品牌的外卖配送服务都是部分自己承担、部分交由第三方负责，而第三方负责意味着平台要进行一定比例的抽成；而达美乐是唯一一个完全依赖自有配送能力的比萨品牌，且长期致力于提升自己的配送能力，正是这一点保证了它能应对疫情给餐饮行业带来的冲击和转变。[6]宏碁前首席人力资源官杨国安先生在《组织能力的杨三角》一书中曾给出这样一个公式："成功 = 战略 × 组织能力。"其逻辑在于，战略可以被复制抄袭，但企业的能力却难以被模仿。[7]

商业模式进化过程中所需的能力在时间上呈动态性变化。商业模式的初始构建与之后的迭代进化，尽管存在一些规律上的共同性，但是所需要的能力基础以及要解决的关键问题还是有明显差异的。

我们也可以把商业模式的初始阶段称为"从0到1"阶段,这个阶段面对的一个非常大的挑战是"冷启动问题"(我们将在第9章对解决冷启动问题进行更为详细的讨论),也就是需要在商业模式框架尚未完全成形且可行性亟待验证、缺少足够市场接受度与认知度、受到严重资源限制的情况下完成商业模式的构建。而之后的迭代进化阶段,我们也可以称为"从1到N"的阶段,这个阶段已经有了一定的较为确定的商业模式进化方向,虽然还需要不断进行增长机会的探索,但关注的重点逐渐向"效率"和"护城河"[1]转变。这种关注焦点的动态变化,意味着在不同的阶段里为支撑商业模式进化所需要的适配能力也在发生变化。在《从0到1》一书中,贝宝(PayPal)公司创始人、脸书第一位外部投资者彼得·蒂尔对这一问题也进行了阐述。在传统时代,成功企业的商业模式是一个"从1到N"的过程,最需要的能力是快速复制先前经验从而赢得竞争;而在互联网时代,企业需要跨越式、突变式的颠覆式创新而非渐变式创新,需要在没有经验的情况下从无到有创造与众不同的新事物,这无疑对企业能力提出了与以往时代截然不同的要求。[8]

还有一个不容忽视的因素是,企业商业模式的构建是跨越组织边界并深度嵌入商业生态系统的。甚至在商业模式构建的很长一个阶段里,如何驱动商业生态系统的尽快成形、如何帮助商业生态系统内的参与者更快地成长、如何在商业生态系统内部建立合理的治理规则来实现共生共赢的目标,都将直接决定商业模式创新最终是

---

[1] 使商业模式不被外部模仿、损害的系统,具体内容参见第8章"商业模式的外部难以模仿性"一节。——编者注

否能够成功。而这也意味着需要围绕着商业生态系统培养一些特定的能力。我们将在第 11 章 "商业模式的嵌套设计"做一些阐述。

由此可见，在进行商业模式设计时，能力扮演了不可或缺的角色，尽管它与价值、收入流相比，可见性并没有那么高，往往内含在价值创造、价值传递与价值变现的相关活动过程里。不过，就像树根之于大树，失去能力的支撑，商业模式就会变成无根之木、无源之水。对商业模式创新实践者而言，再宏大的商业模式构想、再美好的商业模式计划，没有对提高能力的规划与思考，都无法从"理想"变成"现实"。这也许就像我们常说的那样，"看不见的有时候才是更重要的"。

能力的异质性与适配

现实世界里存在的商业模式具体形态可以是千变万化的。那么，这些形态各异的商业模式可以被区分为哪些不同的类型呢？要解决这个问题，其中一个思路就是从商业模式设计中的各个构成模块（例如本书将其拆解成了价值设计、交易过程设计与收入流设计这三个维度）出发，基于每个模块的组合特征，进而划分为不同的商业模式类别。事实上，这也是商业模式研究领域的一些学者采用的思路，首先对商业模式的构成模块进行刻画，然后从每个模块中挑取一些特征并建立定量或半定量的描述（测度），在此基础上运用聚类分析这类定量分析方法来给出最终的商业模式分类结果。

如前文所述，能力维度是支撑商业模式构建与演化的基础，与商业模式的其他三个维度（价值、交易过程、收入流）之间存在着密切的关联性和内嵌性。从能力出发对商业模式分类这个问题进行审视，可以为我们理解商业模式类型提供一个互补性的视角。并且，这也与商业模式创新者在商业模式实践中的直观体验有着天然的对应关系。

对探索商业模式创新的企业而言，获得良好的财务表现、为投资人带来有吸引力的回报是证明商业模式成功的重要依据，因此我们可以借助财务视角对商业模式的类型进行划分。这就需要运用一个被称为"杜邦等式"[9]的分析工具。1912年法兰克·唐纳德森·布朗（Frank Donaldson Brown）为了向杜邦公司管理层阐述如何分析和提升公司运营绩效而提出了这个等式。这个等式的内容是：

企业的权益资产回报率（ROE）=净利润/净资产=（净利润/销售收入）×（销售收入/总资产）×（总资产/净资产）=销售净利润率 × 资产周转率 × 权益系数（财务杠杆）

基于这个等式，我们可以知道，更高的利润率、更快的周转率和更大的财务杠杆，都可以提高企业的回报水平。相应地，如同武侠江湖里武林可以根据武功特点分为不同门派，商业模式也可以从财务视角划分为三种不同的流派或者说风格，也就是高利润型、高周转型与高杠杆型。每一种流派都可以获得成功，事实上也都在商业模式创新历史上涌现过一些杰出的代表。当然，每一种不同的流派所依仗的"绝技"（或者说能力）都有所不同。

采用高利润型商业模式的企业的盈利来源主要是产品的高额利润，常见于高端制造业、软件、医药、白酒，以及奢侈品等具有较高进入壁垒、对技术或特定能力具有较高依赖程度的行业。在此种商业模式下，高额利润产生的原因之一在于产品的差异化需求极其明显，企业在技术独占性、品牌、分销等方面具有极高的控制力，以及在定价方面具有较大的话语权，从而可以持续获得超额收益。一个典型的例子是贵州茅台。[10] 作为酱香白酒的代表，茅台最初因其独特的口感被消费者认知。在白酒行业整体实现高速扩张后，茅台在品牌、渠道、营销等多方面不断突破，在零售价、出厂价等方面逐渐与五粮液等厂商拉开差距。随着受众规模不断扩大，茅台的品牌价值与市场影响力形成正向反馈，品牌价值一枝独秀并成为行业的绝对领导者。目前，茅台成为唯一牢牢占据2000元以上超高端价格的高端白酒企业，其产品终端价格比浓香型代表五粮液高出两倍，渠道利润率高达200%。[11] 类似案例还有爱马仕。作为一个似乎永远不会过时且具有全球影响力的经典品牌，爱马仕独一无二的品牌生命力成为其高利润的主要来源。其标志性的铂金包（Birkin）和凯莉包（Kelly）（没有任何定制）可能比一辆普通级别的奔驰车还要贵，并且到货时间很长，一般要等好几年。其Le Sur-mesure工作室量身定做的产品更意味着消费者对其高昂价格的认可，一个爱马仕Le Sur-mesure"菜篮子"的售价达到14700美元。[12] 2010年，该公司的营业利润率为27.8%，甚至超过了全球最大的奢侈品集团酩悦·轩尼诗—路易·威登（LVMH）（营业利润率为21%）。[13] 一个更与众不同的案例是戴森，其革命性的发明、颠覆性的技术、直击消费者痛点的创新性产品成为企业不可复制的高利润基因。从无噪声且无吸尘袋的V11 Absolute手持吸尘器、外观手感均与众不同的Supersonic HD01吹风机，到依靠风力而不是热力的 Airwrap 卷发棒，戴森的每一款产品在价格方面都成为其所在行业的"天花板"，甚至比普通产品贵 10 倍有余。但不论是定价 5000 元的吸尘器还是 3000 元的吹风机，它们都基于戴森在固态电池、电动机以及流体力学方面全球领先的专业知识和产品化能力，为用户长久拥有但未被解决的痛点提供了颠覆性的解决方案。[14] 基于深厚的技术积累与创新支撑，戴森的每一个产品系列都能够引发业内的高度关注，打破消费者对于产品的刻板印象并带给客户超出预期的极致体验，让公司不论在技术还是品牌方面都具有可以成为奢侈品的独特价值，持续占据市场制高点。戴森旗下的多款产品被评为年度最好的 100 个发明，如 2019 年的 Airwrap 卷发棒[15]、2020 年的 Corrale 直发棒[16]等。公开数据表明，2017 年戴森的研发投入占比已经达到其利润的 40%，2018 年其公司利润首次超过 10 亿英镑（约合 97 亿人民币），这也使公司创始人、被英国媒体誉为"英国设计之王"的詹姆斯·戴森成为英国首富。

采用高周转型商业模式的企业的盈利来源主要是资产的高效周转，常见于那些潜在顾客规模巨大且对价格较为敏感的市场领域，例如连锁零售、家用电器、面向大众的餐饮、低端制造等。在此种商业模式下，企业收益的核心来源在于"薄利多销"，因此采用此种商业模式的企业需要通过优秀的业务运营与管理体系尽可能实现交易过程的标准化、效率化、流程化，提升从价值到收入流的转换速度，从而最大限度地从规模经济上受益。一个典型案例就是沃尔玛。作为低价零售行业的领导者，沃尔玛在实体经营方面成为众多企业竞相模仿的对象。在初期业务扩张阶段，沃尔玛将折扣销售作为主要战略，在商店数量较少的城市迅速扩张并占领市场。在逐渐获得议价能力后，沃尔玛依旧保持"天天低价"的运营策略，不仅在低价以及建立跨公司的配送系统等方面向供应商施压，同时继续增强其在分销、仓库物流方面的控制权，从而形成了更高效的进货以及销售方式，其生产与销售效率均远远领先于竞争对手。[17] 1987年，沃尔玛拥有9%的市场份额，生产效率比竞争对手高出40%。到1995年，沃尔玛的市场份额已接近30%，而在竞争对手也积极提升的情况下，其生产率仍然比竞争对手高出48%。[18] 目前，沃尔玛的库存周转率仍远高于美国达乐（Dollar General Corporation）、塔吉特（Target Corporation）等零售公司。[19] 需要说明的是，在运用高周转模式的时候，企业需要思考并确认，在自己的业务运营和市场竞争当中，什么类型的资源、资产或者能力是占运营成本最大的，并针对这种类型的资源、资产或能力加速其"周转率"，通过业务运营效率的提升来尽快缩短这些资源、资产或能力服务单个业务任务所需要的时间。由于库存成本通常是非常显性的并且在很多行业里占据了运营成本的较高比例，所以加速库存周转就成为这种模式的常见选项。不过，库存并不是唯一的思考点，因为这类占据成本比例较高的资源、资产或能力可以有非常多样的形态，可以是营业面积、关键设备或设施，也可以是高能力的人力资源等。

采用高杠杆型商业模式的企业的盈利来源主要是低成本、高收益的资产置换（例如银行、房地产、保险、券商等行业），也可以是在内部拥有的资产之外，找到低成本地获取和利用外部资产、资源或能力的机会。在此种商业模式下，持续获得低成本资金并通过投资获得远高于成本的收益，或者是以内部资源、资产或能力撬动高杠杆的外部互补资产，就成为企业利润的最大来源。由于金融行业更易于获得基于信用的持续资金流，因此这种商业模式变得非常常见，并成为各国金融行业的盈利密码。在中国，古有唐朝的"飞钱"、北宋的"交子"、明朝的"当铺"，以及今日银行制度的前身山西票号，今有保险巨头中国平安。晋商研究权威高春平的《晋商学》一书统计，自清朝道光初年第一家山西票号日升昌开始，到清末，晋商在山西平遥、祁县、太谷、太原四地先后开设了43家票号，其汇票制度、员工配股制度均世界领先，推动了商业以及自身的快速发展。[20]一方面，粮饷、河工经费赈抚等规模极大的官款业务大多由晋商票庄汇兑承办，使得大量货币资金聚集于晋商票庄，让票号成为全国金融的掌控者。另一方面，票号兼营存款与放款业务，从而逐渐具备银行职能，其信用为重、不重契据、不做押款的经营理念吸引了全国各地的汇兑商家，也使得晋商票庄日益繁荣。以三大帮中的平遥帮为例，其票庄存款利息至高三厘，放款利息至多六厘。而以保险起家的中国平安更是将利用高杠杆推动业务发展的理念运用到极致。早自1995年起，它就陆续踏足证券、信托、银行以及金融科技等领域，通过"借入资金—投资实现收益最大化—有效抵消经营成本与赔付金额"的资金轮转扩大商业版图。2018—2020年，中国平安的杠杆率为12.4%～13.2%，连续三年为保险行业内最高。[21]在西方，自中世纪起在意大利、荷兰、英国等国家陆续兴起的银行业也遵循同样的发展模式，具备从货币兑换发展至放款贷款、货币制造、货币流通等综合性职能，让简单的存款经过运作放大为巨额收益，其背后的动力均是金融杠杆。

由此可见，能力的适配性是商业模式设计或选择过程中需要考虑的重要问题。当然，这并不意味着商业模式的构建只能基于企业的内部能力或者当下已经拥有的能力，而是可以充分利用来自外部或者嵌入商业生态系统的互补性资产来增强自身的资源和能力基础，或者采用一些策略性的方式（例如能力的聚合或移用），或者另辟蹊径减少或消除能力门槛的限制。这也是商业模式创新者非常需要想象力和创造力的原因。

能力的套利：移用与降维

2006年，在《世界是平的》一书中，美国经济学家托马斯·弗里德曼将网络浏览器、互联网、应用软件、开放源代码、外包、离岸生产、供应链、内包、信息搜索以及轻科技的出现等描述成"让世界变平的十大动力"。新的技术（包括狭义上的技术，也包括广义上直接支撑生产率提升的工具、方法和组织方面的创新实践）不断涌现，帮助人们突破地理、时间、体能等物理限制，共同造就一个更"轻"、更"平"也更"多元"的世界。[22] 这种物理限制的打破，不仅仅改变了我们生活的世界，也赋予了商业模式创新者以更多的可能性。这就如前文所说的，能力维度是商业模式非常隐性的维度，但对于商业模式的整体性与可实现性有着巨大的影响；而技术的赋能使得我们有了更大和更多的机会去突破能力的壁垒或限制，从而大大扩展了商业模式创新的空间。

能力代表的是企业内部积淀下来的知识、技能、管理系统和背后的企业文化，它的建立需要较大的前期成本投入。如何从能力上挖掘最大化的价值，其中一种思考方向就是提高能力的复用性。商业模式天然具有跨业务、跨领域和跨场景的特性，因此如何用企业自身已经建立起的能力基础去匹配和支撑更多的业务与场景，就成为一个通过复用性大大降低能力构建成本的有效手段。与此同时，也增加了商业模式的增长潜力。通过核心能力复用以实现商业模式进化的具有代表性的公司就是佳能。[23] 从照相机、扫描仪到复印机、投影仪，佳能所在的产品领域均不乏拥有成熟技术、人才和设备的领先者，但它能后来居上，即使在全球经济萧条之际也能一直保持旺盛的企业活力，原因就在于它在光学领域拥有的核心技术。佳能以制造照相机起家，带着推翻德国"莱卡"霸主地位的梦想生产出了日本历史上第一台35毫米焦平面快门照相机，并于1956年成功研制出对标德国莱卡M3的V型照相机。1961年，佳能进入数码相机领域，基于其核心的"光学技术"进行延展创新，成功将化学、软件以及新兴电子技术进行整合，开发出世界第一台电子相机Canonet；1987年，佳能率先发明气泡式喷墨打印机并取得成功，其最有代表性的"Photo打印"依然包含了"光学技术"的核心成分。与此同时，佳能公司一直将技术商业化作为全公司以及高层管理人员的首要目标，其领先于竞争对手一倍的新产品开发速度以及持续提升的产品性能使其成功应对了美能达（Minolta）、美国施乐公司（Xerox）等企业的竞争。[24] 类似的还有日本夏普公司。在1986年将液晶显示器确定为核心业务以后，夏普依靠液晶显示技术相继开发出多个含有核心技术的产品，例如液晶彩色电视机、液晶投影仪、液晶笔记本电脑、录影机以及数码相机等，众多不同系列的产品都能够在市场中具有竞争优势，这都得益于夏普拥有的专业光电技术。[25] 由此可见，只要以公司的独特能力为核心不断发展、复用，就可以为企业的商业成功带来不竭之源。

实际上，能力的移用并不仅限于上述这种在组织内部对自身能力的复用与迁移，还存在一类更具有创造性的策略，即跨域移用。这种策略基于一个有趣的现象，那就是同样的能力，尽管它们在类型和水平上是一样的，但在不同的行业、领域或区域中的市场价格却存在着明显的差异。这种现象的存在在很大程度上可以归结为两个原因。首先，由于信息不对称，有些时候能力的拥有者并不总是知道这些能力在哪里会更被人们需要且人们愿意为之支付更多的金钱，这就是交易成本理论（transaction cost theory）中所说的交易成本，它如同物理世界里存在的摩擦力，会使物体的移动受到影响。其次，即便是能力的持有者知道他们的能力在哪里价格更高，一些物理限制的存在也会增加这些能力流动的难度（譬如他们要去到另外一个城市，会有差旅成本；或者他们若去另外一个城市工作，也会面临着重新熟悉新环境的成本或者是举家迁移的适应成本）。而技术的存在，尤其是那些能够打破信息不对称和物理限制的技术，可以帮助商业模式创新者降低能力的跨域移用成本，从而将能力的跨域价格差变现。这也是我们把这种策略称为跨域套利的原因。一个典型的例子是创立于 2013 年年底的 VIPKID。以往很多外教平台采用的模式都是在中国寻找口语纯正的外国人提供线下教学服务，但由于供给远小于需求以及服务成本的问题，外教单价居高不下，为整体市场规模的发展设置了较高准入门槛。为解决这一问题，VIPKID 选择通过技术手段搭建一个全球性的"1 对 1 实时在线视频"学习平台，将北美外教与中国学生进行连接，通过简单、高效、低成本的方式将地道的口语能力实现跨地域移用并获得收益。这不仅使平台拥有了更多服务供给，还大大降低了平均服务成本，并且由于来自英语母语国家的外教拥有更好的语言能力和更高的熟练度，教学质量也得到了更多保障，推动了公司的快速发展。2019年6月，VIPKID入选"2019福布斯中国最具创新力企业榜"。[26] 类似地，于2004年起快速发展的中国高铁，因在国内多样化、复杂场景中取得技术突破，并拥有极高性价比且形成"中国标准"，成功走向了海外。不论是有正负40℃气温跨度的包海高铁、世界第一条穿越戈壁大风区的兰新高铁、世界第一条高寒冻土上的哈大高铁，还是途经多个自然保护区的杭黄高铁、中国首条以300公里时速穿过山峦的合福高铁，以及国内首个跨越海洋的福厦高铁，都显示出在多样化的复杂环境下，中国高铁在无缝钢轨技术、牵引系统、轨道铺设等方面均拥有过硬的技术实力以及更加普遍的适用性，可以从容应对世界各国的要求。从2014年中国在海外承建的首条高铁——土耳其"安伊高铁"——全线建成通车，到中国第一条全系统、全产业链对外输出的印尼"雅加达-万隆"高铁项目顺利推进，再到中国中铁股份有限公司与俄罗斯签署修建高速铁路协议，以及中国具有完全自主知识产权的"复兴号"正式运营[27]，中国成为第一个高铁运营里程达到4万公里的国家，以绝对实力将领先技术与经验输出至世界，拉近了国与国的距离。

还有一种能力套利的策略，我们称为"降维策略"，也就是从其他行业、领域寻找更为高阶的能力来解决本企业面临的业务或技术性问题。这听起来似乎有些反常识，因为我们知道高阶的能力似乎意味着更高的成本，但有些情境下并非如此。降维策略的价值受如下三个方面的影响。（1）由于不同行业具有不同的属性，在解决特定业务问题、技术问题或组织管理问题时面临的复杂性不同，因而解决这些具有不同复杂性水平的问题所需要的能力是有程度差别的，也就是所谓的高阶能力与低阶能力的差别；在一些极端的情况下，一个行业（或领域）所面对的极其复杂、困难的问题可能已经是另外一个行业（或领域）的常识或入门级问题。(2) 运用高阶能力去解决特定场景下的问题会具有更高的效率，这种问题如果是本行业的关键问题或者具有高频发生概率，高效率的问题解决会带来一种相对于竞争者而言的非对称优势。(3) 降维策略所引入的高阶能力不一定都意味着更高的成本，因为不同行业或领域内的能力价格有可能大致相当甚至出现倒挂；获取能力会增加成本，不过高效率地解决问题可以大大降低企业自身业务的成本，或者为它们的客户提供更具有差异的价值，也可以较好地对冲或补偿这种成本的增加。

能力降维套利在各个行业均很常见，尤其是在一个行业的发展早期。例如，在网飞发展初期，将客户租赁的 DVD 光盘快速、安全、低成本地送达成为其需要攻克的首要难题。最终提出解决方案的人是汤姆·狄龙（Tom Dillon），他之前在希捷科技公司（Seagate）担任首席信息官，负责希捷的全球 24 个仓库、超过 10 万名员工的自动化管理，并成功将成本减半。[28] 相比之下，1999 年年初的网飞只是一家每天发送 2000 张订单的小体量公司。面对网飞订单平均成本高达 6 美元的现状，狄龙首先优化了其订单分配系统，将成本削减至 2 美元，随后设计了一个以独立、大型、全自动枢纽为基础的配送系统。该系统可根据客户地址自动优化中心枢纽的地理位置，不仅让全美"次日达"成为可能，大大提升了新用户注册率，也从根本上改变了网飞的配送与营销计划。[29] 狄龙将其在成熟科技公司中处理问题的能力降维应用于网飞,被 CEO 马克·伦道夫盛赞为"网飞有史以来最重要的雇员"之一。类似地,能力的降维应用在中国也频繁发生。例如,华为公司于 2021 年成立"煤矿军团",基于其在 5G、云计算以及底层数字平台构建等领域的多年积累,帮助煤炭行业进行数字化、智能化转型。[30] 一方面,面对矿山"缺少统一的行业标准、各种生产设备接口不统一、缺少统一的操作系统、数据孤岛"等问题,华为基于开发鸿蒙系统的经验提出了"分层解耦架构"的工业物联网平台方案,成功开发出提升行业智能化水平的首个操作系统"矿鸿";另一方面,华为以矿山开发中场景最复杂、挑战最大的煤矿入手探索智能矿山综合解决方案,从而更容易地将产品及服务复制迁移至其他相对简单的矿业领域,目前已经成功帮助山东黄金、金川集团等企业实现了金属矿、金矿等矿山的智能化。

能力的聚合

商业模式很多时候是深度嵌入产业链和商业生态系统的。这就启发了一种新的思考方向,那就是是否可以不仅仅依赖于自身所拥有的能力基础,而且充分利用外部的资源、资产和能力来构建富有竞争力的商业模式?

这种思考方向契合了创新研究领域的"互补性资产"(complementary assets)概念。互补性资产是创新研究领域知名学者大卫·蒂斯(David Teece)于 1986 年提出的一个概念,泛指除技术创新所包含的核心技术知识之外,创新者想要获得技术创新的商业成功或者从技术创新中成功地获取经济利益，所需要的其他资产、资源或能力，如竞争性制造、分销渠道、互补技术或产品、服务等。[31] 他之所以提出这个概念，是因为人们观察到在技术创新竞争里，那些进行创新的创新者，尽管在技术创新上拥有独占性优势（如专利、商业秘密所带来的保护），却不总是会获得商业上的成功，在面对模仿者或者追随者的竞争时，他们甚至最终成为失败者。其中一个非常重要的因素就是对互补性资产的运用效率，模仿者可以利用在互补性资产上的相对优势来打破独占性优势所建立的壁垒。

虽然"互补性资产"被提出时是用来讨论技术创新与竞争策略的，不过这个概念对商业模式设计与创新依然有着强大的解释力与可应用性。对那些尝试构建新商业模式的核心企业而言，它们所面临的一个关键任务是更有效地配置和运用获得的所有资源、资产和能力，这既包含了内部积累和发展起来的能力基础，也包含了源自外部的互补性资产（尤其是商业生态系统内的互补性资产）。

因此，能力的聚合策略就已经成为商业模式创新的重要途径，并且在平台企业和全球化这两种情境下产生了更为广泛的影响。常见的基于能力聚合的商业模式是系统整合者（system integrator）模式，也就是将跨行业、跨领域或跨地域的资源、资产和能力进行整合式利用，实现"1+1>2"的协同效应，从而高效率地为客户创造更具有针对性的差异化价值。此种商业模式通常由一家或若干核心企业发起，并由核心企业通过组合产业链、商业生态系统的资源和能力共同为客户提供高效率的服务，包括谷歌、亚马逊、爱彼迎等平台企业，也包括基于产业集群而产生的更具灵活性的虚拟企业（例如在深圳华强北兴起的"山寨"手机产业）。当今，系统整合者或平台模式已经遍布几乎各个行业,给传统商业形态带来了巨大改变;并且,在全球化的背景下,通过整合来自全球的优势互补资源实现高效率的价值提供,为商业模式创新带来了前所未有的机会。

譬如,于 2011 年成立于美国加州的电商平台 Wish,打破了北美地区传统商业对消费者"高价格、高品质"的假设,并迅速成为北美最大、应用下载次数最多的移动电商平台。Wish 没有像亚马逊或易贝一样通过整合本土供应商提供高品质、短配送但是高成本的服务,而是意识到北美地区也存在时常冲动消费、对价格敏感的消费者。为满足该部分消费者对低价产品的消费需求,Wish 将中国工厂与美国消费者直接联系在一起,通过直销模式将中国制造优势和低价优势与北美的市场优势联结,在保持低价的同时培养自己的供应链能力以增加库存。数据显示,该平台 94% 以上的卖家来自中国,买家订单则主要来自美国、加拿大、欧洲等国家和地区。Wish 现在拥有约 5 亿"注册用户",是 2019 年全球下载量最大的购物应用程序,也是美国销售额排名第四的在线市场,被评为"硅谷最佳创新平台"和"欧美最受欢迎的购物类 App"。[32]

类似的平台企业还有 2017 年于上海成立的全球设计师平台 ICY。不同于以往签约固定设计师进行集中生产,导致产品数量少、设计成本高从而产品价格过高的传统服装品牌,ICY 的核心理念是最大限度地聚合优质设计、生产与营销能力,为中国客户提供时尚、品质和价格三者平衡的差异化产品。通过"全球独立设计师参与的众包设计 + 数字化柔性供应链系统的弹性生产 + KOL 社群运营"的商业模式,ICY 解决了以往服装定制中设计方案供给少、生产落地成本高、推广成本高等问题,为全球设计师与渴望时尚的中国市场搭建立了具有高性价比的桥梁，而这种基于能力聚合的商业模式创新也取得了显著成功。成立至今，该平台已累积合作 400 多名全球独立设计师，落地 4000 多个平价联名系列，通过 2000 多名全球明星博主演绎，为超过 150 万的用户提供多元化独立时装。[33]

当然，基于能力聚合策略的商业模式虽然能够创造独特的竞争优势，但其构建和运行并非没有门槛。相反，此种商业模式对核心企业的能力反而提出了更高的要求与更大的挑战，其中最为关键的挑战之一就是核心企业需要具备难以替代的资源或能力，这样才能形成在整个商业生态系统中的控制力。我们可以把这种模式看作一个需要持续运营的游戏，核心企业必须在这个游戏中拥有他人难以替代的东西，才能一直作为游戏规则的制定者；否则，当其他的游戏参与者发现这个游戏完全可以绕开现有的核心企业时，出于利益最大化的动机，它们必然会选择由自己来主导复制这个游戏，或者直接把现有的核心企业从游戏中剔除以减少不必要的利益分享。例如：谷歌能够通过广告推广的模式赢利，是因为其拥有全球领先的搜索技术、海量真实搜索数据和庞大的用户基础等核心资源与能力；腾讯能够通过广告与增值服务等模式赢利，是因为其拥有领先的社区运营能力以及黏性极高的用户基础；淘宝的成功则在于其最初拥有的使数字化交易成为可能的可信在线支付能力，以及之后建立的将交易链打通的能力，这可以形成对 B 端与 C 端客户的双边网络效应。[34]

如何构建完善的利益分享机制也是核心企业在构建商业模式的时候必须思考的问题。由于商业模式所承载的是一个具有持续性的游戏，如何在商业生态内建立合理的利益分享机制，既关系到现有参与者持续参与游戏的积极性，也决定了是否能够不断地吸引更多参与者从而获得多样化的互补资产，进一步强化基于正反馈的网络效应。ICY 就是通过完善的合作与利益共享机制，以保证设计师与平台连续合作。ICY 不仅承担了库存压力、生产管理等成本与风险，也引入了"版权分成"的利益机制，使设计师的作品能够基于最终销量带来持续收入，同时在统一的品牌下尽可能保留、突出设计师个人角色、形象与风格。清晰稳定的利益共享机制能够持续增强设计师对核心企业的信任以及平台黏性，从而带来长远收益。

与此同时，核心企业需要拥有强大的系统整合能力，以高效率地降低多元化参与者的协调成本以及满足多样性需求的价值提供成本。一个例子就是快时尚品牌希音公司（SheIn）。在 ZARA 每年提供 24 个新服装系列、H&M 提供 12～16 个系列且每周更新[35]，成为快时尚代名词的背景下，SheIn 比快更快，开启了"即时时尚"的服装产业 4.0 时代。SheIn 平均每周可推出接近 3000 种新品[36]，且产品的平均单价低至 10.7 美元[37]，这种创新与效率的兼顾离不开强大的后端系统、优秀的前端系统以及无缝融合前后端系统的能力。SheIn 构建了一个实时连接供给与需求的数字化系统，在产品价格、产品速度、产品多样性以及客户留存度等方面均构建了突出优势。首先，SheIn 利用谷歌 Trends Finder 等 AI 工具对各国消费者偏好和行为进行数据收集并反馈给内部设计团队以进行产品的快速迭代；其次，SheIn 将商品点击量、浏览量等数据实时反馈给供应商以即时调整自动生产；再次，通过自建的供应链管理（supply chain management, SCM）系统[38]，SheIn 可基于大数据提供的动态更新的排产规划，将每日几千个生产任务分派给几百个供应商，在保证上新速度与频率的同时将物流、仓储与试错成本降到了极致，单件产品达到100件就可以进行生产，让小批量生产以及供应商联动成为可能；最后，SheIn通过极具优势的移用App运营实力将广告营销成本降低了70%，同时保证对用户进行精准推荐，客户留存度极高。通过构建覆盖从设计到工厂到App销售整条价值链的底层系统，SheIn拥有了独一无二的核心优势，并享受了高性价比带来的规模红利。在苹果应用商店购物类App中，SheIn在涵盖56个国家和地区的排行榜上居于首位，在涵盖124个国家和地区的排行榜上位居第5。Similar Web的数据统计显示，SheIn网站流量在全球时尚与服饰类网站中独占鳌头，领先于家喻户晓的耐克、ZARA、露露乐蒙和阿迪达斯。[39]而App Annie和Sensor Tower的数据显示，2021年5月SheIn取代亚马逊成为美国iOS和Android平台下载量最多的购物应用。[①]

在商业的世界里，技术和能力这两股力量正在充分释放商业模式跨行业、跨领域、跨地域的扩张力量；对商业模式创新者而言，当今的世界无疑比以往任何一个时代都更"平"，是一个极具想象力的新大陆以及一个属于创新者的时代。

---

① 本段提到的Similar Web、App Annie、Sensor Tower皆为国外的移动应用数据分析平台或公司。——编者注

第 7 章

商业模式创新的力量

产业重塑与颠覆

我们可以设想这样一种场景,如果企业想要用个体的力量去挑战整个行业,去颠覆和重塑整个行业的竞争规则,这意味着什么?

在传统的竞争战略理论中,这通常被认为是不可能完成的任务,而且是一种非理智的行为。这是因为个体的力量与群体的力量是不对等的,传统的竞争战略告诉我们,力量的"势均力敌"是"挑战"成功的重要保障,而在力量极度不对等的情况下,顺势而为则是更为理性的选择。例如战略领域的经典理论"资源基础观"(resource-based view)告诉我们,企业拥有的独特资源是其竞争优势的重要来源,显然,个体的资源无法与群体相匹敌。[1]

然而,商业模式创新为这种"不对等"的挑战提供了胜利的可能性。正如拿破仑所言:"如果你能利用闪电,这比加农炮更为厉害!"在商业的世界里,如果我们把传统的竞争战略比作加农炮,商业模式创新也许就是一道闪电,可以帮助企业赢下"不可能胜利"的竞争。商业模式创新者，尤其是那些颇具雄心的商业模式创新者，或许会尝试着借助商业模式的力量，去挑战整个行业现有的规则。正是由于他们所具有的"侵略性"，人们给了他们一个特别的称呼——"坏孩子"。在常规的竞争当中，人们关注的是市场份额的得到与失去，尽管这种竞争有些时候也是很激烈的，但是相对于商业模式创新者所带来的颠覆，这种市场份额的争夺则显得格外地"温和"。我们可以用一个形象的比喻来描述这个场景，如果说常规的竞争是那些竞争者只盯着焦点企业饭碗中的"大鱼大肉"，"坏孩子"的眼里则只有那只"碗"——抢走它或者砸掉它。

在中国，奇虎360就是这样一个"坏孩子"。2008年，奇虎360带着免费的杀毒软件进入杀毒软件行业，它的目的只有一个，便是砸掉传统杀毒软件赖以生存的"饭碗"。2008年之前，传统杀毒软件厂商靠着销售软件或收取软件的使用费来获取收入，这是该行业的主导收入模式。而在奇虎360看来，杀毒软件的收费并非如此"天经地义"，杀毒软件属于互联网基础服务，与电子邮件或即时通信软件一样，应当是免费的，并在2009年10月推出免费杀毒软件的正式版。伴随着舆论的争论和质疑，360杀毒软件以雷霆之势迅速占领市场。《中国新闻网》报道："根据艾瑞最新统计，截至2010年5月底，360免费杀毒的市场覆盖率超过51%。在短短8个月内，用户总数突破2亿大关，'免费杀毒'成为个人用户市场的绝对主流。"[2] 奇虎360用事实和数据为这场非势均力敌的战争迅速地画上了句号，完成了华丽的逆袭。与之类似的例子还有史玉柱推出《巨人》游戏，击败了传统游戏的按时长计费模式，将中国游戏行业推进免费时代；网易邮箱也几乎靠一己之力打破了电子邮箱业务的收费模式。这些"以一敌百"的经典案例无不彰显着商业模式创新这道"闪电"的威力。

此外，更加有趣的是，商业模式创新的一个特别之处在于会给那些创新者提供一种很特殊的机会，即创新者可以以一己之力启动一场所有在位企业都必须参与的游戏，即使这个竞争游戏最后会演变成在位者最不愿意看到和接受的结果，它们也没有拒绝的机会。随着商业模式创新者的到来，这场游戏便已经开始。当奇虎360带着免费的杀毒软件进入市场之时，就已经注定杀毒软件市场会遭受不可逆转的变化，而在位企业只能眼睁睁看着"饭碗"被砸碎却无能为力。事实上，企业要想用常规的方式让具备明显优势的在位者卷入它们无法选择也无法拒绝的竞争，几近于不可能。这或许就是商业模式创新非常迷人之处，也是那些试图改变产业发展方向的创新者，除了技术驱动的创新方式，还非常喜爱商业模式创新的原因。

加速创新的商业化进程

正如"闪电"是武器，也蕴含着能量，商业模式创新既有重塑和颠覆产业的巨大威力，也有推进和加速创新商业化进程的潜在力量。

技术创新在很多年里被视为推动世界进步的重要因素。不过，创新者一直面临着一个关于市场进入时点选择的经典悖论：在进入时，如果技术不成熟，创新者似乎很难从这个技术的商业化上获得收益，往往需要投入非常高的成本以推进技术的发展；而如果此时这项技术已经达到成熟状态，就意味着行业的进入壁垒会变得较小，于是会有大量的进入者，从而导致创新者将面对激烈的市场竞争，甚至出现不利于行业发展的"内卷"现象。所以，长久以来一直困扰创新者的问题便是：在技术发展的什么阶段进入，才能从其诱发的创新中获得最大的商业价值？

技术引发的问题似乎自然应该从技术的角度思考解决办法。传统的观点要么认为创新者应该在技术较为不成熟的时期进入，但这需要承受较高的商业化风险，而且出路在于能够找到解决技术瓶颈的发展方向；要么认为创新者需要等待技术足够成熟，然后借助成本优势和市场能力以获取竞争优势和实现商业价值。这就是为什么政府会倾向于在这些技术发展过程中，试图通过补贴的方式来加快其改进进程；而且这也似乎意味着，产业实践者们在面对此悖论时唯一的答案将取决于技术本身的进展。电动汽车商业化的进程便是一个典型的例子。近年来，随着国际"碳信用"（carbon credit）计划的推广，各国均加大了对插电式电动汽车的技术投入和政策倾斜，电动汽车的需求得到了较大提升。EV-volumes[①] 数据显示，2021年，电动汽车的市场占有率已经从10年前的0.2%涨至8.3%。[3] 但看似耀眼的数据背后离不开政府的高额补贴，换句话说，电动汽车市场需求的快速上升并非完全依靠产品本身的市场行为。一个直观的例子便是，2019年，中国对电动汽车市场的补贴大幅度减少，随之而来的便是中国电动汽车的销量首次出现下滑。产业信息网显示，2019年我国电动汽车产量为117.4万辆，同比下滑3%。[4] 近年来，电池的成本虽然大幅度下降，但依旧高昂，这被视为电动汽车商业化的一个重要瓶颈。似乎加速电池技术的改进成为

---

① 瑞典咨询机构。——编者注

最容易想到的突破这个瓶颈的答案，但回看历史，技术发展所需的成本呈指数型上升趋势（例如汽车的百公里加速，从10秒到9秒的提升和从6秒到5秒的提升所耗费的成本相差非常大），而进入下一个范式的技术很多时候具有一定的随机性和偶然性（例如蒸汽技术的发展依赖于丹尼斯·巴本、托马斯·塞维利和詹姆斯·瓦特等科学家或工程师的努力，而且历经几个世纪才得以商业化），所以通过技术手段来解决问题存在着明显的不可控性。

英国哲学家弗朗西斯·培根（Francis Bacon）说："你如果从肯定开始，必将以问题告终，如果从问题开始，则将以肯定结束。"我们如果从"肯定"的技术维度开始思考，似乎只会得到新的"问题"，因此需要打破固化的思维逻辑回到"问题"的本源，即企业如何才能利用现有技术满足那些似乎用现有技术还很难完全满足的需求？换言之，如何在技术还不够成熟的时候，加速技术创新的商业化进程？

商业模式创新为解决这个悖论提供了一种可能性。我们不妨回到电动汽车商业化进程的例子。毫无疑问，电池被视为电动汽车商业化的重要瓶颈。这一方面是因为电池直接影响了电动汽车的续航能力，另一方面则是因为电池成本在电动汽车整车成本中占据较大的比例。这两者都会使得在消费者看来，电动汽车相对于传统成熟的燃油汽车缺乏足够的吸引力。在此情形下，似乎加快电池技术的改进成为最容易想到的答案。然而正如营销学中的经典语录"客户不是要买电钻，而是要买墙上的那个洞"，购买电动汽车的消费者需要的也不是具有超长续航能力的单块电池，而是可以让他们长时间驾驶的保障。换电模式便可以较好地解决这个问题。尽管随着技术的发展，电池的单位电功成本在逐步降低，电池成本仍然是电动汽车与油车竞争面临的最大阻碍，但电池作为消耗品，其所有权并不是消费者所重视的，如果电动汽车厂商尝试采用电动汽车销售与电池租赁相结合的方式，便可在很大程度上解决电池成本居高不下的问题：顾客能够以较低的成本购买车辆，并随时更换电池而消除充电顾虑；商家可以利用波谷电集中给电池充电，进一步节约成本。例如，美国的 Proterra 公司将电池与电动巴士分开销售，客户能够以低于相似性能燃油车的价格购买电车，并使用之前用于购买燃料的资金来支付电池租赁费用。Proterra 将换电模式电动汽车的使用费用与燃油车的费用做了对比，具体如图 7-1 所示。

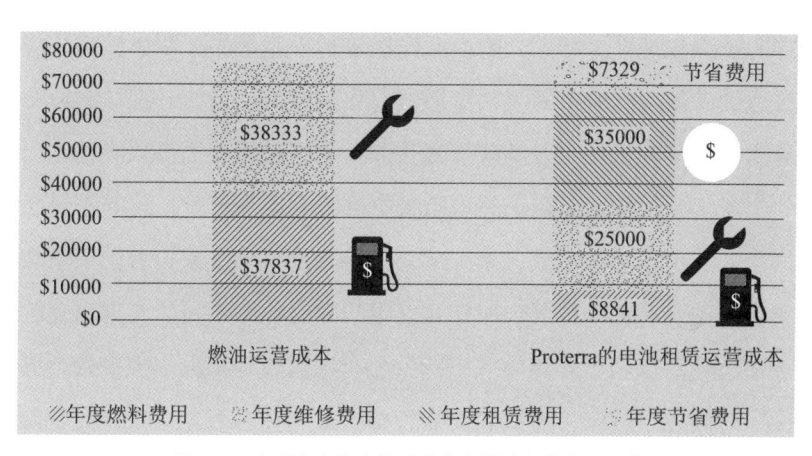

图 7-1 电动汽车换电模式花费与燃油车花费对比 [5]
（资料来源：Proterra 官网）

或许有些读者会提出这样的疑问：换电模式其实已经在一些地方或特定领域被使用了，但为何看上去依然没有真正解决问题？值得注意的是，换电模式当前没有得到广泛推广的原因在于电池产业标准的缺失，每家厂商所支持的电池规格不一；加之目前电动汽车的市场渗透率仍不太高，因此在电池规格碎片化的情况下，任何单个厂商都很难在自己的电池规格上达到足够的规模效应，结果就是单家厂商建立换电模式成本过高。这意味着尽快形成较为统一的产业标准，尽快吸引足够规模的厂商参与，会有助于电动汽车的商业化进程。

变不可能为可能

　　商业模式创新的另一个力量在于能够变不可能为可能。企业做商业决策时经常会遇到一些看似不可能完成的任务，也就是按照现有的资源和规则，所遇到的商业问题是近乎无解的。例如城市公交曾遇到的困境。城市的公共交通具有集约高效、节能环保、缓解交通拥堵等优势特性，并承载了提升群众生活品质和提高政府基本公共服务水平的使命。但正是城市公交的社会服务属性，使其不具备供求关系市场弹性，收入来源单一，绝大部分收入来自公交票款加政府补贴，而低廉的票价和相对有限的政府补贴不足以支持企业的正常运转，以至于早年间城市的公交车通常较为破旧，大多为"服役"时间较长的车，多数未安装空调，乘车体验较差。在现有资源和规则之下，同时保证"社会服务质量"和"维持企业正常运转"似乎成为一个不可能完成的任务，一时间难以破局。

　　即使是涸辙之鲋，也永远可以相信商业模式这一江春水。

　　正如第 5 章中有关收入流设计的内容，商业模式的收入流设计并不局限于谁享受谁付费，在企业所面对的潜在客户无法为其提供更多收入以支持商业体系正常运转时，第三方付费似乎为"破局"

带来了一道曙光。事实上，商业模式正是拥有这种将不可能的任务变为可能的力量。第三方付费的本质在于形成资源交换的闭环：明确企业自身未被利用（或可变现）的资源，并找到那个可以为之付费的"第三方"，进而利用这个第三方支付来弥补收入流的现有缺口。回到城市公交的例子，基于本书第 5 章"资产变现"一节的相关内容，我们不妨做一个小练习，思考一下：什么是在城市公交发展过程中沉淀下来并且在现有业务领域无法或未被运用的资源？不难发现，城市公交作为保障城市居民日常出行的最基本公共交通方式，其车体和站台不可避免地会被大量居民高频地接触，换句话说，乘坐城市公交的消费群体，甚至行走在城市街道上的路人，都不可避免地会接触到车体（包括车体外观、车厢内设施和车内广播等）和站台所呈现的广告内容。用当下流行的网络用语来说，城市公交掌握了该城市的"流量密码"，因而理论上，任何依靠为城市居民提供产品或服务来盈利的企业都会愿意为之买单。事实上，2005 年前后，中国许多城市的公交系统也正是依靠引入户外广告业务大大缓解了低票价高成本的双重压力[6]，商业模式帮助城市公交完成了一次看似不可能的破局。①

当然，在商业世界，企业并非只会面临"收入流"的困境，而商业模式"破局"的方式也远不止"第三方付费"这一种。例如，诞生于 20 世纪 30 年代的丹麦哥本哈根皮草在进入市场半个多世纪之后也由于产业形象的不利影响而一度陷入困境。19 世纪后期，可

---

① 不可否认的是，城市公交的解困某种程度上也得益于喷绘胶贴工艺的不断发展大大降低了车身广告的成本，但这并不能削弱商业模式将不同竞争领域"玩家"结合在一起并完成破局的力量。

持续发展成为全球增速新引擎，这一变化给传统产业的绿色生态理念传递提出了更为苛刻的要求，而皮草行业的原材料来自珍稀动物的皮毛，自然遭到关于行业是否可持续发展以及是否能够传递正能量的质疑。面对社会文化层面对整个行业的质疑，哥本哈根皮草作为单个企业似乎毫无招架之力，而商业模式再次彰显了其能够作为支点撬动地球的力量。时任哥本哈根皮草中国市场总裁的崔溢云从价值设计的角度出发，坚持绿色饲养系统推动可持续发展，旨在激发客户的感性认知，改变行业形象，升级产业形态。[7] 具体来说，哥本哈根皮草基于可持续的原则建设了体系化的绿色饲养循环系统，将上游家禽类产品加工废料作为皮毛动物的饲料提供给养殖户，在实现绿色循环的同时保证了饲料质量，同时辅以专业的第三方机构对动物饲料、笼舍、动物健康状况和员工行为四个方面进行专业和客观的动物福利测评，并向消费者提供更为透明的数据化信息追溯系统。在该商业模式的引导下，哥本哈根皮草成功改变了大众对皮草的固有印象和传统认知，为企业可持续的收入流铺平了道路。

昨夜江边春水生，艨艟巨舰一毛轻。

商业模式便犹如这一江春水，可以让原本不可能推动的巨舰航行得飞快。

重新定义竞争领域

"人弃我弃，人取我取"，在已知市场空间展开"内卷式"竞争是为"红海"。从迈克尔·波特的《竞争战略》和《竞争优势》两本书开始，商业领域对企业如何在既定的产业界限中争夺竞争优势展开了全方位的细致探讨,例如大家熟知的成本领先(cost leadership)和差异化(differentiation)战略。令人遗憾的是,在红海中,所有的产业界限和竞争规则都已被人们熟知,竞争者在这样完全透明的环境中试图击败对手并获取更大的市场份额,犹如白天在清水中捕鱼,其竞争激烈程度可想而知:当竞争者数量众多时,成本领先战略极大限制了企业的利润率,并且很可能会"杀敌一千,自损八百";而差异化战略往往意味着成本的上升,因为大多数差异化方式在众多的竞争者格局中需要不断增加成本投入。无论是成本领先战略还是差异化战略,在当今白热化的竞争情境当中,都无法获得进一步的增长空间,这在某种程度上也印证了一句古话"水至清则无鱼"。在此情况下,韩国的钱·金教授和美国的勒妮·莫博涅教授的著作《蓝海战略》为企业提出了一个与"红海"相对的战略——蓝海战略。[8]

"人弃我取,人取我与",寻找新的市场空间则为蓝海。避开竞争的商业战略在中国古来有之。早在战国时期,被司马迁尊为"治生之祖"的白圭便深谙避开竞争之道,那时候的商人大多喜欢从事获利较多的珠宝生意,而他另辟蹊径,从事在当时无人问津且看上去利润率较低的农产品买卖。别人看到的是珠宝的价值,而白圭看到的则是整个社会农业的发展,以及对谷物的大量需求(现在来看或许可以称为长尾需求)。也许时至今日,找到一个无人问津却又充满需求的行业并非一件容易的事情,但通过商业模式的改变,重新定义价值主张,从而避开红海找到蓝海市场,一次次地被证实是切实可行的。例如《蓝海战略》开篇提到的太阳马戏团的例子。在太阳马戏团创办的1984年,以传统战略分析的视角来看，马戏属于日渐衰落的夕阳产业，在娱乐形式爆炸的年代，孩子们似乎更热衷于形式更为丰富或更为"时髦"的明星演出、体育比赛、家庭娱乐等，马戏行业的观众日益减少，行业中又存在玲玲马戏团（Ringling Bros. and Barnum & Bailey）这样实力强劲的龙头企业，太阳马戏团似乎从任何角度都毫无胜算。但太阳马戏团的价值主张瞄准的并不是传统马戏市场的顾客，它意识到要想在一个竞争激烈且潜在客户群体较小的行业内获得成功，就必须停止与同行业对手的竞争，所以它服务的不再是孩子，而是具有更高支付能力的白领、精英，开拓了新的市场空间，从此如入无人之境。结局我们都知道了，太阳马戏团在成立不到20年的时间里，收入水平就已经达到玲玲马戏团经过100年努力的高度，它成功的原因便在于通过重新定义价值主张而改变了竞争领域，开创了一片蓝海。

改变与竞争者之间的关系也是通过商业模式重新定义竞争领域的重要手段。在商业模式的世界里，没有永远的"敌人"，以往产品思维[1]所定义的竞争者并不一定会与焦点企业产生长久的竞争关系，甚至可以是一种合作关系。

例如本书第2章提到的微软与Linux的竞争。早年间，Linux的自由开源软件很大程度上威胁了微软在台式机和笔记本电脑市场的控制地位，并侵蚀了掌上设备市场，Linux也一度成为微软的"眼中钉"，并被贴上了"一伙强盗"的标签。所以当微软在2016年的开源大会上拿出印有"Microsoft Loves Linux"（微软爱Linux）

---

[1] 产品思维即将产品作为价值核心要素的传统思维，详见本书第3章。

的 T 恤时，不免让人大跌眼镜。这份"爱"不仅停留在 T 恤上，也表现在了行动上：微软收购了代码托管平台 Github，同时聘用了几百名 Linux 的员工，将原属于微软的 NET 核心框架作为一个开源项目提供跨平台支持。通过此举，微软主营业务没有受到较大冲击，而 NET 框架可以运行在 Linux 和 OS X 上，使得 NET 框架更具有吸引力。[9] 所以，当企业在遭受行业内的冲击时，不妨试着松开捏紧的拳头，寻找与同行业企业合作的机会。正如影片《卧虎藏龙》的台词："你握紧拳头，就什么都没有，松开手，你就能拥有整个世界。"

  竞争从来就是动态的双边或者多边关系，商业模式的设计和实现可以转换商业领域参加者的角色，从而改变焦点企业与同行企业的竞争关系。另一方面，通过商业模式的移用和延展重新定义企业自身的业务边界与属性，也是改变竞争领域的重要方式。传统战略理论资源基础观认为企业是"资源束"（resource bundle），业务边界的拓展应当基于所拥有的资源，但在商业模式的世界里，这样似乎还不够彻底。事实上，基于相同商业模式的边界扩张才能帮助企业获得最大的版图，字节跳动便是一家这样的企业。2012 年 3 月，北京字节跳动科技有限公司成立，同年 8 月，字节跳动携带核心产品"今日头条"这一通用信息平台出现在大众视线当中。但时至今日，除"今日头条"外，字节跳动陆续发布抖音、西瓜视频、懂车帝、巨量引擎和飞书等重磅产品，涉及短视频、中视频、数字化营销和汽车信息服务等多个领域，并都取得了不俗的成绩，例如今日头条已经成为新闻 App 的霸主，而抖音的日活跃用户已惊人地超过 6 亿。[10] 字节跳动的业务看似广泛，但实际上不需要自己提供内容，而是皆基于一套算法将用户需要的信息进行精准地推送。事实上，众多互联网企业也都在基于自身的商业模式重新定义自身的业务边界与属性。

　　时至今日，产业变革的加速和不确定性的攀升，使得产业或行业的边界更加难以用过去的标准进行判断，企业竞争的领域本就应如《易经》所说的"唯变所适"，简单的价格战、业务层级的竞争已经难以帮助企业获得长久的竞争优势，追寻商业模式的可持续价值才是企业在竞争中占据制高点的核心力量。

第 8 章

"好"的商业模式：如何评估

商业模式的外部独特性

人们天生具有关注独特事物的倾向，那些与众不同的事物往往更容易吸引人们的目光。对市场而言，独特的商业模式也是如此。一方面，一个新出现的商业模式，需要吸引那些潜在目标客户的关注；另一方面，它还需要与已有的商业模式展开资源的争夺。它如果不能展现自身的独特性，展现醒目而蕴含机会的特性，那将会像无力的音符一样淹没在大片的背景噪声之中。

不过，当我们评估商业模式的独特性时，并不是以细节的差异为标准的，因为任何商业模式还原到细节时都不可能完全相同，我们必须寻求商业模式在本质上的差异性。从本质上讲，虽然商业模式的价值、交易过程和收入流是不可分割的，但我们站在不同视角，对独特性会有不同的关注点。企业既需要考虑需求方，即顾客的独特性感知，又要考虑供给方即关键资源掌控者（如供应商和投资者）以何种方式看待商业模式的独特性。

当顾客评估商业模式的独特性时，往往以感知到的价值定位的差异性为基础尺度。这是因为价值是商业模式设计的出发点与核心。在交易过程和收入流上的独特性，往往需要反映在价值的差异上，才具有使客户产生感知差异性的意义。正如本书前文提到的，"差异化+痛点"是商业模式价值设计的天然起点。独特的商业模式不仅因为与众不同而引人注目，更因为其为客户提供了不一样的价值属性，满足了过去鲜少被满足的需求；而如果这一需求恰好是行业的痛点，则有机会推动行业的发展。很多商业模式创新在一开始时被视作"异类"，但通过赋予重要而独特的商业价值得到了市场的认可。

纵观商业模式发展的历程，那些成功的商业模式几乎都在市场上拥有特殊的价值定位。这种价值多种多样，可以通过技术或管理上的创新来实现，但共同点是，这一价值是市场上其他竞争者无法提供的。这种价值可以基于全新的产品或服务，也可以通过在现有的产品或服务中建立明显的独特优势。例如全球独角兽企业 Canva 创造了全新的基于 SaaS 的在线设计平台，区别于 Photoshop 等绘图软件，Canva 通过模板将平面设计简化，使缺少专业设计技能的用户能够容易地进行平面设计。[1] 又如，贵州茅台酒依傍茅台镇酿酒微生物丰富的地理环境，使用当地特有的红高粱品种和赤水河水，酿造出味道独特的酱香型白酒。[2] 独特的价值定位也可以针对特定的客群，满足细分市场的需求，从而占得一席之地。例如美国保险公司 USAA 专门为军人和军属提供金融与保险服务，凭借对客户群体需求的深入了解和高质量的服务在细分市场建立起优势。[3] 而在一些行业，对独特性的追求更为强烈，例如在服饰行业和电子游戏行业，很多企业通过极具个性化的价值主张建立自身的差异性。例如美国服饰潮牌 Supreme，区别于主流品牌的精致与正统，通过与滑板、嘻哈、涂鸦等街头文化密切融合，体现出个性叛逆的品牌理念，被认为是另类青年文化的象征，尤其受到年轻人的追捧。[4]总之，我们不难发现，尽管这些创新者所在的行业和行业的发展阶段各异，市场上总存在尚未被涉足的"无人区"，寻找这一空白并以此为基础提供特别的价值，是商业模式成功的重要前提。

除顾客以外，关键资源掌控者对独特性的感知同样重要。独特性常常被认为是一个富有前景的商业模式应该具备的特质，与商业模式能否获得资源支持息息相关。而这些关键资源掌控者，如投资者、供应商等，不仅关注价值，还会更关注商业模式的另外两个维度，即交易过程设计和收入流设计的独特性。例如，20世纪末，网景（Netscape）、雅虎等新兴互联网企业在问世时迅速获得资本市场的极大关注，与它们大幅减少远程互动的成本并蕴含无数商业机遇的潜力密不可分。然而，这并不意味着商业模式创新者拥有天马行空般追求独特性的自由。如果说对新生事物的欢迎是独特性这枚硬币的一面，那么不可避免的另一面就是对改变旧有事物的抗拒。独特的事物虽然带来了新意，但也打破了令人舒适的秩序，意味着抵触与冲突。新事物具有"破坏性"，即其对旧事物的替代性，对现有"游戏规则"的打破。遵从规则更加"安全"，但独特的商业模式往往不再墨守成规，这使得外界的质疑与阻力几乎成为必然。例如爱彼迎共享民宿的创新性模式受到了市场的欢迎，但同时也打破了酒店住宿行业多年建立起的以服务、可靠和安全为标签的价值导向，甚至超出了该行业针对企业的法律规制的管辖范畴。一些连锁酒店经营者敦促监管者采取措施，规范这种对他们"不公平"的新兴业务。对爱彼迎服务质量的质疑也屡见不鲜，一家连锁酒店经理用"贴上宝马标签的肥皂盒"与宝马汽车，来形容他认为的爱彼迎与传统酒店的差距。[5]

然而，独特性还有更为隐性的影响。即使与利益无关，我们似乎仍然或多或少地对独特事物有所排斥。与价值判断的利弊权衡不同，这种排斥常常让人觉得说不清理由。但我们仍然可以探知其背后的原因。一方面，接受新事物的价值往往意味着承认自己的认知局限，且打破了舒适的稳定感，而这往往是我们不愿意面对的。就像创新扩散研究领域的知名学者埃弗雷特·罗杰斯（Everett M. Rogers）在《创新的扩散》一书中援引沃尔特·白芝浩（Walter Bagehot）在《物理与政治》中的一段话："接受新观念意味着巨大的痛苦。因为它会让你觉得原来的看法可能是错误的……一般人在这种情况下会对新观点或新事物感到厌恶，甚至会迁怒那些提出创新观念的人。"[6] 另一方面，新事物常超出我们熟悉的知识范畴，我们难以将新事物归纳到已有的认知框架中，也更难理解构成了"不合适"感受的来源，而认为其无关紧要则是一种"逃避"这种感受的方式。值得一提的是，"合适"的标准往往是在群体的互动中形成的，成为广为接受的共识，违反这一标准的事物面临"合法性"的缺失，并面临被排斥的风险。

对商业模式创新而言，合法性逻辑也潜在地影响着其作为新生事物是否被接纳。新的商业模式会面临外部环境的审视，企业不仅需要获得客户的认同，还需要获得投资者和合作伙伴的支持。过高的独特性面临适得其反的风险。一些过于独特的商业模式难以被市场理解和接受。这一独特性不仅是与行业内其他企业比较而言，对寻求变化的企业来说，过去的自己甚至也会成为一把标尺。例如，金利来领带自创立以来一直保持高端的定位和"贵族式"的品牌形象，受到市场的欢迎，而当其向更为休闲大众的方向转型时，却遇到一些困难。新推出的产品与长久以来顾客建立的品牌认知不符合，没有得到很好的反响。[7]而对关键资源掌控者来说，尽管他们的评价更为理性，但在事前决策，即当商业模式的价值尚未得到市场检验时，或当人们缺少足够的知识对其价值做出判断时，合法性逻辑就会在评估中扮演更重要的角色。因此，企业往往需要采取措施避免合法性缺失带来的损失，例如，一些创新型企业会在宣传时有意加强其与为人熟知的事物之间的联系，或者给出一些关于联想的暗示。

总而言之，作为商业模式的创新者，独特性是它们思考自己定位时不可回避的重要标尺。企业需要评估自身的独特性，并且从顾客和关键资源掌控者的视角总体看待自己所处的位置。一方面，要找到市场上特殊的价值定位；另一方面，需要意识到打破成规与合法性缺失的风险，并为可能的挑战做好准备。

商业模式的外部难以模仿性

我们知道，不论是在古代的中国还是中世纪的欧洲，许多城市都在城墙外修建有护城河，以抵御外来者的入侵。战国时期的《墨子·备城门》就已述及"我城池修，守器具，推粟足"，西汉戴圣所编撰的《礼记·礼运》也提及"城郭沟池以为固"。这种城墙加上护城河的防御体系，也是"城池"一词的由来。对商业模式创新者而言，在建构自己的"城池"的时候，如何构造自己领地的"护城河"，是一个需要审慎思考的问题。与所有的创新者一样，商业模式创新者也需要面对那些模仿者的挑战。独特性对商业模式固然重要，但如果缺乏有效的"护城河"，商业模式则无法持续存在。当一个新的商业模式出现后，模仿者往往会接踵而至，使其独特性逐渐被侵蚀。第一个创生新商业模式的创新者虽然可以拥有先行占领关键资源与市场的优势，但并不意味着这种优势是永久性的。因为后发者拥有另一种优势，或者说，它们恰恰因为更晚进入市场避免了那些走在前面的创新者曾面对的难题。一方面，后发者可以利用先入者的经验，这些经验既包括通过专利授权或反向工程等形式获得的技术知识，又包括通过观察先入者的市场反馈获得的市场判断，一些商业模式赖以运转的假设已经得到检验，使它们面对的市场不确定性有所降低。另一方面，后发者在一定程度上避免了"枪打出头鸟"，即合法性不足的风险，因为先入者已经积累了一定的受众基础，或提高了人们对新生事物的接受程度，相比开拓空白市场，后发者所处的环境显然更加友好。此外，先入者的积累为后发者创造了更为成熟的产业环境，使后发者能够以更低的成本、更高的效率获取所需要的资源。

因此，虽然后发者在时间上落后，但当它们采取恰当的战略发挥其优势时，"后来者居上"并不意外。在历史上我们能看到很多这样的例子。一个典型的例子是便携式音乐播放器。iPod 是历史上最受欢迎的多媒体播放器之一，但事实上苹果远非第一家推出此类产品的企业。1998 年，韩国世韩（Saehan）公司第一次将 MP3

播放器推向市场，但这款名为 MPMan F10 的产品随后却被 2001 年推出的 iPod 远远超越。因为苹果 iTunes 商店解决了音乐数字化后的一个关键难题，即任何播放器作为硬件必须依赖软件产生价值，进而提供了一种可以持续运转的销售数字音乐的商业模式。[8] 而如今在互联网行业，我们也经常看到，新商业模式的主导者往往并非第一家创新企业，而是后进入却拥有强大资源优势的互联网巨头。这意味着商业模式在追求创新性的同时，还需要建立起模仿壁垒，以作为抵御模仿者威胁的"护城河"。根据行业特征和自身资源等，创新者可以采取不同的方式建立模仿壁垒。

规模经济可以帮助企业建立成本优势，从而形成竞争壁垒。规模经济指的是由于固定成本分摊，产品单位成本随着产量增长而递减的规律。这里的成本既包括生产成本，也包括在研发、分销和服务等环节产生的成本。[9] 更大的规模还意味着与供应商议价时拥有更大的优势，从而获得更低的原材料采购成本。规模经济优势意味着在竞争对手之前占据足够的市场份额，为企业创造更大的盈利空间，且提高行业进入门槛，使得新入者必须将成本控制到相当的程度才能与之竞争。除了提高产量，企业还可以通过并购实现规模扩张，在行业内建立起优势。例如在水泥行业，中国建材公司多年来整合了多家水泥公司，跨越中国大部分地区，掌握了丰富的原材料、产能和渠道资源，将并购来的小企业组建成"水泥航母"，形成规模效应。[10] 但需要注意的是，规模经济实现的基础是成本的分摊，因此企业不能一味扩大规模，要注意资源的充分复用。

企业也可以通过先占优势建立壁垒。这种先占通常是以较低的价格先行获得稀缺资源，而后发者到来时市场价格已经抬高。这种资源可以是具有稀缺性的原材料、人力资源或地理位置等。例如在石油、天然气等资源密集型行业，我们可以看到很多企业凭借优越的地理位置，先行建立资源壁垒，在行业里获得难以逾越的优势。

企业也可以利用在位企业变革的难度作为进入壁垒。因为在位企业往往会被利益相容性（compatible gains）掣肘，而在需要创新时踌躇不前。这是由于商业模式创新常伴随着参与者的更迭或者参与者间相对重要性的变化，这可能会改变已有的利益分配方式，带来利益冲突。例如，美国运通（American Express）和发现卡（Discover Card）在尝试开拓自己的发卡业务，并寻求银行的合作来帮助发行时并不顺利。这是因为以往信用卡组织通常为银行提供商户收单和支付清算服务，仅作为中间机构赚取服务费。而信用卡组织拓展发卡业务则与银行的业务冲突，银行显然会偏好与没有业务冲突关系的企业合作。[11] 商业模式创新也可能蚕食创新者自身的利益，即当新产品或服务比现有的产品或服务更加具有市场吸引力时，前期投入大量资源建立的现有业务会产生回报减损，即"竞食效应"（cannibalization effect）。对具有更高灵活性的新入者而言，在位企业瞻前顾后、对机会视而不见之时，正是抢占市场之际。传统相机市场巨头柯达（Kodak）的没落与数码相机市场的兴起正是一个典型注解。作为数码相机的发明者，柯达却未能及时将其推向市场，错失先机最终被市场淘汰。事实上，柯达并非没有意识到数码相机的趋势，然而发展新业务对自身传统相机和胶卷业务的侵蚀使它不愿向前，而彼时富士、佳能、尼康等企业早已抢占数码相机市场。[12] 传统零售企业线上转型也会面临类似的困境，即电商与实体渠道的"左右手互搏"。例如苏宁在向电商转型时屡屡受阻，业绩指标的差异等导致线上与线下业务的利益冲突，二者难以很好地兼容。这些牵制在位企业的障碍恰是新入者的优势所在。

利用互补性资产和生态系统也是企业建立模仿壁垒的方式之一。互补性资产是将核心的专有性资产（例如核心技术）商业化所必需的其他资产，包括互补技术、制造、分销渠道和售后服务等。强大的互补性资产使企业更高效地从创新中获益，有时甚至比专有资产扮演更为重要的角色。20世纪30年代，在当时主流的数据处理设备卡片穿孔机市场，IBM就曾凭借强大的销售和服务能力超过了技术上曾经更为领先的雷明顿·兰德公司（Remington Rand）。而到了20世纪50年代，尽管雷明顿·兰德公司率先推进大型电子计算机的市场化时，IBM还在穿孔卡片机和表格机领域停驻不前，即使IBM完全持有相关技术，但IBM及时地意识到落后，奋起追赶并实现了赶超。IBM创始人之子小沃森将IBM的成功追赶归因于拥有足够多的资金进行大规模的工程、研究和生产，以及强大的销售能力和团队精神。[13] 此外，生态系统则作为多边参与者构成了共同创造价值主张的整体，为商业模式提供了不可或缺的土壤。例如波音完备高效的全球供应链体系是其商业模式的核心壁垒。

企业还可以通过"创新性垄断"建立外部难以模仿性，即通过创新极大幅度地优化现有的商业模式、获取较高的市场溢价水平，从竞争当中脱颖而出，甚至引领行业的发展。正如贝宝创始人之一彼得·蒂尔在《从0到1》一书中提到的"做出至少10倍的改进"，书中列举了一些经典的例子，如谷歌高效率且精准的搜索算法令其他搜索引擎难以匹敌，贝宝极大地提高了易贝交易的效率，以及亚马逊书店比实体书店提供了多得多的选择。[14] 这种竞争壁垒的典型特征就在于，创新者借助具有垄断性的技术、资产和专有能力来获得很强的市场控制力以及远高于市场平均水平的溢价能力。

提高用户或供应商的转换成本也能够在一定程度上达到增强商业模式的不可替代性、形成模仿壁垒的目的。转换成本指的是当用户进行产品供应商间的转移时需要付出的成本，不仅包括新的购买、学习等成本，还包括因此损失的对前一个产品投入的交易和使用的成本。对企业而言，单一产品的转换还会带来配套设施的变更，操作方式的改变也意味着员工的学习成本。此外，这种成本也可以是关系和情感上的依赖。例如，微信等社交软件上保存了用户大量的社交关系，使得其他社交软件很难取而代之。当然，转换成本的另一面是用户不愿接受产品更新，从而为新产品的推出带来阻碍，因此企业需要做出权衡。更为重要的是，有意识地增大用户或供应商的转换成本，尽管在短期会带来预期的效果，但长期而言，却不一定是最优的选择。这是因为转换成本是一种利用用户或供应商弱点的手段，对于用户的价值感知和生态内的供应商具有一定的情绪负向性；更重要的是，转换成本是一把"双刃剑"，在商业生态系统需要适应市场与竞争趋势进行变化时，它会制约变化的可能性。

商业模式的可拓展性

就增长潜力而言，越高的天花板，意味着商业模式就长远而言是越有效的，也可以越大限度地发挥商业模式独特性的优势。而商业模式的可拓展性，正是支撑商业模式规模天花板的核心。缺乏可拓展性的商业模式，很难支撑商业模式创新者所追寻的长期增长，也会大大降低对市场投资者的吸引力。因此，商业模式设计要充分考虑到未来发展的可能，塑造较大的可拓展性。我们可以从如下三个方面来思考和评估商业模式的可拓展性。

第一，随着规模的扩张，成本（包括管理成本）不会持续增加，也就是商业模式能够支撑更大规模的有效运营。快餐品牌肯德基在中国市场的成功是一个典型案例。截至 2021 年，肯德基共在中国超过 1600 个城镇开设了 8100 多家门店[15]，庞大的规模背后是敏捷高效的供应链体系和复制性强的管理制度。肯德基的原材料供应商高度本土化，到 2021 年，其隶属的百胜集团在中国有 800 多家本土供应商并设立了 32 个物流中心，保障了对门店的快速供给和对运输成本的有效控制。肯德基的养殖、种植、产品和服务等均有体系化的标准，使其在扩张中能够保持品牌的特色与优势。例如，除了白羽鸡的规模化养殖，肯德基还推动了结球生菜的规模化种植。生菜是肯德基最主要的蔬菜原材料品类，而在肯德基刚进入中国时，中国并没有成熟的生菜种植体系。肯德基与本土供应商合作，按照品控要求将结球生菜的种植标准化。诸多类似的举措为肯德基在中国的扩张提供了有力的后端支持。[16]

第二，可拓展性往往意味着商业模式所支持的客户群体，或者说所面对的多个市场，以及多产品型、多技术领域间具有协同效应和新的组合机会。因为多业务领域的覆盖意味着跨领域的组合理论上能够产生更多的新组合形式，有更大的概率出现有效的创新。但企业仍然需要在拓展业务时认真规划，使业务间产生"1+1>2"的效应，而非一盘散沙。阿里巴巴的商业生态是协同效应的典型。随着业务领域的拓展，阿里巴巴的生态系统逐渐涵盖了电商、支付、金融、数据服务、交通出行、数字媒体等多个领域，这些业务间也进行了充分的互补与协作。例如支付宝为其他业务提供交易支持；又如不同业务领域沉淀的用户大数据提供了丰富的数据维度，支撑了数据服务业务，并且能够更为完整地刻画用户习惯与偏好，为精准推荐算法提供了基础，而这一算法几乎可以应用到每个业务领域。

第三，商业模式可以帮助企业从一个业务领域或一个区域市场向其他业务领域或区域市场进行复制。以小米商业模式为例，其优势在于低定价的同时保证足够好的产品质量，曾做出"硬件综合净利率不超过5%"的承诺。这得益于其硬件、软件和互联网服务三项业务的协同效应，并且在硬件方面，通过大比例的线上渠道减少了分销成本，以及由于产品较长的生命周期，获得了与供应商的议价能力[17]，同时友好易用的设计提高了产品本身的吸引力，社交媒体运营则进一步增强了用户的价值感知。这一模式在智能手机行业应用成功后，小米也将其拓展到了电视（如智能电视和小米盒子）、路由设备和智能家电等行业，成为建立完整生态链的基础。据光明网报道，小米手机在2021年全球出货量为1.9亿台，位居全球第三；智能电视和智能空调全球出货量也分别高达1230万台和200万台。[18]

所有参与者获得增量式收益

在前文中，我们大多是站在焦点企业的视角或者说商业模式创新者的视角来论述一个"好"的商业模式所需要满足的条件，而商业模式创新者还需要在更高的层面上来思考问题。一方面，商业模式的交易过程本身涉及众多的参与者，它们共同完成了价值创生和价值传递过程中的所有环节；另一方面，任何一个强大的商业模式都高度依赖于所嵌入的商业生态系统，依赖于商业生态系统中那些互补性资产的提供者，这既决定了商业模式的运转效率，也影响了与其他商业模式竞争时获得竞争优势的可能性。所以，商业模式创新者不能只从自身角度出发来看商业模式是否能够帮助自己获得更多的商业机会和更大的回报，还需要考虑商业模式中的其他参与者是否能够从这个新的商业模式中持续获益。

高合的创始人丁磊深谙这一道理。随着红旗、蔚来、理想等国产电动汽车在豪华电动汽车领域崭露头角，中国的汽车工业正在挑战国外品牌在高端纯电动汽车领域的领导地位。2020年9月，高合可进化超跑SUV（运动型多用途汽车）高合HiPhi X创始版横空出世，并在2021年9月超过了保时捷Taycan成为豪华品牌电动汽车销量第一的产品。[19] 这样的傲人成绩背后是丁磊独到的理念，他认为不应采用与传统OEM一样的供应链模式，而是应与供应商共同创造出前所未有的配件与材质。丁磊通过与陶氏、奇华顿、微软等供应商的合作，打造了兼具绿色环保、高端性能、科技感、豪华感等特质的新型高端纯电动汽车，同时在合作中提升了上游供应商的材料性能。这不仅仅是供应商合作者的共赢，从消费者的视角来看，支付的高昂的价格也不只是为"科技感"买单。高合HiPhi X选取了中国家庭实用的中大型SUV车型，3150mm的轴距使得老人小孩在二、三排也能够享有宽大舒适的空间；后排的车顶随着车门的打开也能够打开，最大开启89度，能够避免老人上下车时头部在车顶上磕碰；智能车灯不只承担了传统汽车车灯照明的功能，还能识别车辆行驶路线上的行人，将行人的随动光标投影在地上，有助于司机在光线不足的情境下清晰识别行人。因此，消费者的使用体验大大提升，所有利益相关者都能够得到更多的收益。

我们可以从两个方面来更为细致地阐释"让所有参与者获得增量式收益"原则的必要性。商业模式的成功需要保持商业模式在结构上的稳定性，这样有利于商业模式参与者形成整体意义上的协同性，也有利于参与者在商业模式持续运转中沉淀能力和资源。而对特定的商业模式参与者而言，它们可以有两个选项——参与这个商业模式，或者参与原有的商业模式，它们的选择必然取决于对这两个选项所能获得的预期收益进行比较的结果。只有当加入这个商业模式能给它们带来增量式的收益时，它们才会有持续的参与动机。就此而言，即使我们能够设计出比原有商业模式具有更高整体效率的新商业模式，但只要这个新的商业模式中有参与者未能获得增量收益，就无法让它们成为新商业模式中的稳定参与者。例如，华为作为拥有全球顶尖通信设备技术的企业，在数字化时代的浪潮下，吹响了"合作伙伴暨开发者"的集结号。华为力图通过前沿数字技术与各个行业的企业合作，比如为中国一汽打造了云计算基础设施和智能工厂，使得一汽的订单交付周期可以缩短26%。同时，华为的数字技术应用于矿业、电力等行业，使得矿产开发能够实现少人开采和智能管控、电力行业能够大大提高响应时间和管理效率，惠及多个产业的众多利益相关者，从更广阔的视角实现共赢。

此外，在一个新的商业模式形成的早期阶段，一个关键的问题是它能否在尽可能短的时间吸引尽可能多的商业模式参与者，以形成商业生态系统中的互补性资产多样性。事实上，这种互补性资产的丰富性与多样性在商业模式创新的初期具有极其重要的意义。首先，互补性资产的丰富性与多样性本身会成为一个可见的信号，吸引更多的潜在参与者加入商业生态系统。具有互补性资产丰富性与多样性的商业生态系统会被外部视为具有强大竞争力和生命力，而毫无疑问，每个潜在的参与者都会倾向于选择它们认为更有可能在竞争中胜出的一方。其次，商业生态系统内的互补性资产多样性意味着更多的资源重新组合可能性，也就是更多的商业模式改进与创新的机会。正如创新理论所指出的，重新组合本身就可以被视为创新的一种形式。再者，也是非常重要的一点，由更多的商业模式参与者所带来的互补性资产丰富性与多样性，意味着可以匹配更大规模的用户需求以及满足更具多样性的用户需求，这无疑会让新的商业模式在竞争中获得更大的效率优势。尤其需要指出的是，相对于已有的成熟商业模式，新的商业模式在形成初期通常具有更高的不确定性。这种不确定性会被视为一种风险，在此情形下，要想吸引更多的商业模式参与者，就需要为它们提供一定的风险补偿。因此，新商业模式中所有的参与者都获得相对于现有商业模式的增量收益，就成为解决商业模式冷启动问题的必要前提条件。

商业模式的新颖性与效率："平衡"或"选择"？

在上述讨论中，我们不难发现，虽然"好"的商业模式大多具备外部独特性、外部难以模仿性与可拓展性这些重要特征，但它们取胜的关键存在差异。我们可以将这些差异抽象成新颖性与效率两个维度，也就是商业模式获得优势的两种途径。这也是为什么一些研究会把商业模式类型或者说其导向划分为效率型（efficiency-centered）和新颖型（novelty-centered）。效率型商业模式设计往往基于减少所有参与者间的交易成本，如通过使用数字化系统提高与供应商交易时的信息透明度和效率；而新颖型商业模式设计往往基于在多个参与者间创造新的交易形式、创生新的或具有独特性的价值。例如，得物在传统C2C电商平台的基础上加入了"鉴真"服务，关注球鞋等潮流服饰交易的垂直领域，针对用户甄别假货的需求，在买卖双方之间增加了平台鉴定真假与质量检测的环节。[20]而我们想要讨论这样一个问题，既然新颖性与效率都是商业模式的优势来源，那么对企业来讲二者是否可以兼得？换言之，在商业模式的新颖性和效率之间，商业模式创新者最好的策略是寻求二者的平衡还是进行"二选一"？

以往一些研究指出这两种导向很难兼容。如迈克尔·波特在《竞争战略》一书中提到的，对于"三大通用战略"，即总成本领先战略、差异化战略和集中战略，企业必须做出果断的选择，否则会在竞争中处于劣势，面临"进退两难"的境地。这是因为总成本领先战略往往意味着尽可能压缩成本，对质量与服务不做过高要求，且通过占领较高的市场份额，实现规模经济；而差异化战略所基于的独特的产品或服务，通常需要较高的成本实现，且独特性通常将其限制在相对小的市场份额中；针对特定目标群体的集中战略则是将成本或差异化优势缩小到一个细分市场。[21]这似乎说明低成本所代表的效率优势，与差异化所代表的新颖性优势难以并存。在商业模式创新的情境里，同时追求商业模式的新颖性与效率，也有可能给创业企业带来冲突性的结果。[22]

但是否必然如此？虽然现实中很多企业确实只取其一，但也确实有不少具有创造性的企业实现了二者兼得。事实上，我们在第 7 章提到的蓝海战略暗示着存在平衡的可能性。蓝海战略的提出者金与莫博涅两位教授认为，在蓝海市场，企业可以同时追求差异化和低成本。她们指出，波特观点的基点是在既定的"最佳实践"规则下竞争，而蓝海战略可以创造新的规则：一方面，舍弃红海市场竞争的部分元素节约成本；另一方面，拓展新的元素创造价值。[23]

我们可以看看任天堂 Wii 游戏机的成功。2000 年以后，游戏机市场逐渐陷入比拼产品性能的激战，开发者力争在提高游戏机的处理器性能和图像处理能力上拔得头筹。2005 年，微软发布了具备高清画质的 Xbox360。一年后，索尼发布了 PlayStation3，不仅采用性能出色的 CELL 处理器，还具备大容量的存储空间。任天堂却反其道而行之，同年推出了一款不具备高清画质、体积小、易于操作的游戏机 Wii。然而，正是这款最初看起来平平无奇的游戏机迅速占领了市场，2008 年年底在日本与全球市场分别占据了 68% 与 47% 的市场份额。易于上手的游戏吸引了大量从不玩游戏的人，其中不乏中老年用户。[24] Wii 可以说同时实现了低成本与差异化优势，一方面，由于舍弃了对高性能的追求降低了成本，价格更为低廉，推出时每台售价仅 2.5 万日元[①]，在此情况下尚有约 4000 日元的利润，而 PlayStation3 则由于大量的硬件投入，不得不价格高企[25]；另一方面，Wii 凭借简单、易操作的设计，开拓了游戏玩家以外的普通用户市场，建立了差异化优势。

---

① 约 1500 元人民币。——编者注

因此，我们可以思考，怎样的条件才能够使商业模式在效率和新颖性之间获得有效的平衡？这个问题较为复杂，不过我们可以尝试从逻辑和产业实践两个视角来展开分析。在逻辑上，上述问题的关键在于理解商业模式的效率与新颖性之间是如何产生冲突的，因为如果商业模式的效率与新颖性之间不存在冲突，那么这两者要么可以被拆解成两个彼此不影响的维度，要么存在着彼此的正向关联，因而商业模式创新者就可以较为容易地实现同时兼得效率和新颖性的收益。

在大多数情况下，我们同时追求的两个目标之所以会存在冲突，是因为如下一些因素：资源争夺、不兼容的心智模式（mindset）、条件冲突。资源争夺意味着在实现商业模式的效率和实现商业模式的新颖性时都需要消耗一些财务资源，或者是管理者与员工的时间与认知资源，这使得商业模式创新者，尤其在商业模式建立的早期，很难有足够的资源同时支撑这两个目标。不兼容的心智模式则意味着，商业模式建立的前期对建立者的思维方式和能力要求都有较为明显的差异；并且，注重追求效率的人在构造新颖性上通常会有一些问题，反之亦然，因为效率思维需要的是针对特定问题的收敛式思维方式，而新颖性则需要较强的发散性思维方式。这种心智模式上的不兼容问题，对于那些在商业上已经获得了一些成功或者发展历史较久、规模较大的公司，是更容易发生的。至于条件冲突，是指商业模式的效率和新颖性所需要的前提条件有可能存在一些天然的冲突，从而使得这两个目标最终难以同时达成。所以如何消除上述三个因素的影响，是商业模式创新者想要同步追求效率和新颖性时必须思考的问题。

从实践策略的角度看，以往一些企业的成功实践也给了我们一些启示。一个策略方向是在为用户构造差异化的价值感知时，通过新技术的引入来寻找低成本的实现路径，或者通过一些新设计的价值点来吸引增量需求，进而通过业务规模的增加来降低平均成本。也就是说，以更低的成本建立差异化，或者通过近乎同等的成本打造更高水平的差异化。前者意味着采用成本更低的成熟技术或成本不高的新兴技术创造价值增量。正如任天堂 Wii 游戏机的例子，事实上在 Wii 推出前的几年，玩家对于操作愈加复杂的游戏机就开始失去兴趣[26]，游戏软件销量开始下滑，即以往研究中提到的，随着技术发展，市场上往往会出现性能的过度供给，而客户认为的最重要的产品属性也会迁移，最先进的技术未必能带来更多的价值。[27]后者则需要在不会大幅提高成本的情况下对现有资源与技术进行新的组合，来创生更多的价值、更大的价值空间以及更多的应用场景。

类似的逻辑也可以扩展到对交易过程的设计或者对收入流的设计上，只要商业模式创新者在价值设计、交易过程设计、收入流设计这三个维度中的任何一个找到同时实现效率和新颖性的手段即可，可以是借助于技术的赋能，也可以是借用互补性资产的力量，或者是对价值、收入流、交易过程的解构与重构。由于新颖性并不仅仅体现在商业模式的价值设计维度，也可以呈现在交易过程或者收入流的设计上，因此商业模式创新者可以在效率和新颖性上采取解耦的策略。也就是说，可以在商业模式的价值设计维度、交易过程维度和收入流维度中的一个上寻求效率目标，而在另一个上寻求新颖性目标。例如，澳大利亚的卡塞拉酒庄（Casella Wines）曾在美国葡萄酒市场推出一款老少咸宜的黄尾（yellow tail）葡萄酒，其易于接受的口味、简单有趣的外观设计改变了以往葡萄酒晦涩难懂的高端形象，受到人们的喜爱。黄尾葡萄酒在无须花费大量成本追求陈酿质量和营销品牌形象的情况下，就超过了很多经典的红酒品牌，同时实现了价值设计维度的新颖性目标与交易过程维度的效率目标。[28] 另一个例子是直播电商，区别于传统的电商平台模式，直播电商以内容为中心，流量由内容提供者即主播引入并转化，创造了新的交易形式。直播具有更高的实时性、真实性与互动性，为用户带来了更具参与感的体验，且能更直观全面地展示产品性能，降低了交易成本。对产品供应商而言，有时直播取得的效果甚至胜于昂贵的广告营销。这一模式同时实现了价值设计维度和交易过程维度的新颖性，以及交易过程维度的效率目标。

还需要指出的是，任何一个事物都存在层次性的结构，这就意味着我们可以用非常类似的要素或模块来构造出结构或功能迥异的系统或整体。这就如同音乐家用相同的音乐符号来谱写无数的美妙乐章，画家用相似的色彩绘出独具个人风格和创造力的画作，甚至软件开发者用类似的代码行来实现不同的软件功能。对商业模式的构造而言，有一种差异化不是源自单一维度的显著变化，而是对已有的相似维度元素进行某种重新组合，而如果这种重新组合能够使商业模式在给定商业情境下更有效地发挥力量、比现有的商业模式在价值提供或价值获取上更有效率，那么这个时候商业模式的效率与新颖性之间就不再是一种冲突的关系了。

第 9 章
商业模式的冷启动

什么是冷启动

"冷启动"(cold start)一词源自IT行业，指的是电脑切断电源重新启动的一种方式。电脑以这种方式启动时，后台没有相应的进程，需要系统重新创建一个新的进程分配给启动程序。由于冷启动一词在IT行业应用的普遍性和易理解性，它已经延伸到各个行业、各个领域，用以指从无到有、从0到1的变化过程。其实，我们在日常生活中也常常面临"冷启动"的问题。设想当你转入一所新的学校学习，老生们通过朋友的引荐就能自然地结交更多的朋友，而你需要在彼此不了解的情况下与身边人建立联系，这种面对陌生环境的"破冰"环节就成为一个"冷启动"的过程；又或者是一家新开业的商业综合体同时进驻了几家饭店，那些知名连锁饭店在开业当天通常会吸引到相较于不知名饭店更多的客流，原因便在于知名连锁饭店具有一定的声誉和客户基础，而不知名饭店吸引第一批顾客的过程也就是一个"冷启动"的过程。

因此，在商业领域中所谓的"冷启动"，就是指创业企业或新开设的业务在没有前期业绩、没有客户基础、受到资源限制的情况下如何找到最初的客户，尤其是付费客户。对商业模式的构建者而言，价值设计一直是它们面对的核心问题，在此过程中如何让并不了解你的客户为你的产品或服务买单就是冷启动阶段面临的最大难题。那些并非成熟的大公司设立的新业务部门或者由大公司投资的新创企业，由于受到资源的限制，在商业模式冷启动阶段会面临更为严峻的挑战。

事实上，这种冷启动过程中的困难与挑战具有相当的普遍性，即使是那些最终取得伟大成就的领先公司在前期阶段也难以避免这样的挑战。也许有人会有这样的疑问："为什么我在许多描述创业故事的相关书籍中看到那些成功的企业，都是因为有伟大的领导者带着对商业世界的顿悟和对未来的精准预测，较为顺利地由初创走向成熟？"但残酷的事实是，依靠顿悟和只遇顺境是很罕见的，这些故事之所以存在，仅仅因为它契合了我们的浪漫想象，我们爱听这样的故事。马克·伦道夫在《复盘网飞》一书中这样写道："我们想让我们这个时代的牛顿们在苹果掉下来的时候坐在苹果树下。"书中也同时提到，网飞的成功也并不是一蹴而就的，也是不断试错、迭代并夹杂着一些运气才最终获得的。[1] 就此而言，商业模式创新者或许更容易对"好的开始等于成功的一半"这句话心生认同。

冷启动面对的限制与挑战

根据上文可以得知，冷启动是一个从 0 到 1 的过程。这种近乎

"无中生有"的过程自古就被认为是极其困难而又无法跳跃式越过的，所以我们总是会将这一过程与"白手起家""万事开头难""合抱之木，生于毫末"等类似成语或俗语相联系，鼓励的同时其实强调的是它的困难性。事实上，冷启动的困难之处在于，在此过程中人们面对诸多限制与挑战。

商业模式的构建是一项需要消耗大量资源的活动，而资源的相对匮乏也正是那些新创企业或新进入者普遍面临的问题之一。虽然确实有一些商业模式创新是由那些成熟的大公司所设立的新业务部门或新创企业带来的，但正如我们在前文中提到的，成熟大公司已经存在的商业模式通常会天然地排斥和限制内部产生的新商业模式，因而绝大多数的商业模式创新都是那些作为新进入者的小型创业企业带来的。

于是，资源限制就成为企业在冷启动阶段面临的重要限制之一，也就是所谓的"巧妇难为无米之炊"。这也是为什么苹果、谷歌和亚马逊等行业巨头的创业初始地点都在车库，虽然现如今美国的创业文化赋予了车库一种自力更生、充满活力和坚韧的形象，但一个更现实的问题也许正是资源的匮乏。资源相对匮乏带来的最直接的限制便是无法像成熟企业一样在所有需要的地方都投入充足的资源，新创企业需要采取更具有想象力和更具创造性的方法来解决所面对的问题。

冷启动阶段的另一个常见限制是缺乏说服商业模式参与者的基础。与已经具备一定声誉的成熟企业不同，处于冷启动阶段的企业还处于对商业模式进行验证的阶段，还未能彰显商业模式的可行性和潜力，形成高度可信的信号或价值标签，因此很难吸引潜在的消费者、用户、供应商或投资者。例如,《穿越寒冬》一书提到了一个有趣的创业故事。[2] Bouqs 的两位创始人约翰·塔比斯（John Tabis）和胡安·巴勃罗（Juan Pablo）一直致力于开设一家将最新鲜的花从产地直接送到消费者手中的在线花店。花店成立伊始，两位创始人带着这个想法参加了美国创业实景节目《创智赢家》（Shark Tank），他们的商业模式是只需 5 天左右的交货期，让消费者收到来自鲜花产地的最新鲜花朵，但该节目的评审罗伯特·赫贾维奇（Robert Herjavec）却对这个商业模式提出了质疑，他以"鲜花的购买者大多数在用花的当天才意识到需要花，如果需要 5 天的时间才收到花，根本没人愿意购买"为由，将 Bouqs 淘汰出局。但巧合且幸运的是，不久，罗伯特迎来了自己的婚礼，在筹备过程中他意识到布置会场的鲜花价格过于昂贵，便找到了约翰帮忙，在省下大笔费用的同时意识到了 Bouqs 的价值所在，并促成了 Bouqs 的 C 轮融资。但并不是所有的初创公司都有 Bouqs 这样富有戏剧性的幸运结果，Bouqs 的成功事实上正说明冷启动阶段的企业即使拥有切实可行的商业模式，但在商业模式未得到验证之前，想要获得商业模式参与者的认可也绝非易事。

因此，在冷启动阶段，商业模式创新者就需要面对两个关键的挑战：尽快验证商业逻辑的可行性以及确认价值主张和目标用户。在解决这样的两个挑战时，可以采用的策略通常包括"精益式验证商业逻辑的可行性"、"建立全新的顾客价值认知"、"充分利用互补资产"以及"尽快越过拐点"，我们将在后续的四个小节对此展开更为详细的论述。

策略 1：精益式验证商业逻辑的可行性

"问渠那得清如许，为有源头活水来。"如果我们把企业的盈利比作"方塘之水"，商业模式可行性便是这源头活水。换言之，虽然商业模式可行性的标志是价值可以被持续地转换成收入流，看上去似乎尽快地获得更多的收入流就成为我们任务列表中首先需要解决的问题，然而大量的实践经验和事实告诉我们，要得到一个我们想要的结果，纯粹地追求这个结果反而不可行。就像我们想要成为一个富有思想、具有洞察力的人，却没有办法凭空地让自己成为这样的人，我们需要思考的是，要成为这样的人，需要怎样的能力。如果说需要的是独立思考的能力和创造力，那么这样的能力可以通过什么途径来获得？于是我们得出结论：读万卷书、行万里路，不人云亦云，不断思考，不断地透过眼前的事物去认识事物的本质。

商业模式创新者在面对冷启动所带来的诸多限制和挑战时，首先要思考的是持续收入流背后的逻辑链条，也就是商业模式背后的商业逻辑。由于在早期，人们通常基于直觉、猜测和有限信息、有限经验的启发认识事物，因此即使在商业模式创新者看来具有合理性的商业逻辑，其可行性也是存疑的。毕竟，即使在逻辑上成立，在现实世界里也未必会存在。与此同时，商业模式创新者是需要与时间赛跑的，这里有两个原因：一是他们资源有限，只能支撑相对较短的时间内的试错（例如现金流在不停地消耗）；二是他们非常害怕其他人会意识到这些商业模式的潜力而迅速发起模仿和挑战，尤其是那些在经验、声誉或资源上已经拥有一定优势的潜在竞争者。这一切都意味着商业模式创新者需要以较高的效率在有限的时间里完成对商业逻辑可行性的试探和试错。

在此情形下，精益式验证商业逻辑的可行性，就成为商业模式创新者的不二之选。我们之所以称之为"精益式"，是因为这非常类似于精益创业的一些基本原则。所有的试探都会伴随着一些失败以及在失败中的学习。我们常说"失败乃成功之母"，有些时候精益式商业模式的成功在某种程度上可以"归功"于"火箭发射式"商业模式的失败。火箭发射式商业模式的特点可以用三个英文单词来概括，即 Get、Big 和 Fast（GBF），旨在用最快的速度、以最大的成本博得巨额的收入。火箭发射式商业模式的代表企业便是威普旺（Webvan）。[3] 威普旺是一家成立于 1996 年的生鲜果蔬公司，并于 1999 年在洛杉矶耗资 4000 万美元建成当时全美最大的仓储系统，采用 O2O 的运营方式，以"通过互联网接收用户订单，然后将商品送到用户家中"革命性地改变了消费者的购物方式，解决了传统商超的"最后一公里"问题，由此迅速红遍美国。这在电商平台企业大行其道的今天看来也许不足为奇，但在 3G 技术标准尚未建立的彼时，能够在网上订购一杯咖啡并在它变凉之前收到，是非常令人惊艳的体验，威普旺似乎把梦想照进了现实。更惊人的是，它想要服务的不仅仅是洛杉矶这一个城市的居民。1999 年，威普旺签订了一份 10 亿美元的合约，将仓储系统在全美 26 个大都市复制，进而为这些城市的市民提供服务。威普旺按下了火箭的发射按钮，也点燃了华尔街的热情，它的投资机构包括了基准资本、红杉资本、软银资本等众多著名风险投资机构。尽管火箭发射的优势在于力量大、速度快，但沸腾的"弄潮儿"似乎没意识到又似乎不想意识到，当发射按钮按下的那一刻，剩下的只能是等待结果：巨大的成功，或者灭亡。很不幸的是，威普旺走向了后者。据分析师估计，为兑现将生鲜食品及时送到消费者手中的承诺，威普旺不得不面临每个订单 10～15 美元的亏损，而在利润空间较为狭窄的食品行业，威普旺一直找不到获得盈利的方式。在迅速扩张所伴随的巨额亏损的压力下，2001 年，即成立第一个仓储系统仅仅两年后，威普旺宣告破产，这个生鲜食品行业的"巨人"为生鲜 O2O 模式画上了一个短期内的句号（或者是对未来而言的分号）。

由于威普旺的惨败，很长一段时间内没有企业和风险投资敢于再次踏入这个行业，直到 6 年后的 2007 年，亚马逊悄悄爬上了巨人的肩膀，成立了一个令华尔街心惊胆战的部门——在线销售生鲜果蔬的亚马逊生鲜（Amazon Fresh），但与威普旺"火箭发射式"不同的是，它采用了精益创业的方式。与火箭发射式的 GBF 模式不同，精益模式强调以最低的成本、最快的速度完成迭代试错（即 fail cheap and fail fast），确认目标市场的接受度、商业模式环节的完整性和能力的可支撑性。2007 年亚马逊进入生鲜在线销售行业时，为了精益式验证商业逻辑的可行性，即使它拥有相较于威普旺成立初期更好的声誉、更丰富的内部资源和更稳固的客户群体，也仍然只选取了西雅图作为单一的试验城市。了解美国城市文化的人可能知道，西雅图对于新鲜食物的接受度高于美国的大部分城市，而即便如此，亚马逊也只选取了西雅图一些具有高收入、高居住密度等特性的典型社区作为服务对象。经过 5 年的不断试错和迭代，直到 2012 年，亚马逊生鲜才进入第二个城市——洛杉矶，并且同样只服务于高密度、高收入的社区。另外一个值得注意的点是，使用亚马逊生鲜线下配送服务的顾客必须是亚马逊的高级会员，而成为高级会员必须支付每年 299 美元的会员费（2016 年降为 14.99 美元 / 月 [4]），亚马逊以此方式筛选出对相关服务具有迫切需求的客户群体。

精益式验证的另一个迷人之处在于它最大限度地保留了企业的可选择权（optionality），或者说创造了实物期权（real options）的价值。从亚马逊的"传记"《一网打尽》[①]中，我们可以看到亚马逊创始人杰夫·贝佐斯对《黑天鹅》这本书的推崇，其中关于可选择权的思想是杰夫·贝佐斯运营亚马逊的重要底层逻辑之一。根据《黑天鹅》一书的观点，对未来影响巨大的事件事实上通常是不可预知的，譬如 1943 年 IBM 的创立者托马斯·沃森曾说"全世界只需要 5 台计算机就足够了"；即使伟大如开尔文，也曾在 1899 年说，物理学的大厦已经建成，只留下两朵乌云停留在上空，而后在 1905 年，爱因斯坦在他的论文《论动体的电动力学》中介绍的相对论在两片乌云中劈下了一道闪电，让人们对经典物理学展开了新一轮的审视。可选择权的思想便是基于此，认为我们需要用可控的风险和成本去不断创造这种在未来时点的"可选择权"，然后静静地等待更为清晰的决策信息或信号的出现，或者黑天鹅的到来。亚马逊的战略时刻践行着"可选择权"的思想，这样即使亚马逊生鲜在西雅图的尝试失败了，由于其投入的资源相对较少，亏损也是事先就可以预见的，是可接受和可控制的；而另一方面，这些尝试一旦成功，所带来的回报却是巨大的，将远远多于为了获得这些选择权所

---

① 《一网打尽》全名《一网打尽：贝佐斯与亚马逊时代》，由美国布拉德·斯通（Brad Stone）采访多位亚马逊前任和现任高管以及创始人杰夫·贝佐斯后所著，中文版由李晶、李静翻译，中信出版社出版发行，主要讲述了亚马逊的发展史和杰夫·贝佐斯的故事。

需要付出的前期成本。

尤其值得一提的是亚马逊在最初阶段对"飞轮模型"的验证。飞轮是存储旋转能量的机器，当有外力作用时便开始旋转，商业世界里的飞轮模型最早由吉姆·柯林斯在其畅销书《从优秀到卓越》[5]中提出，而将其运用于实践的典型例子便是亚马逊。与以往漏斗型单方面向目标客户进行营销的模式不同，飞轮模型需要客户的正向反馈以吸引更多的客户，这种良性循环是飞轮的主要动力之一，而各个企业飞轮所包含的部件根据其业务不同也会有所区别，例如亚马逊的飞轮主要包含客户体验、客户流量、卖家、低成本结构、更低价格和商品选择六个部件。飞轮最理想的状态便是强劲的动力和各部件较小的摩擦力，经过亚马逊长时间的探索和验证，其飞轮已经达到了理性状态，越转越快。虽然亚马逊的财务报表似乎呈现为连年的亏损，但实际上是因为它一直在为未来进行投资，只要亚马逊的飞轮还在快速地旋转，它就可以在任何想要的时候很快地实现在财务报表意义上的盈利，即所谓"可控的亏损"。更有趣的是，亚马逊甚至因此开启了"用盈利换营收"的商业时尚，使得众多互联网公司从此不再追求账面上的盈利。[6]

策略 2：建立全新的顾客价值认知

如果用商业的视角来解读勒内·笛卡儿的哲学思想"我思故我在"，我们或许可以认为，无论产品的真实质量如何，更适合解决什么样的痛点，目标客户感知到的产品价值对他们而言才是更为"真实"的。从某种程度上而言，培养用户对企业价值主张的认同感是企业在冷启动阶段所面临的重要问题。这一方面是因为商业模式创新者需要说服目标客户为他们所提供的价值进行支付，从而带来持续的收入流；另一方面同等重要的是，客户群体内是存在合法性认知和从众心理的，如果能够最大限度地让更多的用户接受所提供的价值，那么就会吸引更多的人认可这种价值并进而为之付费。当然，如果用户的采纳行为具有明显的网络效应特征（或者说正反馈效应），这种用户规模的增加会带来更大的利益。

考虑到建立全新的顾客价值认知能够帮助商业模式创新者提高所引入的新商业模式被市场关注的程度，并且也能为潜在目标客户带来具有独特性的价值感知，因此它也成为商业模式创新者克服冷启动限制的可选策略之一。

建立全新顾客价值认知的首要任务便是确认真正的目标客户群体，有了较为明确和具象的客户群体定位后，企业才能更有针对性地为其提供贴合的产品与服务。如果回到前文提到的亚马逊生鲜的例子，我们可以发现，亚马逊并不认为所有有生鲜购买需求的用户都可以自然而然地成为其目标客户。为了避免陷入威普旺式的困境，亚马逊生鲜将目标客户定位为"能够接受新鲜事物的大型城市中具有高密度和高收入特性的社区"，因为亚马逊生鲜配送的价值并不完全在于商品本身，而且取决于替顾客走完了最后一公里之后，顾客在多大程度上愿意为此支付更多的费用，而高收入人群通常更有额外支付的意愿和能力。同时，对亚马逊生鲜而言，提供生鲜产品配送到家服务的成本主要在于仓储和运输环节，而针对高密度社区的服务可以最大限度上利用"固定成本"分摊从而实现规模经济。

确定了目标客户群体之后，企业需要进一步了解、迎合客户的思维习惯，心理学将这种思维习惯概括为"心智模型"。心智模型指的是人们主观认识事物的方法和习惯，是隐藏在一切行为方式、思考方式背后的那些人们也许无法用言语来清晰描述，甚至是人们都没有清晰意识到的规律。用更通俗的话来说，心智模型就是当听到或看到一个产品时我们认为它应该呈现的样子和具备的价值，它常常以一种直觉式的反应出现在我们的大脑里。例如当我们提到玫瑰花，总是认为它象征着爱情，即使花枝上带着刺；而月季即使外形与玫瑰相似，且具有刺少、花期长等优点，却通常不会在情人节的当天拥有与玫瑰一样的销量。又比如我们熟知的牛油果，在漫天的营销和宣传下，不知何时开始已经成了健康、营养和小资的代名词，定位轻奢的大小餐馆要是不切几片牛油果似乎都不好意思售卖沙拉，而其近年在中国进口量的增长也近乎疯狂，2010年牛油果的进口量仅为2吨，而2021年达到惊人的4.14万吨。[7] 牛油果销量疯狂增长的背后，是伟大的科学家们偶然发现了其营养价值吗？似乎不是，那些早期购买牛油果的客户，也许更多是因为看到了澳大利亚或是美国的明星们爱吃牛油果的文章或照片，而后期客户也许只是因为他们发现身边注重健康或"格调高"的人都在购买。事实上，牛油果也许没有人们想象的那么健康。据营养学家检测，牛油果所有的健康来源仅仅是其含有约2%的蛋白质，这是大部分水果所没有的，但被忽略的是，一个200g牛油果的热量约等于三碗米饭（大约300g）的热量，而其脂肪含量高达15.3%（普通猪肉脂肪约为15%）。[8] 同时，牛油果原本也并没有人们印象中的那么"小资"。起初，因为牛油果粗糙的暗绿色表皮与鳄鱼有些相像，它的英文名叫"Alligator Pear"，直译成中文便是"鳄梨"，后在牛油果种植协会的抗议下才改为更加精致的"Avocado",但即使这些更为科学的数据和故事可以被很轻易地搜索到,大量的顾客还是会因为"健康"和"小资"去购买牛油果,这便是心智模型的力量所在。从心智模型的角度来看,为获得客户的认可,建立与目标客户认知相匹配的产品体系,似乎比提升产品的质量来得更为直接和有效。

比迎合客户心智模型更进一步的方式便是构建新的价值标签或新的品类形象。根据心智模型的逻辑,如果能改变客户对于企业产品的认知,并使其认可所构建的价值标签或新的品类形象,那么企业即使销售同样的甚至是在技术层面更次的产品也能带来差异化的效果。例如钻石,这其实是一种高密度的碳结晶体,在天然矿物中拥有最高的硬度,从物理性能层面看,似乎用来划玻璃最合适不过,但在众多广告、电影和明星的塑造下,如今我们提到钻石,皆认为它代表了永恒不变的爱情,也成就了戴比尔斯那句家喻户晓的广告词——"钻石恒久远,一颗永留传"。虽然在中国的传统文化中,人们穿戴的饰品一直以金银和玉石为主要材质,不过随着时代的变迁和商业对新心智模式的塑造,钻石成了中国消费者在表达爱情时的首选。在商业模式领域,利用打造价值标签获得成功的例子也不在少数。例如对于物流行业的竞争优势,我们的认知通常是在更短的时间内将货品安全送达,但一家名为"熊猫慢递"的邮局却反其道而行之,将"慢"作为其竞争优势。熊猫慢递成立于2009年,提供和普通邮局相同的信件投递服务,不同的是,投递的时间由寄信人自己决定,可以是一月后、一年后,也可以是10年甚至更久以后。该业务推出之后受到以"文艺青年"为代表的大量客户的青睐,有刚结婚的小夫妻写信给他们未来的孩子,有高一新生写信给高考后的自己，也有处于事业低谷的从业者向未来的自己诉说苦闷。熊猫慢递的书信将情怀和情感传递给了未来，在当下寄托了使用者的情绪，放缓了快节奏对生活的挤压，在未来刺激收件人审视时间的意义，并与过去的自己连接，收获了宝贵的回忆和憧憬，而这是普通书信和现代科技都无法实现的。套用一句网络俗语：在熊猫慢递邮局，你寄的不是信件，是情怀。又譬如特斯拉汽车。在早期的时候，特斯拉有意识地塑造了绿色、环保、可持续性的概念，以及基于高科技的独特形象，通过吸引明星和 IT 行业的精英来塑造大众对于其产品的认知。事实上，特斯拉并不是新能源汽车最早的实践者，之前已经有一些尝试，但是由于特斯拉汽车在大众心智模式的塑造上相当成功，所以人们已经把它作为电动汽车最为标准的代表性形象。这也就意味着，所谓的新的价值标签或者新的品类认知，就是当需要某个特定的价值或产品品类的时候，人们脑海里下意识地闪现出来的代表性产品或服务形象，这也就是他们内心深处的心智模型映射。如果商业模式能够成功地占据市场的心智模型，那么它的成功概率会大大提升。

策略 3：充分利用互补性资产

对互补性资产的充分利用也是帮助企业冷启动的一个重要策略。互补性资产的影响是巨大的，它可以影响焦点产品的性能表现，也可以促进整个价值创造和价值提供过程的效率，或者改变在价值获取或分割中焦点企业所拥有的控制能力。事实上，互补性资产的重要性并不仅仅停留在学术层面，与我们的生活也密不可分，例如没有牙刷，我们不能单用牙膏刷牙，而没有刀架，单用刀片剃须也会显得十分滑稽。所以，虽然一些大众认为交易就是对某一项特定商品或服务的买卖关系，其实不然，互补性资产在整个交易过程链条中有着十分重要的价值。正如大卫·提斯所说，一项产品想要获取更全面的价值，几乎总是需要营销、竞争制造和售后支持等服务，而这些服务通常来自互补性资产，例如一种药品的商业化总是离不开一个专业的信息传播渠道。换言之，充分利用互补性资产可以帮助企业构建更为完整的交易过程链条，以更高效率地获取更多的超额收益。

正是由于交易链条所包含要素的多样性以及所需要的资源（或能力）的多样性，企业通常无法靠一己之力在整个交易链条上做到面面俱到，正如《楚辞·卜居》所述"夫尺有所短，寸有所长；物有所不足，智有所不明……"。事实上，尤其是对于缺乏资源的商业模式创新者来说，依靠自身的力量做到在整个交易链条上都无短板也是一项"不可能完成的任务"。由于"术业有专攻"，在商业模式构建的早期，我们所关注的主要有两点。一方面，如何充分地发挥自己在所擅长的领域上具有的优势；另一方面，对于在冷启动阶段暴露的能力短板并非一定要靠自身能力的提升来弥补，因为这样的速度往往太慢，无法满足时间上的要求。这时，若是能充分借助互补性资产的力量或是形成互补性战略联盟，便能有效地解决这一问题。

以葫芦网（Hulu）为例。[9] 它是迪士尼、新闻集团和康卡斯特三家公司共同建立的一家合资企业，知名度在中国并没有 YouTube 或优酷那么大，但成就却不容小觑。Hulu 测试阶段结束时就已拥有 500 万用户和大量好评，被认为是传统电视、电影工业与互联网接轨的一个成功案例，也是 YouTube 面临的有力挑战。它的竞争优势在于能够向用户免费提供丰富的优质视频内容，例如，Hulu 的用户可以在网站上免费观看高质量的完整的《辛普森一家》、《24 小时》和《非常嫌疑犯》等新老电视剧和电影，与此同时 Hulu 还可以通过以广告获取收入的方式来保持盈利。不过，在 Hulu 成立满十年的 2018 年，据《哈佛商业评论》报道，其流量仅占全球总流量的 0.4%（网飞 21.6%，Youtube 21.3%）。[10] 显然，对 Hulu 来说，纯粹依靠自身的努力来找到扩大通信内容市场的方式极其困难，于是它转而与雅虎和 MSN 合作，利用雅虎和 MSN 在渠道上的优势试图寻求价值的最大化。

除了资源和能力的相对匮乏，声誉或影响力的缺失也是阻碍商业模式冷启动的重要因素。目标市场通常很难对一个陌生的新生事物充满信心，也不是每一个受众都勇于做"第一个吃螃蟹的人"。但如果所利用的互补性资产具有一定的行业声望，事情就变得不同了，它可以作为一种信号或者背书，帮助焦点企业建立对目标市场的吸引力。例如，受众如果相信苹果手机的品质，那么大概率也会认为能得到苹果公司许可为苹果手机制造保护套的公司一定很不错，即使你对这家公司本身一无所知。中国的一家初创企业"云测"便是通过此种方式打开了市场。云测公司的核心能力在于为移动应用开发商提供多个硬件和操作系统平台的测试解决方案，但在成立初期，云测作为一家默默无闻的公司始终难以打开市场，于是便尝试与微处理器市场的领头企业 ARM 寻求合作。在 CEO 王军及其团队的努力下，云测获得了测试运用了 ARM 技术的应用的机会；而在成为 ARM 认可的合作伙伴之后，云测又陆续收到英特尔、高通等大型跨国公司的合作邀约，并拿到了 IDG 资本、高榕资本和海银资本的两轮投资，进入 2015 清科 Venture50 榜单，成为明星企业。如今，云测的企业估值近 5 亿美元。也许有人会有疑问，是否有那么多的大型企业愿意与处于探索阶段的初创企业合作？答案是肯定的。首先，大型企业由于路径依赖和组织惯性通常很难在自身固有领域和视野之外进行有效的创新，在此情形下，那些拥有新技术并更具柔性的初创企业就日益成为大型公司内部创新的重要互补来源；其次，在全球化情境下，大型企业通常不能满足于本土市场对于创新的探求，而会转向各种成本相对更低的新兴市场，而初创企业由于管理成本、运营成本和对盈利的期望都低于成熟企业，通常更能提供基于创新的低价解决方案，这样对大型跨国公司来说就很具有吸引力。例如，通用电气会尝试在新兴市场开发更低成本的医疗器械然后在美国以及其他区域市场出售。

策略 4：尽快越过拐点

我们在前文提出了三个帮助企业进行商业模式冷启动的策略，不过在真实的商业世界里，难免有一些消费者或用户只会选择具有一定成熟度并经过市场检验的产品，无论提供同样产品的新创企业如何宣称它能带来什么样的独特价值或有多厉害的合作者为其背书，这些消费者或用户都颇有一种"任尔东西南北风，我自岿然不动"的风范。所以，要想完全突破商业模式冷启动的限制，企业还需要尽快越过一些影响用户采纳规模和进程的拐点。在冷启动阶段，这些需要尽快越过的拐点包括产品（或服务）质量与性能的拐点、互补技术或互补产品成熟度的拐点以及网络效应下的临界规模。

首先需要解决的是产品（或服务）质量与性能的拐点。虽然在 21 世纪，"企业之间的竞争不是产品或服务的竞争，而是商业模式的竞争"，但作为最终满足客户需求的载体，其质量与性能的重要性依旧不容忽视。一个典型的例子便是 PingCAP，这是一家开源的新型分布式数据库公司，其核心产品 TiDB 项目具有极高的工程难度。成立之初，由于资源和能力的限制，PingCAP 在产品质量方面和商业软件方面与传统成熟厂商有着明显的差距。为此，它利用开源的策略吸引来自各行各业的测试用户，进而带来丰富的测试场景，以更多、更高效地发现产品上存在的问题，驱动产品质量的快速迭代。通过这种做法，在成立三年之后，它的产品质量成为分布式数据库行业的"标杆"，并以此吸引了大量独角兽企业用户，获得业界的广泛关注。[11]

在本章上一节中我们提到，互补性资产也是构建完整交易过程链条的重要组成部分，并对价值创造、价值提供和价值获取都具有重要的影响。由于互补性资产与商业模式之间相互依存的关系，在互补性资产（可以是互补产品、互补技术或互补能力）达到足够的成熟度之前，企业在产品和服务上的优势很难发挥出最大价值，所以企业在商业模式冷启动阶段也需要尽快越过互补技术或互补产品的成熟度拐点。以特斯拉为例，其电动汽车销量近年在中国市场呈现井喷式增长。2015 年 1 月，特斯拉在中国市场的电动汽车销售数量仅为 120 辆[12]，而根据中国乘用车市场信息联席会官网（CPCA）最新消息披露，这一数量在 2022 年 3 月已达到 6.6 万[13]，这种销量高速增长的背后实则包含了特斯拉在互补性资产方面所做的努力。特斯拉的第一款汽车 Roadster 发布于处在电动汽车行业起步阶段的 2008 年，彼时用于电动汽车的互补品发展还不完善，电池组的续航瓶颈、充电桩数量不足等问题严重影响了客户的体验，使得电动汽车难以被中国市场的用户广泛接受。不过，声称以"加速全球向可持续能源转变"为使命的特斯拉并没有因此停止或放缓快速奔跑的脚步，而是在重要道路沿线积极建设充电桩，并为个人用户提供充电桩的产品和技术支持，有效地减轻了客户的续航里程焦虑。同时，为了摆脱现有电池技术的限制，特斯拉研发出了圆形无极耳电芯[1]，进一步提高了电池容量和充电速度的天花板，并收购能源企业太阳城（SolarCity），发布太阳能屋顶，试图转变能源生成和储存的方式。也许我们可以期待在未来的某一天，电动汽车可以以某种移动充电的方式，彻底摆脱对充电桩的依赖；那时，得益于先进的互补技术，电动汽车又将步入一个新的征程。

此外，我们有时候会发现，有些产品或服务的价值必须以足够数量的用户形成的网络为基础；换言之，如果用户数量未达到一定规模，该产品或服务的价值很难充分释放出来。一个典型的例子便是社交软件。我们可以设想一下，如果微信的用户只有寥寥数人，那么用户从中所能获取的价值将趋于零。这种使用同种商品和服务的用户数量越多，商品和服务对于用户就越有价值的现象便是网络效应，或者说具有网络外部性。具有网络效应的产品在起步阶段的重点便是以最快的速度让用户数量突破临界规模，犹如铀核裂变中的链式反应。一旦达到临界规模，就会有更多的产品开发者和提供者因为用户的规模而加入，从而带来更快的产品改进速度和更具多

---

[1] 圆形电芯的特点是能量密度高；而且，相较于有极耳电池，无极耳电池内阻低，发热量少。

样性的产品；用户则会因为产品改进更快和更具多样性的功能而选择和使用产品；这样的彼此吸引，形成了自我增强回路。因此，具有网络效应的产品的价值与用户数增长之间并非单纯的线性关系，而是符合"梅特卡夫定律"（Metcalfe's law），即产品的价值取决于用户数量的平方。例如，饿了么外卖平台在成立初期拥有的双边客户（提供外卖服务的商家和购买外卖的顾客）都相对较少，造成商家没有客源、顾客买不到意愿食品。饿了么通过对双边客户分别进行补贴和给予折扣等措施，让商家每接一单都能获取额外的收入，而顾客可以以低于市场的价格购买食物并享受免费送上门的服务，这种方式使得双边客户数量迅速超越临界规模、触发网络效应，平台进而通过规模经济来赢得巨大的收入增长机会，并逐渐成为全国范围内颇具规模的外卖平台。

　　事实上，由于数字技术的赋能，尽快越过拐点有了更大的可能性，故我们在互联网行业更易于观察到大量借助数字技术实现突破临界规模的例子。一个典型的例子便是小红书的发展历程。成立于2013年的小红书早期是一个电商平台"福利社"，主要目的是打造一个让客户通过社区笔记进行信息交流进而形成购买决策的平台，由此可以看出，一定数量的客户是小红书运营模式生效的基础。为了尽快越过使用人数的拐点，小红书与众多带有高流量的艺人达成了合作，但对艺人的选择并不是盲目地追求高流量，而是选择符合平台定位的人，他们在自带粉丝流量的同时还能为"路人"用户提供时尚、美妆或生活方式上的指南。小红书以此方式迅速吸引了一批黏性较高的用户，突破了临界规模，越过了拐点。

　　商业模式的拐点，犹如包裹毛毛虫的茧蛹，破之，即可成蝶。

第 10 章

打破商业模式的思维边界

请勿止步于商业模式的拆解

从古至今，历史的车轮滚滚前行不曾停驻，于是有些人被历史裹挟着跟跟跄跄地前行，有些人则贪恋过去的荣光被历史无情地甩在身后，而也有些人勇敢地引领着时代的浪潮与方向。如何成为这样的引领者？如果说是拥有更多的机会，那为什么同时代的很多失败者恰恰是被这样的机会摧毁的？如果说是获取更多的资源，那为什么过去那些颠覆式的创新往往不是由资源禀赋更为优越的大企业所带来的？如果是因为那些引领者具有丰富的经验，经验虽然往往可以让你更好地解决当下的问题，但是正如克里斯坦森所说"一些看似完美的商业运作，却可能毁掉企业"[1]。企业注重当下的问题常常也会更容易错失未来的机会，在机会、资源、经验这些因素之外，我们或许在穿越周期的过程中更需要想象力。

如果说商业模式的本质是通过拆解式地透视底层智慧来洞察，那么我们在此之上，还需要一种极致的想象力——打破思维的边界。

就像牛顿看到树上掉落的苹果时，看到了更本质的地心引力，也同时看到了地球、天体和未知星体运动背后的相似性。这种想象力就是英文谚语"跳出盒子思考"（Think outside the box.）所说的创造力思维，也是颠覆式创新产生的源泉。此刻，也许读者会产生一个疑问，我们在前文中讲述了诸多思维方式，"想象力"与它们究竟有何不同？企业哲学家吕克·德·布拉班迪尔（Luc de Brabandere）在 TED 演讲中讲道："有人问我如何能够跳出盒子思考，我无法回答，因为思考有很多种，你唯一需要做的就是在任意一种思考中都跳出盒子。"[2] 我们从价值、交易过程、收入流和能力这些维度来拆解和构造商业模式都是透视底层的一种思维方式，不过正如我们所知道的，系统并不等于它的构成模块的简单加和，在整体意义上的商业模式，也并不完全等同于拆解商业模式底层模块后的简单汇总。

在本章中，我们想要讲述如何"跳出盒子"。要想讲清楚这个问题，首先要讲清楚"什么是盒子"，也就是"什么限制了我们的想象力"。由于个体的思维惯性和组织的惯性，企业似乎被限制在了条条框框之中，这些条条框框降低了企业发展的不确定性，也带来了隐形的枷锁。具体来说，比较典型的"条条框框"有：（1）随着产业发展被普遍应用的行业规则或者企业自身发展形成的规则和惯例；（2）已有商业模式隐含的条件和上限；（3）过去企业能力的应用场景和能力附着的业务流程。当然，除了"跳出盒子"，更进一步的就是"打破盒子"。对大部分企业来说，"跳出盒子"往往意味着逐渐打造和进入一个"新盒子"，商业模式创新不是企业的终点，而是一个新的起点，新的商业模式会建立起新的盒子，再次遮蔽企业的视线。此时，更加聪明的企业可能会选择打破自身的盒子，或者说让跳出盒子成为自身前进的一部分而非一个终点，这或许能成为企业穿越周期而不衰的成长密码。

事实上，企业的商业模式创新是在盒子内思考还是跳出盒子，背后是"追求正确还是保持好奇"的问题。如果选择了后者，企业需要做的就是从盒子中跳跃出来，升维思考、降维打击，勇于打破规则也善于打破规则。"这个世界上本来是不需要贝多芬《第五交响曲》的，直到贝多芬把它创作出来"[3]，那些对产业产生颠覆式影响的商业模式创新亦如是。

我们为什么会视而不见？商业模式隐藏的底层假设

每个产业都有自身"赖以生存"的要素或者规则，有的来自产业初期设定的前提或逻辑，有的来自产业发展过程中渐渐累积和强化的"潜规则"。我们常说隔行如隔山，行业特性之所以如此重要，就是因为有太多的规则和运作流程嵌入了过去形成的行业规律。而商业模式也都存在着内嵌在当下产业情境的底层逻辑假设，每个商业模式背后都有它隐含的假定。譬如说，零售超市通过贩卖商品来获得盈利（注意，这本身也是一个隐含的假定），沃尔玛通过大量的数据分析和消费者心理分析，基于人们的选择偏好和习惯调整了超市商品的摆放规律，比如著名的啤酒与尿片并列的摆放方式。这样的方式可以刺激消费者的购买意愿，也可以提升货品的周转率，于是零售企业纷纷效仿，沃尔玛的实践成了零售行业的标本和范例。在航空行业中也有着类似的生存法则，由于购买飞机和日常维护等活动带来的高昂固定成本,航空公司需要追求高客座率和高使用率来分摊成本,否则将面临亏损,因此提高飞行效率成了所有航空公司追求的目标。

人们对于太过熟悉的事物,会理所当然地接受,即使有时候甚至没有意识到,就像我们很多时候都没有意识到空气的存在,虽然我们无时无刻不在呼吸新鲜空气。可怕的是,这种看似自然的规律会支配你的大脑。相信很多人小时候都玩过"后羿射月"的游戏,即只要让你的朋友不断地快速重复"月亮",然后问他"后羿射的是什么",回答常常就是"月亮"。商业模式背后的假定常常会成为我们思考商业模式创新时的盲点。正如前文所提到的零售行业和航空行业,这些行业中的参与者在面对已经成为主导的商业模式时,会将所有的注意力都放在商业模式外显的那些因素上,例如价值、收入来源等。

虽然大部分企业"只缘身在此山中",所以难逃"浮云遮望眼",难以意识到商业模式的底层假定也是可以被颠覆的,但我们也可喜地看到有一些企业勇立潮头,异军突起。在零售行业中,开市客(Costco)在2018年《财富》世界500强中居第35位[4],其2021年营收增长率达17.49%[5],而同期零售巨头沃尔玛仅有6.72%[6]。这惊人的数字背后如果需要用一个词来概括原因,那一定是"会员制"。正如前文提到的,由于传统意义上零售行业商业模式的本质就是通过赚取商品买入与卖出之间的差价来获得盈利,零售行业通过降低成本、获取更大的市场份额来攫取利润就成为一种标准的行业规则,但是Costco却走上了截然不同的道路。Costco标榜着"成本10美元的巧克力标价绝不超过11美元""用最低的价格卖高质量的商品",同时通过会员费来获取利润。这不同于传统零售依靠商品的利润来盈利,Costco 的会员制开创了新的收入模式,同时提高了用户黏性和下单频率,颠覆了传统的零售行业商业模式。同样,在航空行业中,不同于大多数致力于降低分摊成本的企业,美国忠实航空(Allegiant Air)瞄准了一块利基市场。忠实航空将关注点聚焦在需要横跨小城市进行休闲的群体,这些群体往往不是飞行时刻表导向的,而是价格和休闲需求导向的,这意味着由于客流量大部分集中在节假日而导致与传统的航空公司商业模式不匹配,这部分需求往往会被致力于提高航线利用率的大部分航空公司放弃,这也使得忠实航空在 200 余条航线上几乎没有竞争对手。[7]

  有的时候,对假定的忽视也来自自身发展的惯性。零售业巨头沃尔玛在中国遭遇了前所未有的危机,于 2016—2020 年间关掉了 80 余家门店,而背后的原因却是难以负担门店租金。这是因为沃尔玛在美国时常选址在人迹稀少的郊区,通过大卖场的门店、合理的商品布局和足够大的业务规模来构建优势。因此,进军中国的沃尔玛也采取了相同的模式,但中国的城市化进程仍然处于一个快速发展的阶段,沃尔玛门店刚开始确实选在了租金相对便宜的偏僻地区,但几年之后,该地段的地价飙升,租金上涨,因此诱发了大规模的关店。与此惊人相似的是,迪士尼在巴黎郊区开园也遭遇了滑铁卢,前两年的损失超过 10 亿美元。迪士尼根据过往的经验推算,每个园区每年的客流量是 3300 万人次(1100 万人 ×3 天 / 人 =3300 万),因此为巴黎园区打造了服务 3300 万人次的配套设施。然而,实际上每年确实有 1100 万游客前来,但不同于其他园区的 45 个游乐设施,该园区仅有 15 个游乐设施,因此游客们极少有逗留 3 天的，也就难以达到 3300 万人次的客流量了。[8]

如前文所述，企业往往会忽略商业模式的底层假设，从而错过商业模式创新机会。也存在另外一种对商业模式的底层假设视而不见的情况，这不同于上文讲的"一叶障目"，更多是"掩耳盗铃"。

我们可以从一句著名的英文谚语"房间里的大象"（the elephant in the room）来看"视而不见"这个问题。大象往往指代一些难以回避的显著真相或事实，而房间里的大象指的是大家明明知道大象的存在，却依旧保持沉默和维持现状。为什么企业常常看见了商业模式创新的大象却仍然力图维持现状呢？以 IBM 为例。IBM 早在 2008 年就提出了"智慧系列"（例如"智慧城市""智慧地球"的概念），这是远超当时云计算和大数据的发展现状的，而这样一个具有前瞻性和科学性的战略决策背后却局限于为了销售 IBM 自己的机器和配套软件。[9] 在今天看来，IBM 显然早在云计算萌芽之时就发现了这颗明珠，但却拒绝为这颗明珠改变自身的商业模式。

无独有偶，曾经的胶片行业巨头柯达公司陨落的历史也在讲述类似的故事。正如我们在前文提到的，柯达错失了数码相机的发展时机。也许在很多人眼中，柯达的失败是因为没有把握住数字时代的机会，但现实却是柯达完全具备驾驭数字技术创新的潜在能力，除早在 1975 年就发明了第一台数码相机的原型机之外，它在 2001 年就通过收购 Ofoto 涉足了照片共享业务（你几乎可以把 Ofoto 看作是后来的 Instagram 的原型，2012 年 4 月 10 日脸书宣布以 10 亿美元并最终以 7.15 亿将其美元收购）。然而，柯达的创新只是为了吸引更多的人来冲洗数码照片。[10] 柯达并非没有看见数字时代的机遇，但它贪恋于胶片赋予它的地位和荣耀，于是选择了拒绝前行。

但现实就是这样,如果你对房间中的大象视而不见,它终将变成灰犀牛[1]将你碾倒在地并扬长而去。

就此而言,寻找现有商业模式的底层假设并尝试打破它,具有无可替代的意义。正如乔布斯所说:"幻想自己可以改变世界的疯狂的人,才是真正可以改变世界的。"然而,我们的思维是以诸多假设前提或者思维框架为出发点的,这些都会打造我们的"盒子",降低我们的不确定性,同时也会增加我们的束缚,这就需要我们突破思维的边界。

突破商业模式的限制因素

除思维模式框架之外,商业模式也天然具有自限性框架,即每一个商业模式都存在内部的局限性。这种限制也会如行业规则般限制我们的思维和业务扩张,而且我们虽然拥有随时离开赛场的自由,但却会误以为自己必须留在当下商业模式的斗争中。有趣的是,意识到限制的存在常常使我们知道自己与别人相比有多大的力量与潜力,意外的力量也总是伴随着限制的突破而显现。

最显而易见的一种限制因素就是,商业模式有时会存在承受或服务的客户规模的上限。一方面,限制可能来自客户承载力和购买力的局限,比如不具备购买汽车能力的用户在过去只能通过乘坐出租车或公共交通工具出行,熊猫租车等共享汽车的出现打破了这一

---

[1] "灰犀牛"一词源自古根海姆学者奖获得者米歇尔·渥克的《灰犀牛:如何应对大概率危机》。"灰犀牛"往往用于比喻大概率且影响巨大的潜在危机,这种危机在出现警示信号后不加处理就会带来毁灭性的结果。

限制，使更多的客户可以通过远小于购买汽车的成本来满足自身的需求，而企业也可以转向通过使用权赢利的模式；另一方面，限制可能来自目标客户群体的局限性，比如在过去，无人机主要应用在军事领域，承担了重要的侦察、攻击、运输等任务，而大疆将无人机转向商业场景，也应用于农业、新闻、旅游等场景，目标客户群体也得以拓展到所有具有远程拍摄需求的群体。

同时，商业模式也可能会存在源自资源和能力的限制。例如我们在第四章提到的，过去出租车行业对于司机的驾驶能力具有较为严格的要求，比如熟悉城市地图和路况，而优步的出现使得对司机能力的要求降低，释放了次优资源。同理，护肤品行业也具有较高的品牌价值门槛，非国际知名大牌的护肤品往往会面临用户刻板印象的负面影响。近年来"菜鸟和配方师"等护肤品牌的崛起，正是利用与护肤品产业链上游实验室和配方师的联名，获得了消费者的信任，降低了新创护肤品企业对于品牌声誉、配方技术等资源的要求。盒马鲜生这样的新零售模式的出现，也是因为突破了传统零售门店的线下坪效的限制。在传统模式当中，所有交易都发生在门店内的物理场所，这就将以往经营者思考的方向限制在想方设法地对门店的商品陈列方式进行优化；而在新模式下，门店成了交易的起点而不是交易的终点，这样一来，拓展线上交易规模就成为突破线下坪效限制的新的可选项。

当然，也有对于某些条件的依赖性。例如，正如我们在第一章"突破商业模式的'寒武纪'"一节提到的，人类的交易是通过物物交换开始的，后来随着货币的诞生及其交易媒介功能的发挥，人们的交易方式进化成了物钱交换，但交易过程中始终存在一个信任问题，即交易的双方谁先支付或谁先提供商品谁就会承担更大的风险，交易的成功高度依赖于交易双方的道德水平和彼此之间的信任。这个问题在电子商务交易出现的初期依然是存在的。而贝宝及支付宝的出现，即第三方的过渡，极大程度地减少了"信任"问题对线上交易的限制。另一个典型的例子就是传统的书店或者出版社，它们往往依靠小部分的畅销书来赢利，尽管线上书店极大地激发了长尾书籍的价值，但滞销书的存在也不可避免。这就说明书籍的销售仍受限于消费者的关注点和其他因素。上海译文出版社推出了书籍盲盒这一模式，其第一弹将滞销的图书分为"普通盲盒"和"严肃盲盒"两类，在天猫旗舰店中一上市就被抢购一空，随后又推出了第二弹、第三弹盲盒，第三弹盲盒甚至与图书内容无关，是根据其封面的颜色生成了"色彩盲盒"，并对其重新进行了价值设定："文字与情感不止七八种颜色。"对已有商业模式的突破使得图书实现了从"无人问津"到"供不应求"的惊人转变。

　　正是因为客户规模、资源能力、特定条件这些限制因素的存在，现有的商业模式会出现效率上的天花板。但是，"世界上有两种游戏，一种是有限游戏，另一种是无限游戏。有限游戏以取胜为目的，而无限游戏以延续游戏为目的"。[11] 当下的每一个商业模式都一定有自己的限制，你若将企业商业模式视作有限游戏，那么就是在有限的可能性内实现一定程度的优化，就像是既定规则的辩论。但你若将商业模式视作无限游戏，以突破这些限制为目标，就像是掌握语法的语言游戏，那么就可以不断创造出新的可能性和更大的格局。

无边界思考：资源沉淀

在本章"我们为什么会视而不见？商业模式隐藏的底层假设"一节中，我们讲到商业模式是内嵌在行业或者产业发展实践中的，所以企业会产生认知惯性和组织惯性，进而产生对商业模式底层逻辑的认知盲区。因此，企业常常会对商业模式的变革趋势视而不见。这反映了企业商业模式会受到历史沉淀的影响。那么，历史沉淀是否天然地对寻求商业模式创新的企业来说是不利的呢？事实上，商业模式的本质在某种意义上就可以视为将企业在以往发展过程中所发展和沉淀的资源、资产和能力不断地进行变现的过程。如果企业能够将发展过程中积累的资源、资产和能力进行移用和重构，它们反而可以成为企业进行商业模式创新的重要基础。

比较典型的例子是汽车行业的盈利模式自20世纪90年代以来发生了颠覆性的变化。20世纪90年代之前，汽车厂商几乎是依靠制造和销售新车来获得利润。然而，用户在购买新车后需要通过汽车保养商、汽车修理商等不同的企业来满足购车后需求。汽车生产商通过售卖新车积攒的客户资源迅速流向汽车产业链的下游服务商，然后被蚕食利润。于是，以"四位一体"为核心的汽车特许经营模式（即4S店）出现了。4S店商业模式的出现将汽车经销商的业务从整车销售（sale）延展到了零配件（spare parts）、售后服务（service）、信息反馈（survey），把整车销售沉淀的客户资源和客户数据迅速延展到了售后服务环节。在1985年还高达77%的美国汽车经销商新车利润占比，在1995年迅速下降到29%。4S店商业模式被引入中国后，2017年，中国新车销售的毛利润占比仅为

28.5%。[12] 在商业模式创新的驱动下，一些传统汽车制造商逐渐进一步转型成为出行服务商。

从 4S 店的例子中我们可以看到沉淀资源的变现可以带来巨大的潜在价值，甚至改变整个行业的商业模式。那为什么大部分企业无法实现沉淀资源的再变现呢？这其中的难点在于，企业的资源、资产或能力来自企业过去商业模式和业务结构的构建过程，看上去都有其相应的产品或服务。因此，企业很容易在惯性认知的驱使下将这些资源、资产和能力与既定的业务完全关联在一起。换言之，在企业的认知中，这些资源、资产或能力被人为地限定在特定的业务边界里，成为现有业务的从属之物。然而，这些资源、资产或能力实际上可以跨越现有业务领域边界，在其他的一些应用场景中产生更大的价值。此外，而且也非常普遍的情形是，企业在实现价值创造和价值提供的过程中可以围绕交易过程沉淀出很多不被人们关注的"隐性"资产、资源或能力，例如 4S 店例子中门店积累的用户数据、门店物理空间、车辆运输能力等，都是潜在的有价值的资源，都可以作为新商业模式的引爆点和助推器。

因此，企业可以尝试从以下方面审视自身在发展过程中沉淀的资源，不要将这些沉淀资源置于思维盲区：(1) 在企业的持续经营中沉淀了哪些资源、资产或能力？这些资源、资产或能力往往表现为实物资产、注意力或流量、数据、内容、声誉、现金流和空间（如图 10-1 所示）。(2) 这些资源、资产或能力对于谁是有价值的（或者是最有价值的）？这种价值需要从消费者和供应商两个角度共同思考和挖掘。(3) 这些资源、资产或能力可以用来做什么？尤其是除目前的使用方式之外，是否可以支撑企业未实现的新业务或者消费者未被满足的新需求？（4）是否存在着将这些资源、资产或能力组合运用的机会，以产生新的变现方式（创生新的产品、新的服务、新的业务）？

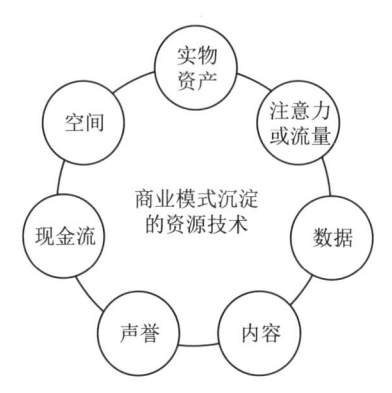

图10-1 商业模式沉淀的资源技术示意图

以这种方式进行思考，企业的资源、资产或能力的运用将会打破以往的思维边界，不仅仅带来业务的延展和盈利结构的变化，也可能产生更多的跨界增长机会。例如，阿里巴巴从电商平台起家，依靠电商沉淀的资源和能力不断扩大商业版图，逐渐转变成一个"数字技术帝国"。其中最有代表性的就是阿里巴巴的"飞天"操作系统，在飞天操作系统的支持下，其在2019年"双十一"实现了54.4万笔/秒的订单流量[13]，电商需求端井喷式的增长拉动了阿里巴巴的云计算技术，而阿里巴巴也借此从营销出生转型为科技为本，用技术和数据的沉淀拓展了新零售、新制造、新金融这些商业新疆域。

每一次商业模式创新都是一场革命

在这一章中,我们讲述了对于现有的商业模式的过度沉迷会让我们难以意识到新的创新机会,甚至在意识到新的机会时没有动机去把握它或者行动过于迟缓,而这种束缚源自商业模式自身的限制、企业的能力锁定与认知的路径依赖性所导致的固化思维框架。因此,商业模式创新者不仅仅是在用创新的商业模式去挑战现有商业模式、重塑产业竞争规则与格局,实际上也是在创新的过程中重塑自身。

对于那些用既有商业模式获得了巨大优势的企业,这种变革就会变得尤其困难。过去我们听音乐需要通过购买磁带、CD 来进行付费,唱片公司牢牢把控着音乐的生产和传播,也将 CD 视为其立身之本。1995 年,弗劳恩霍夫研究院的勃兰登堡及其团队成功研发了 MP3 技术,并提出了"数字点唱机"的构想,但这一构想被唱片公司断然拒绝。而遗憾的是,音乐产业的发展并没有永远停留在唱片时代,盗版音乐的猖獗使得唱片公司遭受到了巨大冲击,另一方面却助长了对 MP3 技术的需求。2000 年以后,随着 iTunes 和 iPod 的推出,音乐产业逐渐被流媒体主导,唱片公司在需求端的话语权也与过去不可同日而语了。[14] 永远不要低估这种未来趋势的力量,企业总是会产生保持现状就可以维持既得利益的错觉,但是正如人们问迈克·坎贝尔为何会破产时他的回答:"刚开始时是慢慢的,而发生却在一瞬间。"[15]

此外,每个企业在商业关系中都不是孤立存在的,它们都会在以往的业务运营中嵌入一个商业生态系统,例如它们会形成自己稳定的供应商体系，会有自己稳定的销售渠道。这就意味着当企业需要做出变化的时候，它们不仅仅需要完成自己的变化，还需要推动所嵌入的生态系统完成相应的调整，而这无疑是非常困难的，至少远大于仅仅完成企业自身的变化。例如，大众汽车集团 CEO 赫伯特·迪斯（Herbert Diess）意识到了变革的必要性，因为特斯拉等公司的崛起正在改变竞争游戏的规则。不过大众汽车在向电动汽车转型的过程中面临巨大的挑战，甚至包括来自集团内部的巨大阻力。在大众汽车已有的业务价值体系中，包含以内燃机和变速箱为基础发展起来的庞大的供应链参与者，它们会担心这场变革对于它们已有的优势和利益产生冲击，工会由于担忧传统汽车产业工人失去原有的工作也对变革持保守态度。以至于迪斯感慨地说，我们是内燃机世界的佼佼者，但在我们称之为 NEW AUTO[①] 的新世界里，等待我们的是之前从未经历过的战争。

然而，有趣的是，这些框架既是一些人的枷锁，也是另外一些人（或者说智者）的阶梯。

埃隆·马斯克说："如果从概率的角度来看待未来，未来的发展就像概率的支流。我们也许可以采取一些行动来加速或减缓一些事情的发生，甚至为未来增加新的东西。但是可持续新能源必然会出现和壮大，即使特斯拉从未存在过。我们只能看着这些必然发生的事情发生或者成为它的一部分。"[16]

马斯克的传奇人生离不开"拥抱变化"这一信念。他在大学时

[①] NEW AUTO 为大众集团于 2021 年 7 月提出的新战略，宣布到 2030 年将转型成为可持续的软件驱动型移动出行服务提供者。——编者注

曾问自己:"什么是人类社会在未来影响最大的5个领域?"答案是人工智能、互联网、太空、基因和可持续能源。因此他创办了贝宝、美国太空探索公司(SpaceX)、特斯拉、太阳城和OpenAI。

也许有人会说,因为乔布斯和马斯克成功了,所以他们认为相信变化并拥抱变革是合理的。但这并不是幸存者的咏叹调,而是勇者的号角。这些创新者信念所蕴含的意义在于,世界通过我们的行为反映出我们的理解,而我们的理解又反映出我们受框架影响的行为所塑造的世界。这也就是说我们在面对不断变化的世界的反身性(reflexivity)[1]。我们要做的就是主动成为变化的一部分,甚至成为变化的起源,如同那些商业模式创新者所信奉的与所奉行的。

但正如我们在前文反复提到的,我们会受限于过去和现有的框架,因此非常关键的就是,我们要用未来引导现下的思考,而不是仅仅用过去和现在来推演未来。并不是所有的未来都是历史趋势的线性延伸,也不是所有的历史规律都会在未来重演。我们身处的世界,一半是由过去塑造的,而另一半则是由现在的努力所创造并在未来显现的。利用未来的想象来引导自己,可以借鉴著名认知心理学者基思·霍利约克(Keith Holyoak)提出的训练方式,即不要问自己"产品或服务是什么样的",多问问自己"它会让我想到什么"和"为什么它可以让我想到这些"。[17] 尝试通过问题来启发自己,可以更容易地转换思考的视角。你如果是汽车产业的,停止问自己

---

[1] 反身性理论最早由社会学家威廉·托马斯(William Thomas)提出,后来乔治·索罗斯(George Soros)在《金融炼金术》中强调,市场并不是理想状态中的理性和有效,而是具有高度不确定性和反身性,投资者会根据自己的认知和预期采取行动,这种行动会改变原有的市场方向,并折射出新的市场形态。

"什么样的车是好车",而可以问自己"车代表了什么",前者或许可以带来品质提升的灵感,而后者可以帮助你开辟一方新的思考天地。

  除了未来引领的思维,驾驭变革也是非常重要的。好的商业模式创新离不开组织变革基因的支撑,二者犹如飞机的发动机与螺旋桨。华为能够在中国乃至世界局势不断变化的情境下快速成长,核心之一就是其组织变革基因的培养。除了日常运营所需的管理制度,华为一直致力于打造能够快速响应变化并调整制度的"变革元制度",组织变革的流程也渐渐融入成了企业文化。这使得华为能够从一个民营代理商发展到现在的全球顶尖国际电信设备供应商,甚至成了中国制造的代名词。[18] 唯有不断打破认知惯性、建立制度化变革基因、构建不断试错和创新的组织文化、用二元性的组织结构来维持效率和创造性的平衡,方能让组织借助想象力的力量向着未来不断前进,直至抵达一片又一片商业新大陆。

第 11 章
商业模式的嵌套设计

商业模式的嵌套性

细心的读者可能已经意识到,我们在阐释商业模式设计框架(基于价值、交易过程、收入流、能力四个维度)时,似乎大多是以业务为分析单元的,探讨的是特定业务情境下商业模式的设计问题。不过在现实当中,很多企业是存在多个业务领域的,那这样的商业模式分析框架是否可以被运用在那些存在多元业务的公司呢?答案是肯定的,因为商业模式的本质构成和内在规则是相通的,不过在企业层,由于分析的层次发生了变化,会相较于业务层出现一些需要思考的新问题,也会为商业模式设计与创新带来新的思考方向和机会。

这一点,我们可以借助一个形象的比喻来理解。所谓不同的层次,实际上都是由系统的可拆解性造成的。系统可以被拆解为模块与模块之间的耦合关系,网络可以被拆解为节点与节点之间的连接。就像我们人类的身体,从细胞到组织,从组织到器官,都代表了不同的层次；我们的人类社会，由个体形成团队，由团队形成组织，由组织形成更大规模的组织，这也代表了不同的层次。每一个更为上层的单元，都是由更为底层的单元构成的，因而会延续一些底层单元的属性；不过在另一方面，也会由于属于更高层次，涌现出一些底层单元所不具备的属性或者未被显著呈现的属性。这种嵌套性的逻辑同样适用于多元业务公司的商业模式设计。如同那些具有神秘感的巨大的"麦田怪圈"（crop circle）它们是因农作物被压平而产生的几何图案，通常只有当你从高空俯瞰的时候才能真正看到全貌。你身处麦田之中的时候，并不会对这些几何图案有清晰的认知，关注点或许是周围倒伏的农作物和视野内的某些线段。

就此而言，当我们针对不同的层面观察和思考商业模式的时候，需要采取一种被称为"嵌套设计"的跨层次思维方式。商业模式设计的目标是给企业创造更多的业务增长机会，以及让这种增长机会有更高的实现效率。这种机会与实现效率的提升，可以来自复制所带来的规模经济与范围经济优势，也可以源自跨单元、跨层次的协同效应。具体而言，我们通常可以从三个方向去探索单一业务层次之上的商业模式设计机会：其一，如何让一个不断被迭代优化的商业模式支撑多个业务的高效率运转？其二，随着数字技术在商业运营中的广泛运用，组织的数字孪生与现实世界的组织之间形成了特定的映射与互动，许多传统意义上发生在线下的业务活动会以某种方式分解以及并存于线上和线下，这已经成为我们这个时代企业运转的常态，那么这种线上与线下的耦合关系对于我们的商业模式设计（尤其是交易过程维度的设计）会产生怎样的影响？其三，商业模式所承载的业务活动天然是跨越组织边界的，甚至越来越多地嵌入一个商业生态系统，这对商业模式设计又会带来怎样的挑战？

要为这些问题找到明确的答案，我们需要跨越业务层次、组织边界去建立新的商业模式设计逻辑。就像人们最初发明了望远镜并将之运用在实践中，这终于可以使我们看到更为遥远的地方，甚至第一次让我们可以用肉眼看到，那些我们曾经无数次仰望天空却从未在视野里出现的遥远星体。这些更高层次的思考逻辑犹如望远镜，能够帮助企业看到更远的商业思考边界，从而有更多的可能去释放商业模式创新的力量，创生更大的商业价值和更大的增长机会。

DNA 复制

生物的生存与发展离不开遗传与变异，其核心是以 DNA 为模板进行基因的复制和传递从而实现种群扩张。DNA 之所以强大，是因为它能够以极低的成本、不易察觉的方式，以及极高的效率实现大规模复制。同理，站在系统性的角度思考，一种商业模式若能够以类似 DNA 的方式进行复制传播，也能够达到不可估量的效果。管理学大师彼得·德鲁克曾说，"当今企业之间的竞争，或许不是产品之间的竞争，而是商业模式之间的竞争"。商业模式强大的部分原因是它具有被高效率复制的潜力。一方面，由于商业模式的建立需要相对较长的时间以及存在大量的试错机会，复制可以大大降低企业探索商业模式的成本；与此同时，商业模式的复制也为企业的业务规模扩张带来新的可能，可以帮助企业在短时间内捕捉一些市场需求的增量。另一方面，复制意味着范围经济与协同效应，在获得成本优势的同时，增加商业模式底层能力的复用迭代机会，进而形成促进整体业务发展的正向循环。典型的例子包括沃尔玛、家乐福，以及美国医药零售行业巨头沃尔格林（Walgreens）。[1]这家有着104年历史的连锁企业是美国令人印象极为深刻的企业之一，在过去30年里，沃尔格林是除沃尔玛以外唯一一家每年销售额和收入都有增长的《财富》世界500强公司。虽然药店零售是一个商品化的、低利润的行业，但沃尔格林找到了正确的模式实现业务扩张。首先，沃尔格林对店铺的选址进行了正确规划，选择在老年人较多、交通流量较大的位置开店。1995—2005年间，沃尔格林新开的3600家门店中，只有两家因为业绩不佳而关闭。其次，沃尔格林不断提高经营效率、压低成本以形成规模优势。1991年，沃尔格林启动了一项耗资6000万美元的计划，对整个供应链进行全面检修。2004年，沃尔格林将库存天数从68天减少到41天。此外，沃尔格林在吸引客户方面具有独特经验。通过将店铺迁移至顾客能够多方向进出的拐角位置，并允许顾客开车进店买药，沃尔格林致力于带给顾客方便舒适的购物体验并形成了良好的市场口碑。基于以上理念，沃尔格林将其药店在全美快速复制扩张，1975—2000年间以超过市场平均水平15倍的累计股票收益率，轻松打败了通用电气、默克、可口可乐和英特尔公司等强劲对手，从一个默默无闻的公司，成为业绩卓著、引人瞩目的公司。

然而，并不是所有商业模式都能够有效地被成功复制，成功复制的背后存在一些必要的前提条件。

第一，商业模式本身需要被证明成功、有生命力，且已形成结构化的最佳实践。当一个商业模式背后的元素、逻辑、打法都已明确并在市场竞争中得到充分的验证时，我们才能够将其作为一个好"底板"或者说模板以实现高效复制。而这当中最为核心的就是"结构化的最佳实践"。一个典型的例子是龙湖地产。对商业地产来说，准确定位目标消费者并为其提供所需要的价值是成功的关键。龙湖地产能够以较快的速度扩张至各个城市并在整个行业中处于领先地位，正得益于其在捕捉消费者价值点方面有一个好的"底板"。以"天街"为主品牌的龙湖地产意识到年轻一代对商场需求的变化以及对"有品位、轻时尚"等品质生活的渴望，将消费群体主要定位于作为"消费主力"的70后、80后以及将在未来释放出较大需求的90后，并紧紧围绕这两大类消费群体进行价值设计。在招商过程中，龙湖地产重视市场信息，引入众多目标受众青睐的年轻、时尚品牌；在后续运营中，对那些与消费者需求不匹配的企业，龙湖地产会提出优化方案，甚至会选择缩小门店或终止合作；同时，为了更好地赋予消费者以感知价值，在建筑设计时龙湖地产就预留了大量的空间用于其IP活动的开展，旨在丰富消费者的购物体验。[2] 截至2021年年底，龙湖地产的61家开业商场已覆盖北京、上海、杭州、重庆、成都、西安、苏州、合肥、南京、常州等多个核心城市，为其带来超6.8亿人次的年客流量。[3]

　　第二，商业模式的复制需要解决隐性知识的转移问题。商业模式复制从表面上看是标准化的推广过程，实则是其背后复杂知识的拷贝过程，包括制度、流程等相关的显性知识以及需要言传身教、潜移默化来转移的隐性知识。其中，隐性知识被有效传递转移的难度更大，却对商业模式复制的成功起着关键作用。因为商业模式的复制不仅需要复制商业模式本身，更需要复制商业模式背后蕴含的隐性知识，这样才能够保证商业模式被正确地理解、复制与应用。一个著名案例是丰田生产体系的复制与扩散。经过20多年的探索和完善，丰田公司形成了包括经营理念、生产组织、物流控制、质量管理、成本控制、库存管理、现场管理等在内的完整生产管理技术与方法体系，在全球产生重大影响。[4]但有趣的是，虽然关于丰田生产体系的书籍、文章极其丰富，真正想要学习丰田生产体系的企业却都希望雇用在丰田工作过多年的员工来对其进行指导，这正是因为其背后蕴含着丰富的隐性知识。例如，丰田作为一个在快周期模式下经营的公司，需要依靠综合系统以及独特的运营架构以最大可能利用时间为客户提供价值。然而，不论是围绕小型、自我管理、多功能的团队组织工作，还是对单个运营活动以及整个交付系统进行时间跟踪，或是在组织中建立学习循环以实现信息、知识的有效传递，这些最具有价值的组织实践往往由亲身经历的人言传身教方能取得理想的效果。[5]

第三，商业模式的有效复制需要考虑文化迁移问题。商业模式作为企业业务和管理运营的底层架构，会把所有人都纳入其中，因而每个商业模式的背后都暗含文化的作用，甚至在一些情况下商业模式的复制效率取决于文化的兼容性，这也导致商业模式的复制比较困难。一个例子是丰田在美国开设工厂时所面临的阻碍。一直以来，日本丰田以永不止步的方式通过成本工程生产汽车，创造了美国底特律可以追逐但无法匹敌的效率。同时，丰田秉持持续改进的理念重新思考制造每一款车型的数千个生产步骤，这让其得以不断削减材料成本、生产时间，并构建了严谨、精密的生产体系。为进一步打破美国市场消费者对自身品牌的偏见，丰田在西弗吉尼亚州到密苏里州等经济不景气的地区投资建立汽车生产工厂,受到了当地政府与民众的欢迎。然而由于文化差异,丰田在构建美国本土供应链、雇用员工、工作方式等方面均面临不小的挑战。一方面,丰田对于供应商品质、效率的严格要求以及对浪费的厌恶使得当地供应商经常面临攻击和挫折,而且每日高强度的工作也让当地员工感到不适。此外,丰田没有像其他美国企业一样设立工会,也导致其遭受攻击与质疑。另一方面,丰田在当地人心中呈现为"固执、顽强、永不快乐、永不满足"的形象,这种根深蒂固的印象需要大量时间消除。[6] 对丰田在日本、美国、亚洲等国家和地区的 40 多个工厂进行进一步探究可以发现,其中只有一部分工厂按照丰田的生产体系运行,而另外一部分则没有,且日本本土的工厂与海外工厂在生产能力上也有所差距。例如,位于日本境内的田原工厂是丰田的"黄金工厂",年生产能力为 51 万辆,被称为"全世界最有效的工厂";而位于印度班加罗尔郊区的工厂年生产能力为 31 万辆。[7]

第四,商业模式跨业务领域和跨地域的复制,还需要解决业务性质与商业环境的兼容性问题。例如麦当劳"店铺租金 + 特许经营加盟"的商业模式很长时间里在中国市场无法被有效地复制,尽管其餐厅经营体系已完整地搬到了中国。在美国,麦当劳通常采取自建连锁店或把店铺以低价长期租赁下来再出租给加盟商的方式[8],从而获得相当于 10% 销售额的租金收入,以及通过特许经营加盟收取的约占销售额 4% 的收益。因此,麦当劳在美国市场的收入中,有 25% 来自直营店,其余 75% 均来自加盟店(其中 90% 来自店铺租金收入)。而中国市场难以复制的原因在于,麦当劳认为中国关于特许加盟的法律法规不够健全,经营环境尚不成熟,对于保密协议之类的合同是否能够有效地防止商业机密的外泄也存在一定的担忧。实际上，除了中国市场，麦当劳在日本市场也以直营店作为主要经营方式。

若满足以上前提，一个成功的商业模式则有机会通过以下方式实现高效复制：跨地域、跨业务领域，以及跨产品或客群。在跨地域复制方面，企业可以利用地域差异获得商业模式红利。一个典型的例子是亚马逊与当当网。作为电子商务领域最早采用B2C商业模式并获得成功的企业，亚马逊构建的电子商务平台具有低成本、大容量、可捕捉长尾需求等优点。但亚马逊主要面向美国市场，这给了中国企业在中国市场复制其商业模式并取得成功的机会，成功案例包括最早复制亚马逊模式的当当网以及后来的卓越网。当当网与卓越网的出现使得亚马逊在意识到中国市场潜力并希望进入时已丧失先机，而之后的淘宝网则通过商业模式复制成功地构建了本地化的竞争优势。在跨业务领域复制方面，企业可以发挥商业模式的共通性为同一批客户提供多元化产品。例如，阿里巴巴从电子商务进入支付、交通、本地生活等多个业务领域，其背后是共通的数据赋能。类似的是，腾讯借助社区黏性与流量向新闻门户、网络游戏、门户搜索、在线支付等多方向渗透，对商业模式进行充分整合与扩展，成为无可撼动的互联网巨头。同样，苹果基于iOS、macOS等核心操作系统与不同硬件结合，开发出iPhone、Mac、iPad、Apple Watch、AirPods等不同系列的电子消费产品。虽然产品种类以及应用场景各不相同，但它们都利用相似的产品发布会以及相似的营销与运作模式进行推广，形成矩阵效应。在跨产品或客群复制方面，企业可以将商业模式的覆盖范围扩展到高端至低端的不同群体，或基于同样的商业模式为不同客户提供不同产品。山东凯瑞餐饮集团是一家在山东省具有很高知名度和影响力的餐饮企业，旗下店面在大街小巷随处可见，并已经作为鲁菜菜系的代表走向了全国。从面向高端宴请的"泉客厅"和"贵满楼"到面向旅游街区的小吃快餐"牌坊裡"，从面向商务区白领的"味想家"到面向社区街坊的"长安巷"，从捕捉消费者对菜系的多元化需求的"城南往事"和"高第街56号餐厅"到面向各个家庭所推出的半成品和预制菜，山东凯瑞集团旗下的品牌覆盖了各年龄段、各收入阶层的客群，并在新冠肺炎疫情期间推出烤鸭、轻食等外卖套餐，把握机遇将线下餐饮进一步拓展至线上新零售。品牌线的不断扩展在一定程度上得益于该集团所持有的中央厨房和冷链物流等基础性业务，基于中央厨房的商业模式设计是其能够以高效率和低成本实现跨客群复制的秘诀。

尽管从商业实践的角度来看，商业模式的复制比较常见，但其蕴含的底层逻辑与前提条件需要深入思考与评估。此外，一个值得注意的补充思考点是，好的商业模式应当"对内可复制，对外有壁垒"。否则，一个复制壁垒较低的商业模式也可能会面临出现大量模仿者的风险，从而降低商业模式创新者本来可以通过模式可复制性获得的业务增长机会。

从O2O到元宇宙

O2O是互联网时代的最大影响趋势之一，指的是将线下业务环节与互联网进行结合。只要从价值到收入的交易链条中同时包含线上与线下部分，该种商业模式就可称为O2O。一个对O2O很典型的比喻是"砖块加鼠标，或鼠标加水泥"（clicks and mortar），即传统商业模式（面对面与顾客建立联系）与互联网商业模式（通过互联网技术手段与顾客建立联系）的结合。自2013年高速发展以来，O2O已成为这个时代冲击最大、影响最广泛的商业模式表现形式之一。

O2O之所以影响广泛，是因为其本质是关注业务运营是否形成完整闭环，从而提升用户价值与用户体验。它代表了一种新的商业模式思考方向，即构建更大的场景覆盖与融合模式。例如，不论是美团外卖，还是专注于快递物流的"速递易"、专注于高端餐厅排位的"美味不用等"，都是将碎片化、不易展示的线下服务或体验与互联网无边界、海量用户、数据赋能等优势结合，在降低信息不对称性的同时提升交易效率。

然而，从现实角度而言，O2O的商业模式也需要进行整合式设计，否则可能出现线上与线下互相竞争、替代甚至冲突的局面，丧失线上线下融合想要实现的"1+1＞2"的效果。O2O模式要有效运转，核心在于保证线上与线下能够避免冲突，而这将需要通过并行错位或互补这两种方式来实现。一方面，线上与线下可以采用相同的交易流程但涵盖不同产品、服务或客群，从而实现并行错位。例如，宝岛眼镜作为中国最大的眼镜连锁机构，在线上提供眼镜售卖、线下提供专业的配镜服务，大大提升了用户体验与交易价值。另一方面，线上线下可以共同构建交易过程的拼接，使得交易过程的每个环节都选择最合适的方式来完成从而实现互补。比如，餐厅可以利用小程序等形式提供线上排位、线上点菜等服务方便客户线下就餐，电影院可以支持线上选片、场次和座位预订等服务以节约用户线下体验的非必要时间，通过互补衔接实现线上线下的融合。

随着区块链、VR（虚拟现实）等新技术的发展，技术影响的不只是现实生活，而且让虚拟体验也成为可能——元宇宙的火爆为商业模式设计带来新的机遇。这一次不再只是现实生活中线上交易与线下服务的融合，而且是真实世界与虚拟世界体验的相互对话。如果说O2O商业模式的思考对象主要是经营活动的实现，元宇宙的思考核心则更进一步，是人。越来越多的虚拟世界围绕人的体验展开，例如，基于VR技术开展培训的初创公司Strivr，通过VR技术为客户提供接近真实的学习环境以及沉浸式学习体验，帮助企业减少培训次数，缩短员工熟悉业务的时间；故宫AR文旅展将人脸、手势识别和体感进行交互，使参与者可以自由获取信息，实现沉浸式参观；而Meta公司推出元宇宙平台Horizon Worlds，支持用户以建造者身份进入虚拟空间并得到真实的合作与分享体验，获得以协同方式创造发展虚拟世界的新体验。[9] 在此背景下，虚拟体验的存在不仅仅是为了解决现实商业问题，更可以与文化、历史、记忆等结合，成为更具人文属性与社会价值的载体。

尤其值得指出的是，目前人们在元宇宙中的体验，本质上仍然是用在真实世界中的经验去评价虚拟世界中的体验。随着元宇宙的进化及其在我们的生活甚至工作中的更大渗透，虚拟世界与真实世界之间的界限会变得越来越模糊。就此而言，我们在虚拟世界中所得到的体验，将成为理解真实世界体验的一部分，或者说成为我们体验中被认为是"真实"的一部分。因为本质上，人类是在用自己的感官体验来构建自己所理解的世界，我们的体验会成为我们的记忆，而我们的记忆将会建构我们所理解的世界。新的价值将被创造、释放，并作为商业模式的起点带来商业重构。

从 O2O 到元宇宙，"以客户价值与用户体验为核心、以技术手段构建交易与服务闭环"的思考方向为商业模式设计带来了更多创新的机遇。虽然它们都涉及线上与线下的融合，但元宇宙仍然存在一些特别之处。从商业模式设计的视角而言，在从 O2O 到元宇宙的扩展中，有如下三个需要思考的趋势：其一，越来越多地让顾客参与到价值的创造过程中（价值共创），并且价值提供者与价值的需求者（使用者）可以在交易流程的长链条上进行多点以及多重的交互。例如，"元宇宙第一股"美国在线游戏创作平台 Roblox 以多元价值共创为机制，为用户创建了集虚拟身份、社交互动、游戏基础设施、电子游戏发行以及沉浸式数字内容体验为一体的虚拟世界。一方面，Roblox 为用户提供开发引擎（Roblox Studio），包括素材库、数据分析等丰富的创作工具，允许用户在平台制作并发布游戏内容，这使得用户可以通过玩家与开发者两种视角来增强游戏体验；另一方面，Roblox 兼容多种平台，允许用户通过电脑、Xbox One、VR 设备等随时随地加入游戏，同时允许用户生成身份并定制角色，这使得用户不仅可以每天更改角色的虚拟形象，还可以通过聊天、私信、群组等功能结交朋友。Roblox 将游戏从开发到体验的全链条开放给用户，使得平台价值能够以更交互、更沉浸的方式进行传递。2022 年第二季度，Roblox 平台日活跃用户数达 5220 万，用户使用平台的总时长达 113 小时，同时对不同年龄阶层用户的吸引力持续提升。[10] 其二，在价值定义中，价值的需求者可拥有更大的影响力，并推动整个交易链条从推式（push mode）

向拉式（pull mode）转换；这种变化事实上并不是一个全新的现象，在丰田公司建立起基于精益生产的丰田生产体系的时候，已经在生产的环节将整个生产过程从推式向拉式进行转换，也就是依据需求订单的输入来决定整个生产流的节奏，从而实现向零库存目标逼近，提升生产效率与降低生产成本。而在从 O2O 向元宇宙发展的过程中，这种推式向拉式的转换，将会扩展到涵盖价值创造、价值提供和价值获取的整个过程。其三，在交易过程中的设计上，价值提供对响应与交互的效率与质量提出了更高要求，而这并不仅仅是一个纯粹的技术问题，或者说并不是一个单纯由技术来解决的问题。例如，联盟工作室（Alliance Studio）建立了 3D 虚拟现实商城，用户不仅可以在其中体验商城导航并浏览商店和产品，还可以基于支付网关在线下单，从而同时拥有网上购物的便捷以及实体店购物的真实感知。新模式的诞生不仅依赖于技术支持，更源自对消费者真实体验与需求的全面洞察和呈现，这样才能为消费者带来与众不同的全新价值源泉。

不论是 O2O 还是元宇宙，其魅力都在于将有限场景、有限感知的商业变得电子化、无限化，在提升交易效率与质量的同时改善个性化服务体验，这为商业模式设计带来了更多可能性。

商业生态系统

1993 年，美国著名经济学家穆尔（Moore）在《哈佛商业评论》上发表《捕食者与猎物：竞争的新生态》（Predators and prey: a new ecology of competition）一文，首次提出了"商业生态系统"

(business ecosystem）概念。[11] 商业生态系统指的是"以相互作用的组织和个体为基础的经济群落"，这些组织和个体通过互利共存、互赖共生的方式共同维持、促进商业生态系统的延续与发展。商业生态系统思想的出现改变了以往以内部能力为核心的企业竞争思维模式。对于建立了一定统治力的公司而言，它们往往会尝试建立起更为庞大的商业生态系统，以增强企业在市场竞争中所拥有的力量。例如，欧洲空中客车公司为了和美国波音、麦道公司竞争，建立了自己独特的供应商与合作伙伴网络，其小型飞机 A300 与 A310 宽体客机的机身、机翼、尾翼生产以及客机总装分布于法国、英国、德国、瑞士四个国家。[12] 通过商业生态系统，欧洲空中客车公司得以拥有并调动远超出其公司和组织边界的资源，借助系统的力量获得竞争优势，并成功成为波音公司不可小觑的竞争对手。

从商业生态系统的视角出发，一个顶层的商业模式设计思考逻辑是，商业模式创新者需要重视商业生态系统与商业模式之间的交互影响。一方面，商业模式创新者在设计商业模式的时候，需要考虑这个商业模式所需要的参与者、资源以及这些参与者之间的相互关系，由此评估目前的市场中是否已经具备商业生态系统的基本要素，以及这些已有的条件是否足以支撑所构造的新商业模式。另一方面，在商业模式的迭代演化过程中，商业模式创新者需要摸索采取怎样的治理规则和策略来吸引更多的参与者和资源加入已有的商业生态系统，因为此时更为成熟的商业生态系统将会增强商业模式的持续生存与发展能力。

近 40 年来，商业生态系统被一次次证明可以成为商业模式创新者获得超常规增长的重要基石。以小米公司为例。在 2019 年《财富》世界500强的企业榜单中，小米位列第468，成为最为年轻的入榜公司，是继京东、阿里巴巴、腾讯之后第4家登榜的中国互联网企业，也是全球第7家登榜的互联网企业。也就是说，成立于2010年4月的小米公司，仅用9年时间就成功上榜，而京东、阿里巴巴、腾讯、华为分别耗时18年、18年、14年和23年。小米的奇迹式增长与其不同于亚马逊、苹果的商业生态系统有关。在小米的生态系统中，小米同时扮演"新创企业投资者+生态系统构建者"的角色。一方面，小米将自己定位为生态系统企业，与数百家连接小米平台的硬件和软件企业合作，并通过互补产品和服务巩固其核心的智能手机业务。另一方面，小米在整个产品组合中执行一致的品牌和质量标准，聚集了一个世界级的工业设计师团队帮助其投资的初创企业研发符合小米形象与标准的产品，并积极参与技术开发、产品设计、供应链、制造、营销和销售等多个环节。通过在风险投资中持有少量股权，小米在为新创企业的业务提供支持的同时也激励它们不断创新，从而为自身和整个生态系统创造价值。虽然小米生态系统中的很多业务并不属于其核心业务——智能手机，但却以互补、互助、互惠的方式形成了旺盛的生命力，这也是其快速增长的原因。[13]

基于MIUI系统对资源、数据和场景进行整合，不断打造完整商业闭环，通过系统级赋能促进生态参与者与自己共同成长，充分体现了商业生态系统中分工、集聚、协同、竞合所带来的溢出效应和倍增效应。商业生态系统的特点在于，大量的多样化参与者之间能够通过自发的竞争与协同，共同促进生产效率的提升，增强整个商业生态系统的稳定性并有效地激发创新。并且，一些技术创新的出现可以导致商业生态系统发生结构性变化，使得商业生态系统更易于发生自我反馈式演化，变得多样化、丰富化。一个典型的例子是全球第四大晶圆厂半导体公司联发科技股份有限公司（MediaTek. Inc，简称联发科）推出的系统级芯片（system on chip，SoC）在中国市场的成功以及对智能手机发展趋势的改变。联发科提供的"一站式解决方案"（turnkey solution）将手机芯片和手机软件平台预先整合到一起，允许手机厂商只需在此基础上稍微进行一些开发即可出货，不仅极大地降低了手机厂商的产品开发门槛与开发成本，也大大提升了产品开发效率，缩短了产品开发周期，并引发了手机产业的模块化裂变，直接催生了"山寨机"的繁荣。从商业模式设计来看，联发科打破了当时主流厂商倡导的规模经济模式（品种少、批量大），而是偏向范围经济（品种多、批量小），将智能手机的发展推入新的局面。全球市场研究公司 Counterpoint 公布的数据显示，至 2021 年第四季度，联发科已连续六个季度占据全球手机芯片销量第一的位置。[14] 数据统计机构 CINNO Research 的数据显示，2021 年联发科成为中国智能手机 SoC 市场销售冠军。[15]

正是由于商业模式创新与商业生态系统之间存在着极其密切的关联，商业模式之间的竞争，在大多数时候都会演变成商业生态系统之间的竞争。换言之，不论是新的商业模式与现有商业模式之间的竞争，还是新兴商业领域多个新兴商业模式之间的竞争，那些商业模式创新者的命运不仅仅取决于他们自身是否足够强大，还取决于他们在加速商业生态系统的形成上是否做得足够有效率。在构建商业模式所嵌入的商业生态系统时，商业模式创新者需要不断地审视如下问题：第一，现有的商业生态系统是否拥有充分的多样性与丰富性？第二，由现有的商业生态系统参与者所形成的资源池（也被称为互补性资产）是否可以带来协同效应？第三，商业生态系统内部是否形成了合理的收益分享规则，也就是是否可以让生态系统参与者共同分享增长带来的收益？第四，与相互竞争的商业模式相比，是否更快地进入了具有自我强化的正反馈效应？

已经成功地建立起商业生态系统的商业模式创新者，作为整个商业生态系统的主导企业，除了需要思考上述问题，还有两个新的挑战。首先，当这些系统主导企业拥有足够强大的力量的时候，它们会不可抑制地产生"收割"生态系统以获得更高的收益水平的冲动。这一点与商业生态系统塑造初期是完全不同的，早期的主导企业由于自身力量的相对不足以及对生态系统多样性与丰富性的迫切需要，对生态系统的态度更倾向于合作。一旦它们变得越来越强大，拥有了越来越强的控制能力和议价能力，利用控制和议价能力来增加自身在利益分割中份额的倾向就会开始出现。更为重要的是，这类主导企业在以往的发展历程中，在内部通常会形成非常强烈的结果导向行为特征和文化（这也是这类企业能够在商业模式竞争中拥有很强竞争力的原因之一），股东以及资本市场也会对企业施加压力，要求其不断提供业绩增量，最终导致收割生态系统的行为出现。毕竟，与不断提升自身运营效率和不断寻求新的业务增长机会相比，收割策略具有更强的可控性以及可以更快地实现业绩指标的"漂亮展现"。然而遗憾的是，"当你凝视深渊时，深渊也在凝视你"。这种收割策略将不可避免地削弱商业生态系统的内在凝聚力和整体性，甚至会导致系统缓慢却不可逆转地崩坏。因此，如何克制对商业生态系统过度收割的冲动，如何合理地运用自身的控制能力，就成为考验商业生态系统主导企业智慧的一项挑战。对于那些强大的平台企业尤为如此。

其次，任何强大的商业生态系统，都不可避免地会随时间而面临来自创新者的挑战。事实上，在商业竞争中，最为强大的地方往往也会最终成为最薄弱的地方。虽然商业生态系统给予那些商业模式创新者以强大的竞争力量，然而当新的市场趋势带来巨大的变革，当新的商业模式开始发起挑战，已有的商业生态系统有可能会成为那些主导企业的负累，因为它们如果想要做出应对性的变化，所要改变的不仅仅是自身，还需要推动整个商业生态系统的更新。这也是为什么我们会把这种问题称为"被商业生态系统锁定"。

跨域商业逻辑重构

许多借助商业模式创新成长起来的公司，业务领域边界在最初是比较清晰的。然而，由于商业模式具有天然的跨产品、跨客群、跨地域的复制和延展属性，这些公司的业务就会不断拓展，而且拓展的方向不仅仅是横向复制，还会沿着产业链进行纵向拓展。在此过程中，企业必然会对它们商业模式的内在商业逻辑进行重构。所谓的商业逻辑重构，就是重新定义企业内部业务板块之间的整体性逻辑、公司商业版图的边界，以及如何在这些业务板块的价值创造、价值提供与价值获取上形成一个逻辑上的闭环。

阿里巴巴在拓展企业商业版图的过程中对于商业逻辑的重新构造就是一个典型的例子。在 2014 年之前，阿里巴巴一直被人们定义为电子商务公司，作为一个巨大的平台企业，为庞大的以中小企业为主的卖家和以个人消费者为主的买家提供电子交易所需要的基础设施与服务。2014年3月，马云在一次演讲中说道："人类正从IT时代走向DT（数据处理技术）时代。"在那之后，我们可以看到阿里巴巴在业务版图上发生了一些明显的变化。2014年，阿里巴巴集团与银泰成立合资企业，在中国发展O2O业务，同年完成对数字地图公司高德的投资；2015年，阿里巴巴集团推出钉钉，为现代企业和组织提供了工作、分享和协同的新方式；2016年，盒马鲜生第一家门店开业，阿里巴巴还取得中国领先线上视频平台优酷控股权；2017年，阿里巴巴集团增持菜鸟网络股份至51%，成为控股股东；2018年阿里巴巴收购中国领先的即时配送及本地生活服务平台饿了么。[16]这一系列的业务版图拓展都意味着，阿里巴巴在重新定义自己的商业版图时，已经不再局限于传统意义上的电子商务公司，而是力图在数据、计算、商业应用场景上构建一个具有闭环逻辑的、以大数据集成服务为基础的、以商业应用为核心的超级商业平台。这也意味着阿里巴巴在各个业务板块中构建和表述的商业模式，与其在整个商业系统层次的商业模式，在层次和商业逻辑上都不同了。我们可以把这样的商业模式演化称为"跨域商业逻辑重构"。

这种商业逻辑的重构大多发生在已经在整个商业生态系统中建立起商业统治力的主导企业，也就是那些处于商业生态系统的核心地位并且在资源配置、利益分配和用户行为上具有强大的支配能力与控制能力的企业中。这一方面是因为商业模式与商业生态系统本身都具有显著的跨域拓展能力，另一方面也是因为商业统治力建立的基础都具有跨越行业边界的显著特性，只有这样才能帮助这些企业在所在的整个价值体系或商业生态系统中构建起强大的支配与控制能力。由此所带来的一个巨大变化就是我们已经很难用传统的方式来定义这些公司的业务边界。在以往的时代，那些不断成长的大公司通常是以产品、业务、行业来定义其边界，并且借助产品、服务以及独占性的技术来建立自身在产业内的竞争优势。具备商业统治力的公司，将会重新定义自身的竞争范围和力量，而不会再囿于传统的产业定义方式，它们的目标将是星辰大海。

这些来自不同产业领域的大公司，终将汇聚在一个新的竞争战场。它们包括如亚马逊、特斯拉、华为、阿里巴巴、腾讯、脸书、谷歌等一系列起源于不同业务领域的企业，还必将包括那些在未来崛起的新型公司。

这将是一个新的时代，一个由商业统治力定义的新时代。在这个新的时代，我们将会见证史诗般的巨型战场被不断拓展。那些拥有商业统治力的公司，会在这个战场中开启跨越地域、跨越产业边界的激烈竞争，并且从公司与公司之间的竞争转向价值体系与价值体系、商业生态系统与商业生态系统之间的竞争。

这，也是正在发生的未来。

在这个商业模式级的超级竞争舞台上，唯有创新者才能生存。每一代创新者都会开启新的浪潮，并终将被下一代创新者取代。唯有创新的精神，会一直存在下去。

第 12 章

商业模式设计实践方法论

本章旨在帮助实践者建立商业模式设计的整体认知框架，并为其提供一个可以落地的方法论。这个实践框架的背后，蕴含了我们在本书前述章节所阐述的商业模式本质与底层逻辑。

　　基于对本书前面章节内容的梳理和串联，我们可以将商业模式设计的完整过程拆解为位于 4 个层次的 10 个关键步骤，如图 12-1 所示。具体而言，在诊断层次中，我们需要完成需求趋势的洞察，并对行业普遍接受的商业模式进行战略性反思，在此基础上对本企业现有的商业模式做出诊断性分析；在优化层次中，我们需要依据诊断结果对商业模式的三个核心要素——价值、交易过程和收入流分别进行优化设计；在评估层次中，我们则需要评估重新优化设计后的商业模式在能力匹配性和竞争力两个维度的表现，并探索未来可以持续改进的方向；最后，在拓展层次，我们主要关注商业模式实现跨层、跨边界优化以及迭代优化的逻辑和方式。在本章接下来的部分，我们分别对实施 10 个步骤时应当考虑的关键点做了详细说明，包括在每一个步骤中需要依次完成哪些环节，在每一环节需要对应思考哪些问题，以及有哪些可供使用的工具等。

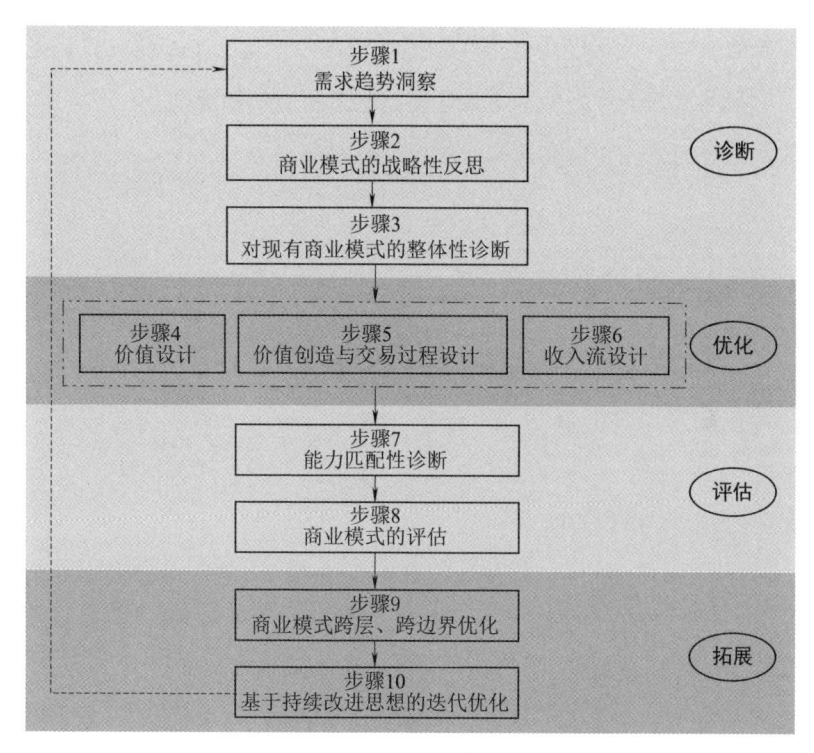

```
步骤1
需求趋势洞察
     ↓
步骤2
商业模式的战略性反思       诊断
     ↓
步骤3
对现有商业模式的整体性诊断
─────────────────────────
步骤4        步骤5          步骤6
价值设计  价值创造与交易过程设计  收入流设计    优化
─────────────────────────
步骤7
能力匹配性诊断
     ↓                    评估
步骤8
商业模式的评估
─────────────────────────
步骤9
商业模式跨层、跨边界优化
     ↓                    拓展
步骤10
基于持续改进思想的迭代优化
```

图 12-1　商业模式设计的 4 个层次及 10 个关键步骤

需要指出的是，商业模式的设计与创新并不是一个一蹴而就、一劳永逸的游戏，而是需要不断地探索、尝试与迭代，而在此过程中，系统、结构化的思考是最为关键的。在我们所提出的实践框架中，4 个层次、10 个关键步骤形成了一个结构化的闭环。在每个步骤中，我们都给出了一些可以选择运用的工具，不过这些工具本身并不是最为关键的，因为这些工具可以依据企业自身的需要进行替换或改变；相比之下，那些需要商业模式创新者思考的问题，以及这些问题背后包含的底层逻辑，才是最为重要的部分。事实上，所有的管理方法，其具体的步骤和所运用的工具固然很重要，但最为核心的价值来自其背后的思考逻辑和运用规则，具体的步骤和工具只是为了帮助实践者更好地理解和运用这些思考逻辑和规则。

让我们就此开启商业模式创新的旅程吧！

步骤1：需求趋势洞察

价值设计在商业模式设计中占据中心地位，因此，商业模式设计将以需求趋势的洞察作为起点。在该步骤中，需依次完成用户识别、需求识别、用户与需求匹配、需求趋势洞察四个环节。

- **环节一：用户识别**

我们所面向的用户群体可以分为三类：第一类为当前用户；第二类为潜在用户，即对我们提供的价值感兴趣并且愿意为此付费的用户；第三类为可拓展的用户，即那些有希望对我们提供的价值产生兴趣进而成为目标受众的用户。在进行价值设计时，应综合考虑这三类用户的需求。

- **环节二：需求识别**

在用户识别的基础上，我们可以定位用户群体的整体需求，包括当下需求和未来需求。具体而言，两类需求分别对应这样两个需要回答的问题：用户现在所关注的价值点主要是什么？用户的需求正在发生哪些变化趋势？

- **环节三：用户与需求匹配**

接下来，将对用户与需求进行精细化匹配。首先，依据用户在偏好、性能要求、支付能力等方面存在的差异将其进一步细分为用户群组。然后，在此基础上定义每一个用户群组的需求特征，实现需求的定制化。

● **环节四：需求趋势洞察**

这一环节的主要任务为确定价值设计的方向。用户群体的部分需求可能已经被我们或是我们的竞争企业满足，我们仍可以捕捉的需求和机会则分为以下两种类型：一类是当前未被满足的需求；另一类则是所处行业或市场中的底层逻辑或者说"不变的趋势"。以瞬息万变的零售业为例，"不变的趋势"可能包括：无限选择、最低价格、快速配送。正如亚马逊创始人杰夫·贝佐斯所言："我们知道现在在上面投入的精力，会在 10 年里和 10 年后不断地让我们获益。当你发现了一件对的事情，甚至 10 年后依然如一，那么它就值得你倾注大量的精力。"

至此，我们便完成了需求趋势洞察这一步骤，各环节的关键点如图 12-2 所示。

此步骤有三种可供使用的工具，这些工具可以应用于需求识别和趋势洞察的过程。

（1）领先用户方法（lead user approach）：领先用户方法由埃里克·冯·希普尔（Eric von Hippel）提出，现已被广泛应用于产品开发和创新过程。如果某用户现在持有的强烈需求会在未来变成市场的主导需求，则他可以被定义为领先用户。领先用户相较于普通用户，其独特作用体现在可以帮助企业洞察未来需求，提供有价值的产品概念和可行的解决方案等方面。该方法的主要步骤包括趋势确认、领先用户识别、领先用户参与创新、对领先用户感知和偏好的校验。[1]

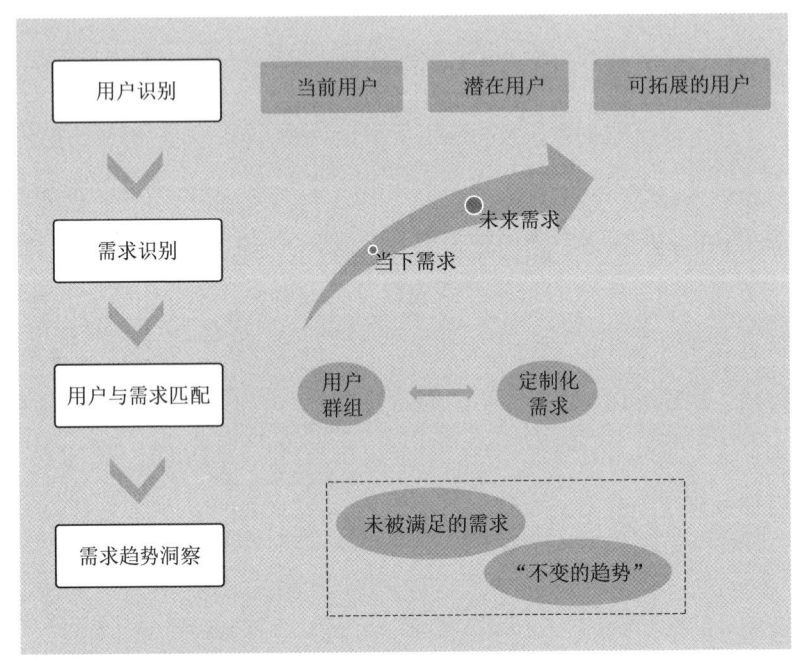

图 12-2　需求趋势洞察

（2）**焦点小组访谈（focus group）**：基于划分的用户群组邀请一定数量的用户或潜在用户（通常为 6~12 人）并对他们进行群体式访谈，有助于企业更充分地了解特定类型用户的需求，实现用户与需求的精准匹配。

（3）**在线评论数据挖掘和用户反馈分析**：用户针对企业当前提供的价值进行的评论和反馈反映了他们的真实需求，挖掘和分析这类信息可以为企业进一步改进价值设计提供方向。

步骤2：商业模式的战略性反思

"要提高创造力，就要强迫自己跳出盒子思考……忽略强加的限制条件。"[2] 在这个步骤中，我们所需要做的正是摆脱"一叶障目"的被动局面，寻找所处行业中商业模式的隐含假定，最终"跳出盒子"来思考商业模式的设计。正如本书第10章前两节所讨论的那样，组织及组织中的个体在思维上的惯性于商业模式设计而言往往意味着"隐形的枷锁"，因此转换思考问题的角度显得尤为重要。图12-3提供了三个思考问题的视角，旨在帮助你找到现有商业模式中那些参与者视而不见的假设，以及相应的进行商业模式创新的突破口。

将自己想象为一个来自其他行业的"局外人"，并把当前的商业模式视为竞争对手，你会从哪些角度尝试对这个商业模式进行"颠覆式的破坏"？

旁观者清

寻找商业模式的隐含假定

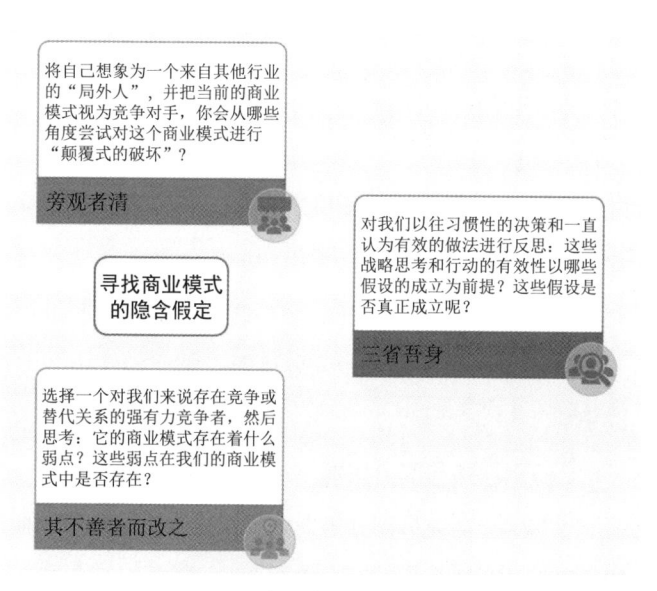

对我们以往习惯性的决策和一直认为有效的做法进行反思：这些战略思考和行动的有效性以哪些假设的成立为前提？这些假设是否真正成立呢？

三省吾身

选择一个对我们来说存在竞争或替代关系的强有力竞争者，然后思考：它的商业模式存在着什么弱点？这些弱点在我们的商业模式中是否存在？

其不善者而改之

图12-3 商业模式的战略性反思

在此步骤，以下三种可供使用的工具可用于寻找那些隐含的假定。

（1）**头脑风暴**：头脑风暴法由美国 BBDO 广告公司创始人亚历克斯·奥斯本首创，该方法有助于拓宽参与者的思路，催生新想法，激发对于问题更全面且更深入的讨论。头脑风暴法的运用注重自由思考和表达，以及互动式激发等原则。

（2）**跨界学习**：学习和借鉴来自其他行业的最佳实践，能够为本行业的商业模式设计提供灵感和思路。

（3）**适度无知**：邀请企业内对商业模式十分熟悉的员工、对商业模式比较陌生的员工、本行业和其他行业的专家共同参与讨论，将有助于实现团队层面的"适度无知"，这意味着讨论将可以跳出固定思维的怪圈，洞见问题的本质。

步骤 3：对现有商业模式的整体性诊断

在这一步骤中，我们的分析层次将由行业转为特定企业，以前述两个步骤所做的工作为基础，采用一种整体性的视角判断企业现有的商业模式是否存在问题，并探究对商业模式各方面进行改进的必要性。该步骤包括两个环节：问题诊断与弱点识别、商业模式改进必要性分析。

- **环节一：问题诊断与弱点识别**

在这一环节中，需要分别立足现在、未来、竞争对手和企业自身四种视角，基于"需求""机会""竞争""自己"四个角度对企业现有的商业模式进行综合分析和诊断。具体而言，"看需求"需要立足当下，判断企业是否可以很好地满足现有市场中存在的需求，同时确定有哪些尚未满足的需求；"看机会"需要面向未来，识别有哪些需求和机会很有可能在未来存在，并判断企业是否具备抓住这些机会的资源和能力；"看竞争"需要从竞争关系出发，判断相较于竞争对手，企业在平均服务时间、产出效率、成本、关键环节的能力门槛等商业模式的核心维度上是否存在优势或劣势；"看自己"则需要聚焦于企业自身，分析企业现有的商业模式在运营上存在哪些效率瓶颈。

- **环节二：商业模式改进必要性分析**

这一环节需要结合前述分析和诊断的结果，判断对"需求""机会""竞争""自己"这四个方面进行改进的必要性，并确定改进的优先级。在后续的商业模式改进过程中，将优先实施那些优先级高的改进行动。

进行商业模式的整体性诊断时，各环节的关键点如图12-4所示。

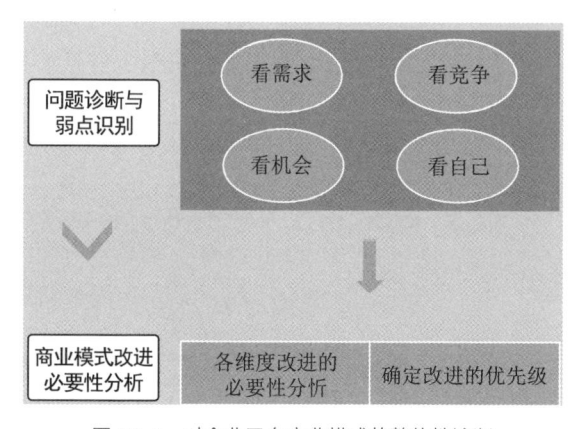

图12-4 对企业已有商业模式的整体性诊断

步骤 4：价值设计

这一步骤聚焦于价值设计的优化，包括问题诊断和优化设计两个环节。

- **环节一：问题诊断**

企业价值设计的优劣同时取决于与用户需求的匹配程度、满足企业预期的能力及其相较于竞争对手而言的水平。构建企业的价值曲线可以帮助我们完成这一价值设计的诊断过程。如图 12-5 所示，构建价值曲线的第一步为，确定目标用户对产品或服务进行评估时关注的主要维度以及这些维度的相对优先级，即横坐标对应的内容。同时，要重视用户在评估过程中的心理和认知特征，这将有助于企业把握用户的核心需求。接下来，则需分别标示出本企业、同行业企业和存在价值重叠的其他行业企业在各维度的相对水平。至此，便可以对企业当前的价值设计进行诊断：基于用户视角，当前的价值设计是否可以满足目标用户的需求？基于企业视角，当前的客户生命周期总价值是否能满足企业预期？基于竞争视角，当前的价值设计相较于竞争企业是否具备优势？最后，总体而言，本企业的价值设计是否具备吸引力和竞争力？

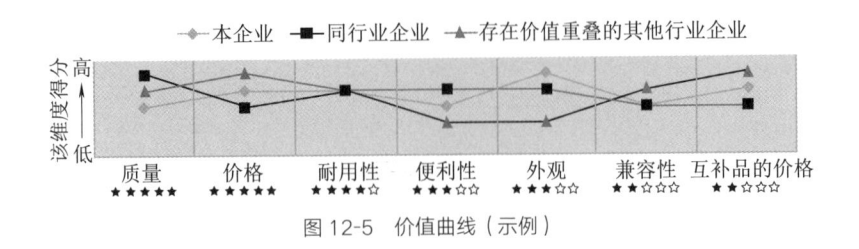

图 12-5 价值曲线（示例）

- **环节二：优化设计**

在该环节中，需要结合本书第 3 章所述内容，选择对企业而言可行的优化方案。其中，优先级高且企业目前表现不佳的需求维度应是价值设计优化的重点。

本步骤中各环节的分析重点和方向如图 12-6 所示。

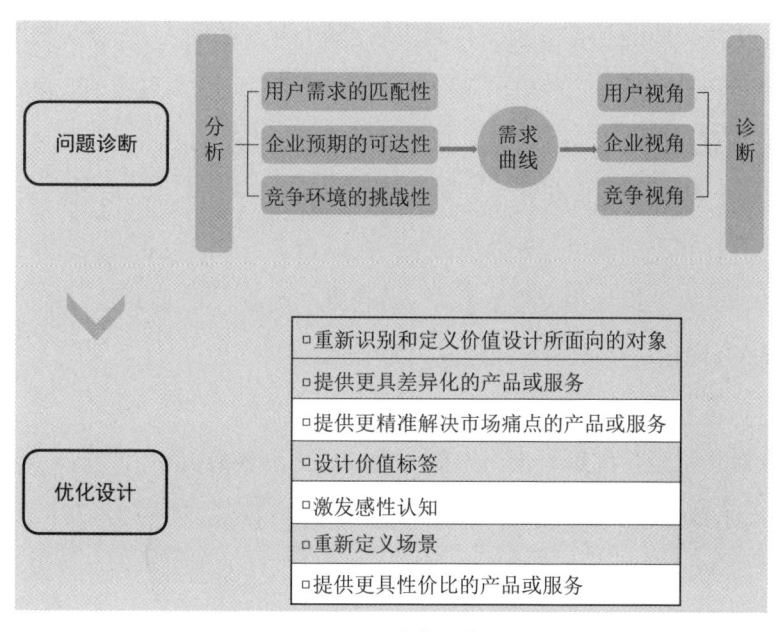

图 12-6　价值设计

在可供使用的工具上，前文所述的用户访谈、焦点小组访谈、评论数据挖掘等方法均可以应用于此环节，以帮助企业了解用户进行价值评估的主要关注点、过程和驱动因素。

步骤 5：价值创造与交易过程设计

与价值设计的优化一致，价值创造与交易过程设计同样包括问题诊断和优化设计两个环节。

- **环节一：问题诊断**

    效率与成本是进行价值创造与交易过程设计需要着重考虑的两个维度，因此，问题诊断主要围绕这两个维度展开。一方面，需要立足用户视角，了解用户是否对当前商业模式下交易过程的效率感到满意，以及用户是否愿意为交易过程中所发生的成本付费。另一方面，也需立足竞争视角，对标同行业的竞争对手以及在价值设计上存在重叠的其他行业竞争对手，判断企业当前的商业模式在效率和成本两个维度是否具备优势。综合两个视角，可以对当前商业模式的价值创造和交易过程形成较为全面的判断。

- **环节二：优化设计**

    优化设计的第一步为识别交易过程中那些最需要优化的环节，刻画（mapping）方法可以辅助完成这项工作。如图 12-7 所示，在刻画过程中，首先需要将价值从创造到交付的整个流程拆分成多个关键环节，然后分别计算每个环节所消耗的时间和成本，那些占据时间或成本比例较大的环节便是当前最需要优化的环节。同时，应当确定交易过程优化的预期目标，包括交易时间的缩短程度、交易总成本的下降程度和能力门槛的降低程度等。在此基础上，需要结合第 4 章所提及的优化逻辑确定优化方案，这一过程需要充分考虑"去中间化"、"集约化"、"第三方外包"和"数字赋能"四种优化逻辑的可行性，并据此选择能够实现预期优化目标的最为适宜的优化逻辑或优化逻辑组合。

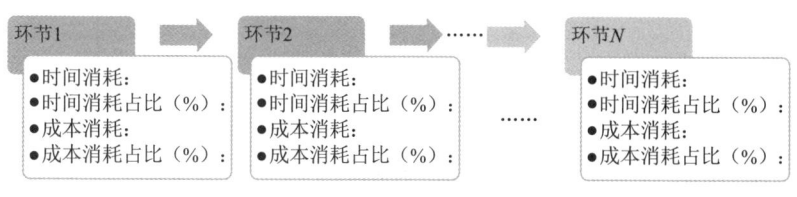

```
环节1                  环节2                        环节N
●时间消耗：             ●时间消耗：                 ●时间消耗：
●时间消耗占比（%）：    ●时间消耗占比（%）：  ……   ●时间消耗占比（%）：
●成本消耗：             ●成本消耗：                 ●成本消耗：
●成本消耗占比（%）：    ●成本消耗占比（%）：        ●成本消耗占比（%）：
```

图 12-7　交易过程分析图

问题诊断和优化设计两个环节的要点如图 12-8 所示。

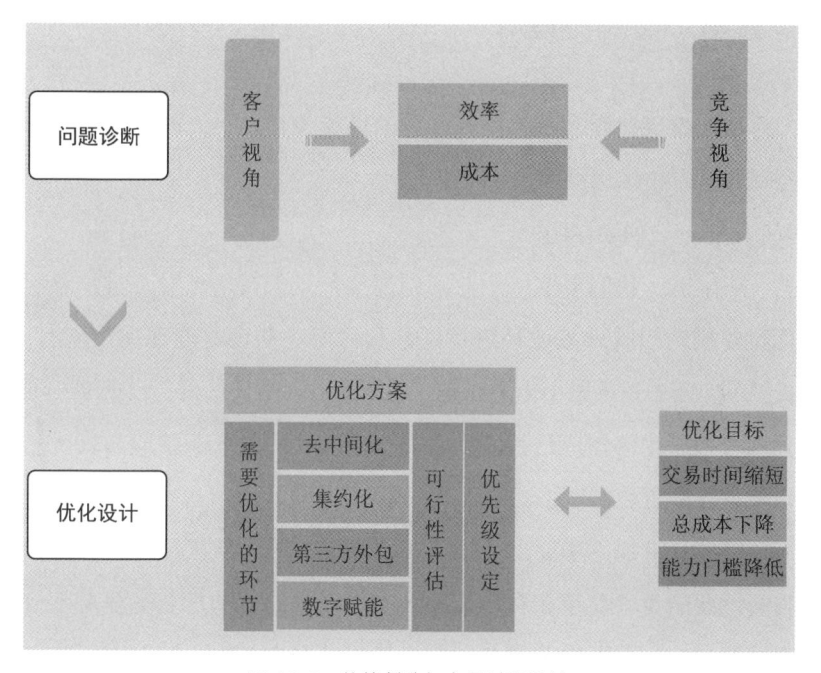

```
问题诊断 ← 客户视角 → 效率／成本 ← 竞争视角

优化设计：
需要优化的环节 — 优化方案（去中间化／集约化／第三方外包／数字赋能）— 可行性评估 — 优先级设定
优化目标：交易时间缩短／总成本下降／能力门槛降低
```

图 12-8　价值创造与交易过程设计

以下工具和方法可应用于价值创造和交易过程的设计。

（1）对问题诊断步骤中基于客户视角的分析而言，我们可以通过用户访谈、焦点小组访谈、评论数据挖掘等方法了解用户对交易过程的评价和建议。

（2）对优化设计步骤而言，我们可以通过分组迭代式讨论的方式确定最终方案。在保证组内职级多样性和负责业务多元化的前提下，将参与人员分为3~5个小组，由各小组分别给出交易过程优化设计方案。在此基础上，比较选出最优方案，或将这些方案进一步地整合和优化以形成最终方案。

步骤6：收入流设计

收入流设计作为商业模式设计的重要步骤之一，同样可以拆分为问题诊断和优化设计两个环节。

- **环节一：问题诊断**

在这里，我们需要从企业内部视角和竞争视角出发，对企业现有商业模式的收入流设计进行评估和诊断。从企业内部视角来看，我们需要回答以下三个重要问题：已有的收入增长是否符合预期？现有的收入流比例构成是否较为多样化？现有的收入流获取方式是否有较高的稳定性？

在自我审视完毕后，我们还需要将上述收入流设计的三个维度与同行业的竞争对手和在价值设计上有重叠的其他行业竞争对手分别进行对标，判断企业自身的收入流设计在增长性、获取方式的多样性和稳定性方面是否具备优势。

- **环节二：优化设计**

接下来，我们则需要依据第5章所提供的8条典型逻辑，思考商业模式收入流设计的优化方向。以逻辑1为例，我们需要思考的是，在公司现有的商业模式中，所有参与者能否通过资源交换形成一个闭环？换言之，商业模式中每一位参与者的需求是否都恰好能由其他参与者来满足？如果参与者的需求无法被满足，我们是否可以重新优化收入流设计？这样的优化具有多大的可行性？如果可行，我们有哪些可以实现的方案？以此类推，我们可以分别判断用每一条逻辑优化现有收入流设计的可行性，并分别列举出具体方案。最后，我们可以综合各方案的效益、成本、长短期收益等来选择其中的一种方案或几种方案的组合。

收入流设计过程的分析要点如图12-9所示。

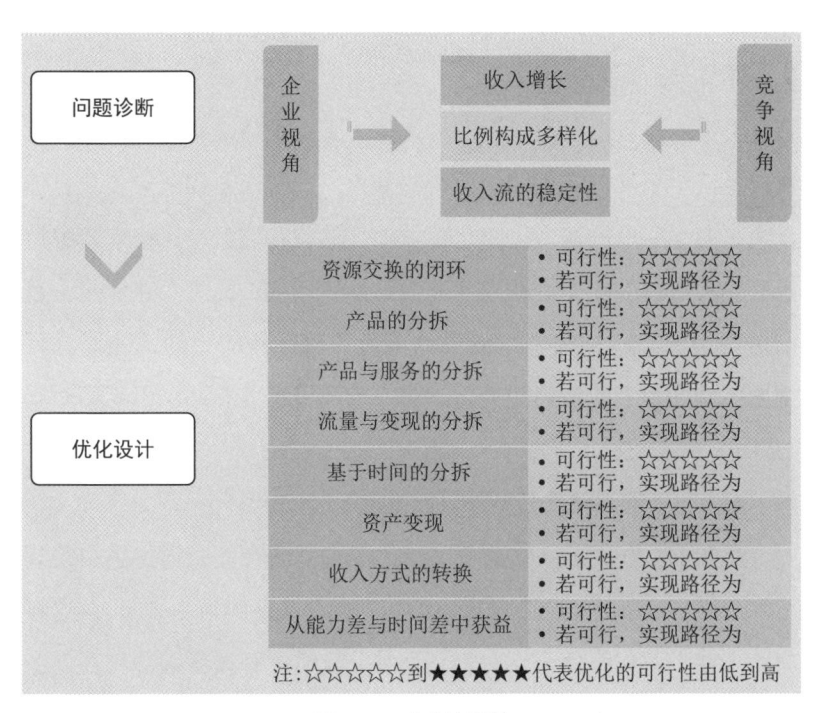

问题诊断	企业视角	收入增长 / 比例构成多样化 / 收入流的稳定性	竞争视角

优化设计		
	资源交换的闭环	• 可行性：☆☆☆☆☆ • 若可行，实现路径为
	产品的分拆	• 可行性：☆☆☆☆☆ • 若可行，实现路径为
	产品与服务的分拆	• 可行性：☆☆☆☆☆ • 若可行，实现路径为
	流量与变现的分拆	• 可行性：☆☆☆☆☆ • 若可行，实现路径为
	基于时间的分拆	• 可行性：☆☆☆☆☆ • 若可行，实现路径为
	资产变现	• 可行性：☆☆☆☆☆ • 若可行，实现路径为
	收入方式的转换	• 可行性：☆☆☆☆☆ • 若可行，实现路径为
	从能力差与时间差中获益	• 可行性：☆☆☆☆☆ • 若可行，实现路径为

注：☆☆☆☆☆到★★★★★代表优化的可行性由低到高

图12-9　收入流设计

同样地，在可供使用的工具方面，我们在优化设计环节依然可以使用分组迭代式讨论的方式，即由各小组分别给出收入流优化设计方案，在此基础上，比较选出最优方案，或将这些方案进一步地整合和优化以形成最终方案。

步骤7：能力匹配性诊断

正如第6章所提到的，能力是商业模式设计的内在根基，是支撑商业模式构建与演化的基础。因此，能力与商业模式的匹配至关重要。在这一部分，我们需要按照以下子步骤绘制能力雷达图，并完成能力状态分析和目标设定、能力发展规划等环节。

- **环节一：关键能力识别**

   关键能力包括至少以下四种类型：支撑价值、交易过程、收入流及这三个要素的有效联结所需的能力，实现商业模式的优化目标及未来演化所需的能力，强化商业模式的特定流派（风格）及维持竞争优势所需的能力，构建商业生态系统所需的能力。在这里，我们需要识别出四种类型下的具体能力并对这些能力的优先级进行排序，然后基于此构建能力雷达图中的关键维度并标示出其相对重要性。

- **环节二：能力状态分析和目标设定**

   如图12-10所示，在这一环节，我们需要在能力雷达图中绘制出本企业与竞争对手在各维度上的能力得分（区间为1~5分），这将有助于我们对以下两个问题做出回答：我们是否具备维持和优化企业的商业模式在当前和未来所需的能力？哪些关键能力的缺失导致了我们与竞争对手相比存在的劣势？基于此，便可进一步设定本企业在各维度的能力发展目标。

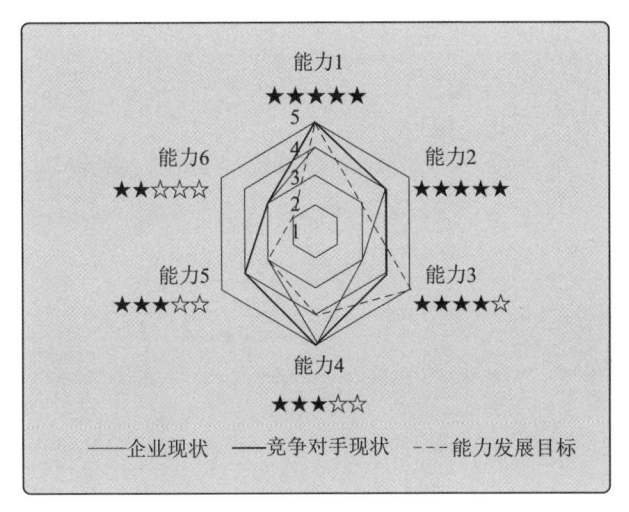

图 12-10 能力雷达图（示例）

- **环节三：能力发展规划**

在上述环节中，关键能力识别、能力状态分析和目标设定的任务已经完成。接下来就是"对症下药"的环节，即针对那些需要提升的能力制订具体的能力发展规划，主要包括时间规划和行动计划。其中，时间规划需列明对各能力维度进行提升的起止时间和推进节奏；行动计划则需说明通过开展哪些切实可行的活动来促进能力发展目标的实现，这些行动可能包括人才招聘、数字化系统引入、利用商业生态系统中的互补性资产等。

本步骤的要点如图 12-11 所示。

```
关键能力        支撑价值、交易过程、收入流这三个要素的有效
关键能力  =     联结所需能力
 识别           强化商业模式的特定流派(风格)及维持竞争优势
                所需能力
                实现商业模式的优化目标及未来演化所需能力
                构建商业生态系统所需能力

                 企业现状
能力状态分析和      +            →    能力发展目标
  目标设定
                竞争对手现状

能力发展规划     行动规划
                时间规划
```

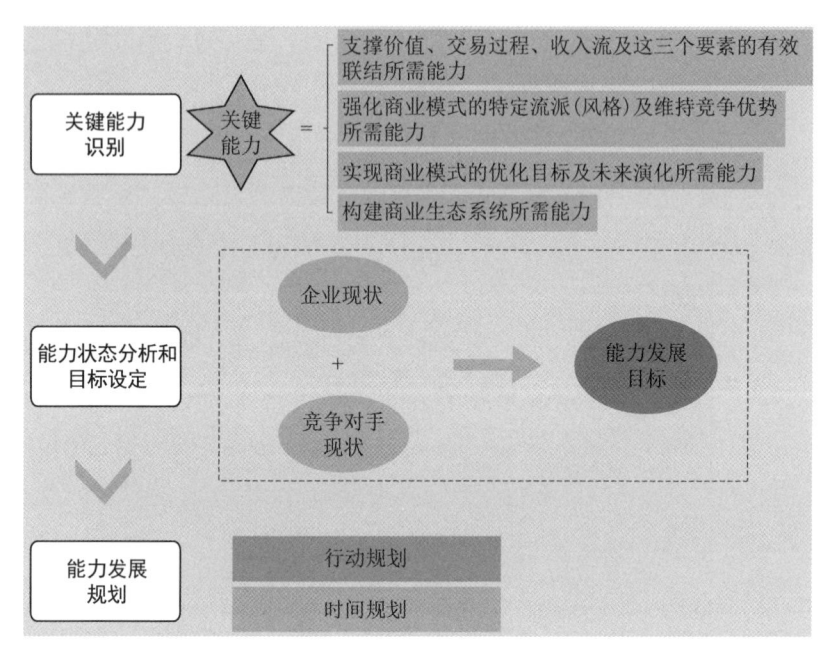

图 12-11　能力匹配性诊断

步骤 8：商业模式的评估

在这一步骤中，我们将从更为整体和宏观的视角，对现有的商业模式进行总体评估，同时确定可持续改进的方向。

● **环节一：总体评估**

基于本书第 8 章的阐述，我们需要从外部独特性、外部难以模仿性、可拓展性、所有参与者获得增量式收益四个维度出发，对优化后的商业模式进行评估。具体而言，在外部独特性方面，我们需要回答：我们商业模式的独特性体现在哪里？这些独特性是依靠什么来实现或支撑的？相较于竞争对手，我们是否能使顾客感知到更

具差异化的价值？这种独特性是否更能获得关键资源掌控者的认同？在外部难以模仿性方面，我们需要回答的问题包括：我们的商业模式存在着哪些模仿壁垒？相较于竞争对手，我们所建立的模仿壁垒是否更具有效性和可持续性？在可拓展性方面，我们则需要回答：相较于竞争对手，我们的商业模式是否能够在不带来效率损失及成本增加的前提下，更好地支撑业务规模的扩大？我们的商业模式在多业务领域的组合中是否能体现出更强的协同效应？我们是否能以更低的成本实现跨业务领域和跨地理区域的复制？最后，在所有参与者获得增量式收益方面，我们需要探明的问题是：相较于原有的商业模式，我们的商业模式是否能使所有的参与者获得增量式收益以保持其结构上的稳定性？我们的商业生态系统是否具备丰富的互补性资产来匹配更大规模和更具多样性的用户需求并支撑商业模式的改进和创新？值得注意的是，上述问题所涉及的对标对象不仅是同行业的企业，还包括其他行业中可学习借鉴的企业。

- **环节二：可持续改进的方向**

遵从前面的思路，在进行总体评估后，我们则需针对具体问题形成解决方案。图12-12提供了对每一维度进行持续改进的思考方向。

同样地，在这一步骤，有以下两种可供使用的工具。

（1）**问卷调查**：首先，围绕商业模式评估所关注的重要问题进行问卷设计，题目形式可包括量表评分、选择题、开放性填空等。然后，邀请各部门的管理者和核心员工参与问卷调查，了解优化后的商业模式在三个关键维度上的表现，以及未来可持续改进的方向及对应方案。

(2) **头脑风暴**：可以采取头脑风暴的方式，邀请各部门、各环节的关键员工和管理者，就商业模式评估所关注的四个关键维度就未来可持续改进的方向展开充分的交流和讨论，以激发出多样化的改进思路和方案。

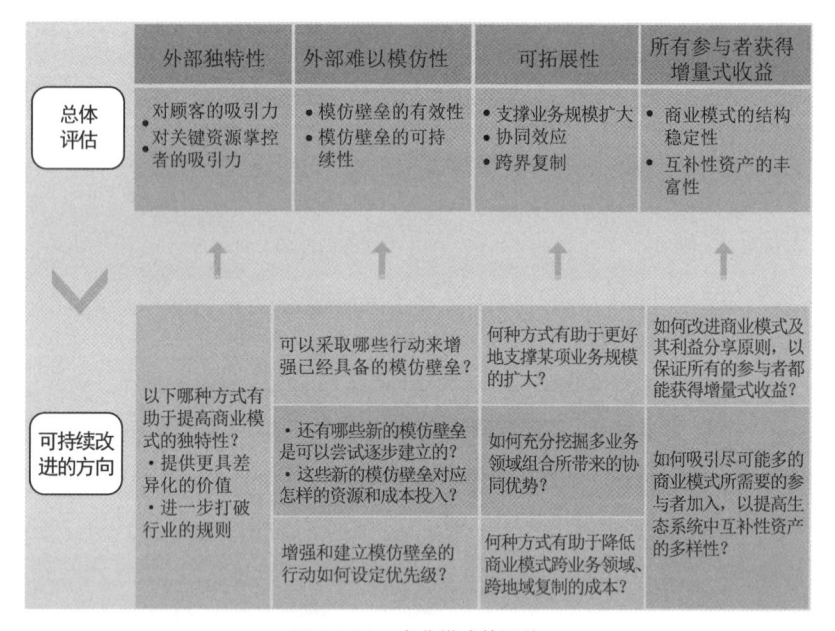

	外部独特性	外部难以模仿性	可拓展性	所有参与者获得增量式收益
总体评估	·对顾客的吸引力 ·对关键资源掌控者的吸引力	·模仿壁垒的有效性 ·模仿壁垒的可持续性	·支撑业务规模扩大 ·协同效应 ·跨界复制	·商业模式的结构稳定性 ·互补性资产的丰富性
可持续改进的方向	以下哪种方式有助于提高商业模式的独特性？ ·提供更具差异化的价值 ·进一步打破行业的规则	可以采取哪些行动来增强已经具备的模仿壁垒？ ·还有哪些新的模仿壁垒是可以尝试逐步建立的？这些新的模仿壁垒对应怎样的资源和成本投入？ ·增强和建立模仿壁垒的行动如何设定优先级？	何种方式有助于更好地支撑某项业务规模的扩大？ ·如何充分挖掘多业务领域组合所带来的协同优势？ ·何种方式有助于降低商业模式跨业务领域、跨地域复制的成本？	如何改进商业模式及其利益分享原则，以保证所有的参与者都能获得增量式收益？ ·如何吸引尽可能多的商业模式所需要的参与者加入，以提高生态系统中互补性资产的多样性？

图 12-12　商业模式的评估

步骤 9：商业模式跨层、跨边界优化

在对现有商业模式单元的各个维度都进行了问题诊断和优化设计后，我们便可以依照第 11 章所提出的跨层次思维方式和思路，沿着不同的层面继续拓展和优化商业模式。总的来说，包含以下三个环节。

- **环节一：资源沉淀的变现**

请再次思考第 10 章"无边界思考：资源沉淀"一节中留下的问题，识别企业所沉淀的资源集合。具体而言，我们需要明确企业目前持有资源的类型、各种资源的数量，并在此基础上思考每种资源对谁而言有价值或有吸引力，这些潜在的资源需求者是否愿意付费，以及有哪些原因会影响付费意愿。

在完成上述资源识别过程之后，至少存在三种可行的资源变现方式供我们选择：其一，在企业业务基础上直接变现；其二，将资源或资源的组合应用到新的产品、服务或业务场景中实现变现；其三，与外部合作共同完成变现。我们需要综合考虑与公司战略之间的匹配性，对多个变现方案进行比较。

- **环节二：业务或公司的跨层嵌套设计**

在进行商业模式的跨层嵌套设计时，我们还需要协调以下两对关系。

（1）业务与业务之间：如何充分挖掘多个业务并行带来的规模经济、范围经济和协同效应？

（2）业务与战略之间：如何更好地将各业务的商业模式与企业整体的战略相衔接，以支撑企业的增长和可持续竞争优势的建立？如何有效利用公司战略规划的过程，将商业模式的迭代优化嵌入？

- **环节三：商业生态系统的设计与优化**

拓展到商业生态系统层面，我们需要综合利用"协同"、"治理"和"赋能"三种策略，以补齐商业生态系统的短板，提升商业生态系统的效率、多样性、丰富性，释放商业生态系统的协同效应和自我强化的正反馈效应。在这里需要注意的是，在商业生态系统中还存在一些特别的、不可忽视的第三方，例如电商代运营和数据分析服务提供商等，尽管这些第三方并不直接参与交易过程，但其提供的能力是至关重要的。吸引这类第三方的加入将有助于提升整个商业生态系统的效率和竞争力。

此步骤的要点如图 12-13 所示。

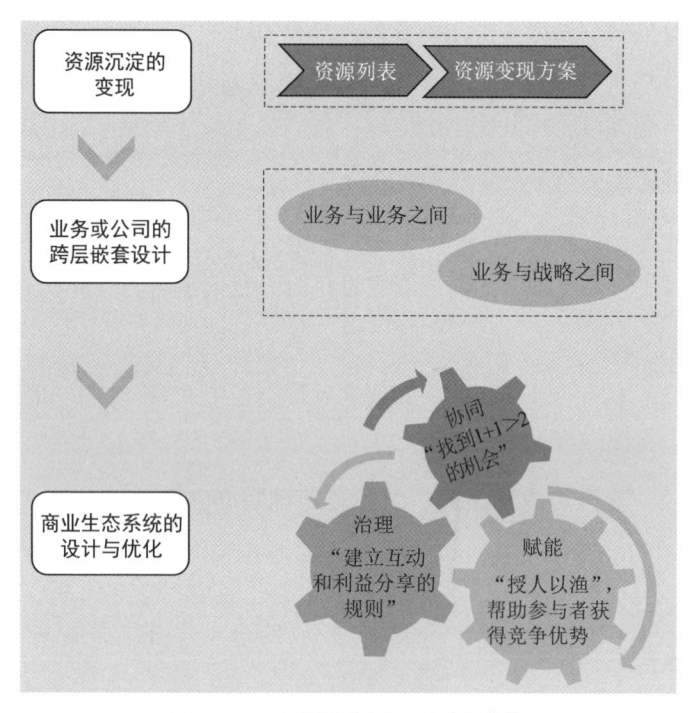

图 12-13　商业模式跨层、跨边界优化

在这一步骤，我们推荐两种工具。

（1）在识别资源集合、完成资源列表的过程中，可以采取头脑

风暴法与典型客户调查相结合的方式，这将有助于我们对企业所沉淀的资源形成更全面的把握，更充分地了解资源的潜在需求者。

（2）在提出变现方案的过程中，我们依然可以采用分组迭代式讨论方法。

步骤 10：基于持续改进思想的迭代优化

商业模式的设计、改进和优化应该形成一个闭环，而不是单单依靠管理者的经验和直觉。因此，我们还需要基于 PDCA（计划、执行、检查和处理）这一强大的思考模式进行商业模式的迭代优化。具体而言，可以通过审视和反思图 12-14 中所列举的要点来引导思考过程。

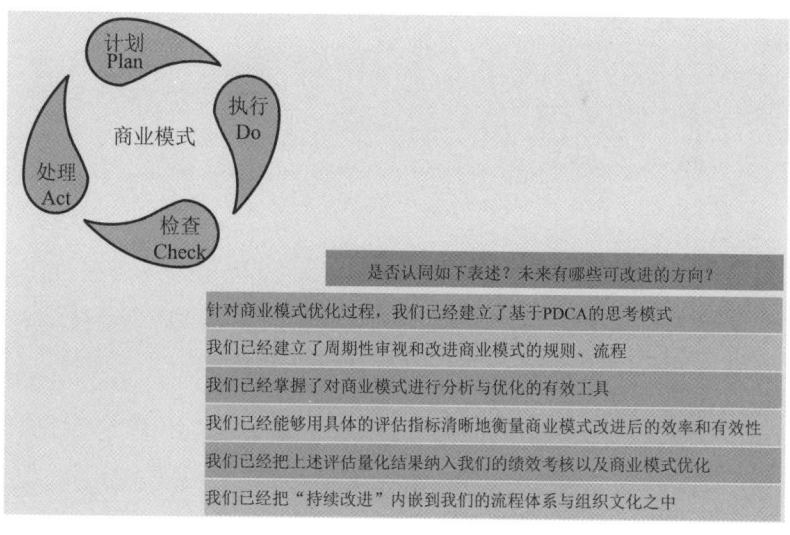

图 12-14　基于持续改进思想的迭代优化

需要注意的是，在 PDCA 模式下，商业模式的迭代优化应当形成循环，上一循环中未解决的问题和未实现的目标需要在后面的循环中持续改进。另外，实现 PDCA 模式的必要前提之一是确保商业模式迭代优化有效嵌入公司的战略、流程和文化，同时也需要对上图所列的内容进行周期性审视和改进。

注释

第 1 章

1. Market capitalization of the largest internet companies worldwide as of June 2022, Statista, https://www.statista.com/statistics/277483/market-value-of-the-largest-internet-companies-worldwide/.
2. Teece D J. Business models, business strategy and innovation. Long Range Planning, 2010, 43(2-3): 172-194.

第 2 章

1. Lewis M. The new new thing: A silicon valley story. New York: W. W. Norton & Company, 2014.
2. Druker P. The theory of the business. Harvard Business Review, 1994, 72(5): 95-104.
3. Timmers P. Business models for electronic markets. Electronic Markets, 1994, 8(2): 3-8.
4. Amit R, Zott C. Value creation in e-business. Strategic Management Journal. 2001, 22: 493-520.
5. Chesbrough H W, Rosenbloom R S. The role of the business model in capturing value from innovation: Evidence from Xerox Corporation's technology spinoff companies. Industrial and Corporate Change, 2002, 11: 533-534.
6. Zott C, Amit R, Massa L. The business model: recent developments and future research. Journal of Management, 2011, 37(4): 1019-1042.
7. Teece D J. Business models, business strategy and innovation. Long Range planning, 2010, 43(2-3): 172-194.
8. Foss N J, Saebi T. Fifteen years of research on business model innovation: How far have we come and where should we go?. Journal of Management, 2017, 43(1): 200-227.
9.【美】莫提默·J.艾德勒,【美】查尔斯·范多伦.如何阅读一本书.郝明义,朱衣,译.北京：商务印书馆, 2004.
10.【瑞士】亚历山大·奥斯特瓦德,【比利时】伊夫·皮尼厄.商业模式新生代.王帅, 毛新宇, 严威, 译. 北京: 机械工业出版社, 2011.
11. 吴敬琏演讲：有些人形势跟得紧，但基本问题研究得不够深入. https://v.qq.com/x/page/x0549xw3eor.html.
12. CCTV 纪录片《书迷》(第二集：书店风景).
13. How Shopify's CEO sees small business taking on Amazon, https://fortune.com/2020/05/22/shopify-coronavirus-ecommerce-small-business/.
14. 联合国贸易与发展会议发布 2021 年《全球电商发展报告》.
15. Hu M, Xu X L, Xue W L, Yang Y. Demand pooling in omnichannel operations. Management Science, 2022, 68(2).

16.【美】德内拉·梅多斯. 系统之美：决策者的系统思考. 邱昭良，译. 杭州：浙江人民出版社，2012.
17.【挪】乔斯坦·贾德. 苏菲的世界. 萧宝森，译. 北京：作家出版社，1996.
18.【美】罗伯特·M. 波西格. 禅与摩托车维修艺术. 张国辰，译. 重庆：重庆出版社，2011.
19. What's Salesforce? (retool.com).
20. Vanian J. Salesforce shares soar 13% on strong growth despite the pandemic. https://fortune.com/2020/08/25/salesforce-shares-coronavirus-marc-benioff/.
21. TEECE D J. Business models, business strategy and innovation. Long Range Planning, 2010, 43(2-3): 172-194.
22. Zott C, Amit R. The fit between product market strategy and business model: implications for firm performance. Strategic Management Journal, 2008, 29(1): 126.
23. Christensen C M. The past and future of competitive advantage. MIT Sloan Management Re-view, 2001, 42: 105-109.
24.【美】马克·伦道夫. 复盘网飞：从一个点子到商业传奇. 尚书，译. 北京：中信出版社，2020.
25. 网飞 2022 年第一季度订阅量，https://www.statista.com/statistics/250934/quarterly-number-of-netflix streaming-subscribers-worldwide/.

第 3 章

1. Greeven M.et al. How chinese retailers are reinventing the customer journey. Harvard Business Review, 2021, 99(5): 84-93.
2. Planetfitness，https://www.planetfitness.com/about-planet-fitness/why-planet-fitness.
3. Mohammed R. The good-better-best approach to pricing. Harvard Business Review, 2018, 96(5), 106-115.
4. Rabang I. The soulCycle business model: riding for wellness soul, and community. [2019-08-02]. https://www.boldbusiness.com/health/soulcycle-business-model/#:~:text=%20The%20SoulCycle%20Business%20Model%3A%20Riding%20for%20Wellness%2C, Business%20Model%3A%20Lifestyle%20Beyond%20the%20Bike.%20More%20.
5. Olander Eric. China's Transsion dominats smartphone market in Africa[EB/OL]. [2021-03-19]. https://www.theafricareport.com/73472/chinas-transsion-dominates-smartphone-market-in-africa/.
6.【美】克里斯·安德森. 长尾理论. 乔江涛，译. 北京：中信出版社，2006.
7. Amok T. The "lost" Jeff Bezos 1997 interview just about a year after starting[EB/OL]. [2021-02-02]. http://www.techamok.com/?pid=the-lost-jeff-bezos-1997-interview-just-about-a-year-after-startin-22273#.Yn263C98jjA.
8. Roth D. The secret behind netflix's personalized thumbnails. [2020-11-08]. https://www.looper.com/274997/the-secret-behind-netflixs-personalized-thumbnails/.
9.【美】克莱顿·克里斯坦森. 创新者的窘境. 胡建桥，译. 北京：中信出版社，2010.
10.【美】拜瑞·J. 内勒巴夫，【美】亚当·M. 布兰登勃格. 合作竞争. 王煜昆，王煜全，译. 合肥：安徽人民出版社，2000.
11. 胡润百富，2020 年胡润全球独角兽榜，https://www.hurun.net/zh-CN/Rank/HsRankDetails?pagetype=unicorn&num=WE53FEER.
12. 胡润百富，2021 年胡润全球独角兽榜，https://www.hurun.net/zh-CN/Home/Index.
13. Jain A. Instacart Business Model: How The App Works & Why it is Successful[EB/OL]. [2020-03-20]. https://oyelabs.com/instacart-business-model/.
14. 蚂蚁集团官网，https://www.antgroup.com/about.
15. Buolamwini J, Gebru T. Gender Shades: Intersectional Accuracy Disparities in Commercial

Gender Classification. Proceedings of Machine Learning Research，2018，81: 1-15.
16. 传音控股官网，https://www.transsion.com.
17. 元气森林官网，https://www.yuanqisenlin.com.
18.【美】巴里·施瓦茨.选择的悖论：用心理学解读人的经济行为.梁嘉歆，黄子威，彭珊怡，译.杭州：浙江人民出版社，2013.
19. The Origin of Today's Automatic chronogragphs[J/OL]. Watchtime. https://www.watchtime.com/seiko-automatic-chronograph-1969/.
20. Thompson J. 1969: Seiko's breakout year. Watchtime. [2019-12-20]. https://www.watchtime.com/featured/1969-seikos-breakout-year/.
21. Keep 官网，https://www.gotokeep.com.
22. 小米官网，https://www.mi.com/about/history.
23. 传音控股官网，https://www.transsion.com.

第 4 章

1. Zott C, Amit R. Designing your future business model: an activity system perspective. Iese Research Papers, 2009, 43(D/781): 829.
2. TAYLOR A. Now you can dress 'Amazon Style' — the tech giant just launched a retail store where you choose your outfit by phone. Fortune, [2022-01-21]. https://fortune.com/2022/01/20/amazon-retail-store-amazon-style-launch/.
3. 林军，胡喆.沸腾新十年：移动互联网丛林里的勇敢穿越者（下）.北京：电子工业出版社，2021.
4. Teece D J. Business models, business strategy and innovation. Long Range Planning, 2010, 43(2-3): 172-194.
5. 2020 年《合纵连横，拥抱肉类产业历史变局》报告.华泰证券.
6. 林军，胡喆.沸腾新十年：移动互联网丛林里的勇敢穿越者（下）.北京：电子工业出版社，2021.
7. 为什么"萨莉亚"的西餐能卖这么便宜？，https://zhuanlan.zhihu.com/p/94706798.
8. Gottfredson M, et al. Strategic sourcing from periphery to the core. Harvard Business Review, 2005, 83(2): 132-139.
9. Hackett R. IBM and maersk are creating a new blockchain company. Fortune, [2022-01-21]. https://fortune.com/2018/01/16/ibm-blockchain-maersk-company/.
10. 哈佛商学院官网，https://www.isc.hbs.edu/strategy/business-strategy/Pages/the-value-chain.aspx.
11. Candelon F, Stokol G. At these companies, A.I. is already driving revenue growth. Fortune, [2021-03-07]. https://fortune.com/2021/05/07/artificial-intelligence-ai-revenue-growth-netflix-alibaba-spicy-snickers-lancome/.

第 5 章

1.【美】塔尔莱特·赫里姆.塔木德：犹太人的经商智慧与处世圣经.邹文豪，译.北京：中国画报出版社，2009.
2.【瑞士】亚历山大·奥斯特瓦德，【比利时】伊夫·皮尼厄.商业模式新生代.王帅，毛新宇，严威，译.北京：机械工业出版社，2011.
3.【日】三谷宏治.商业模式全史.马云雷，杜君林，译.南京：江苏文艺出版社，2016.
4. 彭剑锋，周禹，刘晓雷，陈静淑.任天堂：让世界充满微笑.北京：机械工业出版社，2013.
5.【美】约瑟夫·派恩，【美】詹姆斯·H.吉尔摩.体验经济.毕崇毅，译.北京：机械工业出版社，2012.

6. Tukker A. Product services for a resource-efficient and circular economy e a review. Journal of Cleaner Production，2015，97:76-91.
7. Alex Eule. How Subscriptions Are Remaking Corporate America. Barron's，[2018-12-07].https://www.barrons.com/articles/how-subscriptions-are-remaking-corporate-america-1544233694.
8. 阿里巴巴集团 2021 财年年报．
9. Olson P. How Klarna CEO Sebastian Siemiatkowski Went From Flipping Burgers To Building A $2.5 Billion Business. Forbes，[2018-09-07]．https://www.forbes.com/sites/parmyolson/2018/09/07/how-klarna-ceo-sebastien-siemiakowski-went-from-flipping-burgers-to-building-a-25-billion-business/?sh=3d0185ec1549.
10. 高通 2021 财年年报．
11. MacDonald，Elizabeth. Image Problem. Forbes，2000，66(11): 104-106.
12. 视觉中国 2021 年年报．
13.【丹麦】乌尔里克·瓦格纳，【丹麦】拉斯穆斯·K.斯托姆，【英】克劳斯·尼尔森．当体育遇上商业：体育赛事管理及营销．胡晓红，张悦，译．北京：中国友谊出版公司，2018.
14. 南博一，郑淑婧，明查｜CNN 在全球有多少品牌授权？每年能赚多少？．[2021-10-20]．澎湃国际：https://www.thepaper.cn/newsDetail_forward_15018809.
15. Jones K. The world's 25 most successful media franchises，and how they stay relevant. visual capitalist，[2019-11-22]．https://www.visualcapitalist.com/successful-media-franchises/.
16. 王萌，路江涌，李晓峰．电竞生态：电子游戏产业的演化逻辑．北京：机械工业出版社，2018.
17. 雷中辉．华尔街读懂免费模式：百亿市场催生互联网最大上市群．21 世纪经济报道，2007-11-05(027).
18. 张燕．飞入寻常百姓家，雷达技术与世界共"见"未来．[2021-5-13]．经济网，http://www.ceweekly.cn/2021/0513/343122.shtml.
19. Peprah A A，Giachetti C，Larsen M M，Rajwani T S. How business models evolve in weak institutional environments: the case of jumia，the Amazon.Com of Africa. Organization Science，2022，33(1): 431-463.
20. Jumia Technologies 2019 财年年报．
21. Peprah A A，Giachetti C，Larsen M M，Rajwani T S. How business models evolve in weak institutional environments: the case of jumia，the Amazon.Com of Africa. Organization Science，2022，33(1): 431-463.

第 6 章

1. Prahalad C K，Hamel G. The core competence of the corporation. Harvard Business Review，1990，68(5/6): 79-91.
2. Nick L. Small to big: anytime fitness. Bloomberg Businessweek，2014，4373: 60-60.
3. Dockterman E. How a Netflix-like approach is shaking up gym and fitness memberships. TIME Magazine，2015，186 (20): 26-28.
4. Me A，Jack P，Gordon，Amanda. Peloton wants to be more than a pandemic fad. Bloomberg Businessweek，2021，4686: 27-28.
5. Zhu F，Nathan F. Products to platforms: making the leap. Harvard Business Review. 2016，94(4): 72-78.
6. Brooke Henderson. We're eating a lot more pizza during the pandemic. Why Domino's is getting the biggest slice of the pie. Fortune 2020.
7. 杨国安．组织能力的"杨三角"：企业持续成功的秘诀．北京：机械工业出版社，2010.
8.【美】彼得·蒂尔，【美】布莱克·马斯特斯．从 0 到 1：开启商业与未来的秘密．高玉芳，译．北京：中信出版社，2015.

9. Soliman M T. "The use of DuPont analysis by market participants". The Accounting Review, 2008, 83(3): 823-853.
10. Abril Danielle, et al. (2019). Going for growth. Fortune, 2019, 180(5): 96-107.
11. 中信证券. 白酒行业酱酒深度报告：酱酒乘风而行，龙头强者恒强. 2022-05-11.
12. Tarmy James. (2019). You can Hermès that. Bloomberg Businessweek, 4603: 63-65.
13. Carol M. Handbags at the Barricades. Bloomberg Businessweek, 2011, 4222: 78-83.
14.【美】詹姆斯·戴森. 发明：詹姆斯·戴森创造之旅. 毛大庆, 译. 北京：中国纺织出版社, 2022.
15. Cady L. One-Step Glam. TIME Magazine, 2019, 194 (24/25): 98-99.
16. Cady L. A Gentler Straightener. TIME Magazine, 2010, 196 (20-21): 76-77.
17. Moore J F. The evolution of Wal-Mart: savvy expansion and leadership. Harvard Business Review, 1993, 71(3): 82-83.
18. Gardiner M. The real source of the productivity boom. Harvard Business Review, 2002, 80(3): 23-24.
19. Inventory Turnover for Walmart Inc, https://finbox.com/NYSE:WMT/explorer/inventory_turnover.
20. 高春平. 晋商学. 太原：山西经济出版社, 2009.
21. 中信证券. 非银行金融行业2022年投资策略：在变革中寻找兼具品牌、规模和能力的好生意. 2021-11-05.
22.【美】托马斯·弗里德曼. 世界是平的. 何帆, 肖莹莹, 郝正非, 译. 长沙：湖南科学技术出版社, 2006.
23. Michael N T, et al. Commercializing technology: what the best companies do. Harvard Business Review, 1990, 68(3): 154-163.
24. Gary H, Prahalad C K. Strategic Intent. (cover story). Harvard Business Review, 2005, 83(7/8): 148-161.
25. David J C, Cynthia A M. Creating corporate advantage. Harvard Business Review, 1998, 76(3): 71-83.
26. 2019福布斯中国最具创新力企业榜, http://www.forbeschina.com/lists/1715.
27. 王萧. 中国高铁的海外轨迹. 今日中国, [2017-08-07]. http://www.chinatoday.com.cn/chinese/sz/sd/201708/t20170807_800101875.html.
28.【美】马克·伦道夫. 复盘网飞：从一个点子到商业传奇. 尚书, 译. 北京：中信出版社, 2020.
29.【美】吉娜·基廷. 网飞传奇：从电影租赁店到在线视频新巨头的历程揭秘. 谭永乐, 译. 北京：中信出版社, 2014.
30. 煤炭资讯网. 华为煤矿军团丨5G+人工智能开创煤矿采掘新革命. 山西省煤矿建设协会, 2022-04-25. http://sxmtjs.com/newsread.jsp?NewsId=12940&id=5.
31. Teece D J. Profiting from technological innovation: implications for integration, collaboration, licensing, and public policy. Research Policy, 1986, 15: 285-305.
32. Debter L. Wish Built An $11 Billion Business On Insanely Cheap Shipping— Can It Survive Without It?. Forbes, [2022-07-30]. https://www.forbes.com/sites/laurendebter/2020/07/30/wish-ecommerce-shipping-rate-increase-china-brick-and-mortar-stores-partnership/?sh=71646fcf4d6e.
33. ICY官网, https://home.icy.design/ 数据.
34. Zhu F, Nathan F. (2016). Products to platforms: making the leap. Harvard Business Review. 2016, 94(4): 72-78.
35. Pucker K P. The myth of sustainable fashion. Harvard Business Review, 2022.
36. Hanbury M. How China's most mysterious billion-dollar company, Shein, won over US teens and became TikTok's most-hyped fashion brand. Businessinsider, [2021-10-06].https://www.

businessinsider.com/shein-china-billion-dollar-company-fast-fashion-brand-2021-8.
37. Jones L. Shein: The secretive Chinese brand dressing Gen Z. BBC,[2021-11-09]. https://www.bbc.com/news/business-59163278.
38. Eley J, Olcott E. Shein: the Chinese company storming the world of fast fashion. Financial Times,[2021-12-09]. https://www.ft.com/content/ed0c9a35-7616-4b02-ac59-aac0ac154324.
39. 帕基·麦考密克.深扒中国最神秘的百亿快时尚巨头 Sheln.澎湃,[2021-08-11]. https://m.thepaper.cn/baijiahao_13997051.

第7章

1. Barney J.Firm resources and sustained competitive advantage. Journal of Management,1991,17:99-120.
2. 段红彪.360安全中心:免费杀毒用户数突破2亿成主流.中国新闻网.[2010-06-25].https://www.chinanews.com.cn/it/it-qydt/news/2010/06-25/2363856.shtml.
3. EV-Volumes-The Electric Vehicle World Sales Database: https://www.ev-volumes.com.
4. 文争.2019年全球及中国电动乘用车行业市场现状分析:全球电动车销量约为220万辆.产业信息网,[2020-03-24]. https://www.chyxx.com/industry/202003/845582.html.
5. https://www.proterra.com/services/financing-bus-fleets/.
6. 小盛.细数40多年来,中国公交车身广告进化史.盛大华夏广告传媒,[2020-08-01]. http://www.027busad.com/news/hangye/177.html.
7. 哈佛商业评论, https://www.hbrchina.org/2018-08-29/6390.html.
8.【韩】W.钱·金,【美】勒妮·莫博涅.蓝海战略.吉宓,译.北京:商务印书馆,2005.
9. Darvell J. Microsoft and Linux: True Romance or Toxic Love?. Linux Journal,[2015-11]. https://www.linuxjournal.com/content/microsoft-and-linux-true-romance-or-toxic-love-0.
10. 字节跳动, https://www.bytedance.com/zh/products.

第8章

1. Konrad L. Canva uncovered: how a young Australian Kitesurfer built a $3.2 billion (Profitable!) startup Phenom. Forbes,[2019-12-11]. https://www.forbes.com/sites/alexkonrad/2019/12/11/inside-canva-profitable-3-billion-startup-phenom/?sh=5c252a094a51.
2. 李聪聪,熊康宁,苏孝良,许留兴,高香琴,向廷杰.贵州茅台酒独特酿造环境的研究.中国酿造,2017,(01):1-4.
3. USAA官方网站, https://www.usaa.com.
4. Williams A. Guerrilla fashion: the story of supreme. New York Times,2012,21.
5. Weber F, Lehmann J, Graf-VlachyL, König A. Institution-infused sensemaking of discontinuous innovations: The case of the sharing economy. Journal of Product Innovation Management,2019,36(5):632-660.
6.【美】E. M.罗杰斯.创新的扩散.唐兴通,郑常青,张延臣,译.北京:电子工业出版社,2016.
7. 楚天阔,雪箭.金利来:廉颇老矣,尚能饭否?.中国服饰,2009,(08):20-21+108.
8.【美】斯蒂芬·维特.音乐是怎么变成免费午餐的.蔡哲轩,译.郑州:河南大学出版社,2020.
9.【美】迈克尔·波特.竞争战略.陈丽芳,译.北京:中信出版社,2014.
10. 邓勇兵.中国建材:整合式成长之路.哈佛商业评论中文版网站,[2012-11-06]. https://www.hbrchina.org/2012-1106/6705.html.
11. Teece D J. Business Models, Business Strategy and Innovation. Long Range Planning,2010,43(2-3):172-194.
12. Anthony S. Kodak and the brutal difficulty of transformation. Harvard Business Review,2012,

36: 56-59.
13.【英】克利斯·弗利曼,【英】罗克·苏特. 工业创新经济学. 华宏勋,华宏慈,译. 北京：北京大学出版社，2004.
14.【美】彼得·蒂尔,【美】布莱克·马斯特斯. 从 0 到 1: 开启商业与未来的秘密. 高玉芳,译. 北京：中信出版社，2015.
15. 百胜中国（YumChina）2021 财年年报.
16. 王丹. 一块炸鸡的中国之旅: 肯德基的商业哲学. 杭州：浙江教育出版社，2019.
17. 郑刚,陈劲,蒋石梅. 创新者的逆袭: 商学院的十六堂案例课. 北京：北京大学出版社，2017.
18. 小米集团 2021 年年度报告, https://ir.mi.com/static-files/b85f34c0-0010-4a8c-94b9-269d8cd4eca4.
19. 中汽中心数据资源中心零售数据.
20. 林军,胡喆. 沸腾新十年: 移动互联网丛林里的勇敢穿越者（下）. 北京：电子工业出版社，2021.
21.【美】迈克尔·波特. 竞争战略. 陈丽芳,译. 北京：中信出版社，2014.
22. Zott C, Amit R. Business model design and the performance of entrepreneurial firms. Organization Science, 2007, 18(2), 181-199.
23.【韩】W. 钱·金,【美】勒妮·莫博涅. 蓝海战略. 吉宓,译. 北京：商务印书馆，2005.
24.【日】井上理. 任天堂哲学. 郑敏,译. 海南：南海出版公司，2018.
25. 彭剑锋,周禹,刘晓雷,陈静淑. 任天堂: 让世界充满微笑. 北京：机械工业出版社，2013.
26.【日】井上理. 任天堂哲学. 郑敏,译. 海南：南海出版公司，2018.
27.【美】克莱顿·克里斯坦森. 创新者的窘境. 胡建桥,译. 北京：中信出版社，2010.
28.【韩】W. 钱·金,【美】勒妮·莫博涅. 蓝海战略. 吉宓,译. 北京：商务印书馆，2005.

第 9 章

1.【美】马克·伦道夫. 复盘网飞: 从一个点子到商业传奇. 尚书,译. 北京：中信出版社，2020.
2.【美】史蒂文·霍夫曼. 穿越寒冬: 创业者的融资策略与独角兽思维. 周海云,译. 北京：中信出版社，2020.
3. 陆坚. 应对裁员潮，企业需要人才智能. 哈佛商业评论，[2019-05-08]. https://www.hbrchina.org/2019-05-08/7280.html.
4. 亚马逊生鲜业务 Prime Fresh 会员费降价. 36Kr, [2016-10-08]. https://36kr.com/newsflashes/26643.
5.【美】吉姆·柯林斯. 从优秀到卓越. 余江,译. 北京：中信出版社，2006.
6. 李剑. 京东的"亏损"游戏还要玩多久？. 哈佛商业评论，[2016-03-08]. https://www.hbrchina.org/2016-03-08/3907.html.
7. 数据来自于海关统计数据在线查询平台（http://www.customs.gov.cn/），牛油果商品编码为 08044000。
8. 高质量生活家. 牛油果: 一个精心策划的健康骗局. 澎湃，[2021-08-04]. https://www.thepaper.cn/newsDetail_forward_13881265.
9.【美】迈克尔·A. 希特,【美】R. 杜安·爱尔兰,【美】罗伯特·E. 霍斯基森. 战略管理: 竞争与全球化（概念）（原书第 11 版）. 焦豪,等译. 北京：机械工业出版社，2016.
10. 为什么 Hulu 没能做到更好. https://www.hbrchina.org/2019-06-05/7320.html.
11. PingCAP: 开源文化驱动产品、管理的创新实践. 哈佛商业评论，[2018-09-29]. https://www.hbrchina.org/2018-09-29/6480.html.
12. 李全伟. 特斯拉的中国教训. 哈佛商业评论，[2015-02-15]. https://www.hbrchina.org/2015-02-15/2747.html.
13. http://data.cpcaauto.com/ManRank.

第10章

1. 【美】克莱顿·克里斯坦森.创新者的窘境.胡建桥,译.北京：中信出版社,2010.
2. Luc de Brabandere TED 演讲"Reinventing creative thinking".
3. 王坚在"第二届未来技术与颠覆性创新国际大会"上的演讲.
4. 2018年《财富》世界500强排行榜, https://www.fortunechina.com/fortune500/c/2018-07/19/content_311046.htm.
5. 开市客 2010—2022年营收, https://www.macrotrends.net/stocks/charts/COST/costco/revenue.
6. 沃尔玛 2010—2022年营收, https://www.macrotrends.net/stocks/charts/WMT/walmart/revenue.
7. 民航资源网.特立独行的美国忠实航空如何盈利?.环球旅讯, [2014-04-21]. https://www.traveldaily.cn/article/79616.
8. 克莱顿·克里斯坦森.你要如何衡量你的人生,北京联合出版公司,2018.
9. 懂懂笔记.巴菲特清仓 IBM 背后：战略领先十年,模式落后百年.虎嗅, [2017-05-10]. https://www.huxiu.com/article/194287.html.
10. Anthony S D. Kodak's Downfall Wasn't About Technology. Harvard Business Review, [2016-06-15]. https://hbr.org/2016/07/kodaks-downfall-wasnt-about-technology.
11. Carse J P. Finite and Infinite Games: A Vision of Life as Play and Possibility. Ballan-tine Books, 1987.
12. 腾讯&中国汽车流通协会.2018中国汽车流通行业发展报告, http://www.199it.com/archives/792164.html.
13. 阿里巴巴集团首席技术官张建锋在天猫双十一上的演讲。
14. Stephen Witt. How Music Got Free: A Story of Obsession and Invention Paperback. London:Penguin Books, 2016.
15. 【美】海明威.太阳照常升起.赵静男,译.上海：上海译文出版社,2004.
16. Video of an interview with Elon Musk at TED 2017.
17. Holyoak K J, Morrison R G. The cambridge handbook of thinking and reasoning, Cambridge: Cambridge University Press, 2005.
18. Wu X, Murmann J P, Huang C, Guo, B. The transformation of huawei: from humble beginnings to global leadership. Cambridge University Press, 2020.

第11章

1. Matthew B. Drug wars. Fortune, 2005, 151(12): 79-84.
2. 未来地产商业策划.龙湖商业增长法：用五条商场保鲜秘籍完成进化.36Kr, [2020-01-10]. https://www.36kr.com/p/1724972924929.
3. 龙湖官网, https://www.longfor.com/about/.
4. Harvard Business School Press. Harvard business review on manufacturing excellence at Toyota. Boston: Harvard Business School Press Books, 2009.
5. Bower J L, Hout T M.Fast-Cycle Capability for competitive power. Harvard Business Review, 1998, 66(6): 110-118.
6. John G, William A Mc. Toyota road USA. TIME Magazine, 1996, 148(17): 72.
7. Spear S, Bowen H Kent. Decoding the DNA of the Toyota production system. Harvard Business review, 1999, September-October.
8. Thomas Buckley, Leslie P. I'm loving it: CEO Steve Easterbrook is leading Mcdonald's into the age of code. Bloomberg Businessweek, 2019, 4631: 42-47.
9. 德勤.元宇宙综观——愿景、技术和应对.2022.
10. Roblox 官 网. Roblox reports second quaiter 2022 financial results. 2022-08-09. https://

ir.roblox.com/news/news-details/2022/Roblox-Reports-Second-Quarter-2022-Financial-Results/default.aspx.

11. Moore J F. Predators and prey: a new ecology of competition. Harvard Business review, 1993, 71 (3): 75-86.

12. John T B. The economic geography of air transportation: space, time, and the freedom of the Sky. "Business & Economics", 2010, 49-53.

13. Tong T W, Guo Y, Chen L. How Xiaomi redefined what it means to be a platform. Harvard Business Review, 2021.

14. Parashar S, Sharm Parv. Global smartphone AP-SoC shipments & forecast tracker by model‐Q4 2021. Counterpoint Research, 2022-3-2.

15. 行业洞察. Q1'22 中国智能手机 SoC: 联发科同环比双增，市占率超四成！创单季新高.Cinno，[2022-05-06]. http://www.cinno.com.cn/industry/news/chinasmartphonesoc220506.

16. 阿里巴巴集团官网 https://www.alibabagroup.com/cn/global/home.

第 12 章

1.【美】埃里克·冯·希普尔. 创新的源泉. 柳卸林，陈道斌，等译. 北京：知识产权出版社，2005.

2.【美】古姆·兰德尔. 创造力：跳出盒子思考. 张潇予，译. 上海：上海交通大学出版社，2014.

参考文献

第 1 章

[1] TEECE D J. Business models, business strategy and innovation[J]. Long Range Planning, 2010, 43:172-194.
[2] ZOTT C, AMIT R, MASSA L. The business model: recent developments and future research[J]. Journal of Management, 2011, 37(4): 1019-1042.
[3] 【美】斯蒂芬·维特. 音乐是怎么变成免费午餐 [M]. 蔡哲轩, 译. 郑州: 河南大学出版社, 2020.
[4] 【美】德伯拉·L. 斯帕. 从海盗船到黑色直升机: 一部技术的财富史 [M]. 倪正东, 译. 北京: 中信出版社, 2003.
[5] 【瑞士】亚历山大·奥斯特瓦德, 【比利时】伊夫·皮尼厄. 商业模式新生代 [M]. 王帅, 毛新宇, 严威, 译. 北京: 机械工业出版社, 2011.
[6] 【美】约瑟夫·熊彼特. 资本主义、社会主义与民主 [M]. 吴良健, 译. 北京: 商务印书馆, 1999.
[7] 林军著. 沸腾十五年——中国互联网 1995——2009[M]. 北京: 中信出版社, 2009.

第 2 章

[1] AMIT R, ZOTT C. Value creation in e-business[J]. Strategic Management Journal, 2001, 22: 493-520.
[2] CHESBROUGH H. W, ROSENBLOOM R. S. The role of the business model in capturing value from innovation: Evidence from Xerox Corporation's technology spinoff companies[J]. Industrial and Corporate Change, 2002, 11: 533-534.
[3] CHRISTENSEN C M. The past and future of competitive advantage[J]. MIT Sloan Management Review, 2001, 42: 105-109.
[4] FOSS N J, SAEBI T. Fifteen years of research on business model innovation: How far have we come, and where should we go? [J]. Journal of Management, 2017, 43(1): 200-227.
[5] HU M, XU XL, XUE W L, YANG Y. Demand pooling in omnichannel operations[J]. Management Science, 2022, 68(2): 883-894.
[6] DRUCKER P. The theory of the business[J]. Harvard Business Review. 1994, 72 (5): 95–104.
[7] TEECE D J. Business models, business strategy and innovation[J]. Long Range Planning, 2010, 43(2-3): 172-194.
[8] TIMMERS P. Business models for electronic markets[J]. Electronic Markets, 1998, 8(2): 3-8.
[9] ZOTT C, AMIT R, MASSA L. The business model: recent developments and future research[J]. Journal of Management, 2011, 37(4): 1019-1042.
[10] ZOTT C, AMIT R. The fit between product market strategy and business model: implications for firm performance[J]. Strategic Management Journal, 2008, 29(1): 126.
[11] 【美】德内拉·梅多斯. 系统之美: 决策者的系统思考 [M]. 邱昭良, 译. 杭州: 浙江人民出版社, 2012.

[12]【美】罗伯特·M.波西格.禅与摩托车维修艺术[M].张国辰,译.重庆:重庆出版社,2011.
[13]【美】马克·伦道夫.复盘网飞:从一个点子到商业传奇[M].尚书,译.北京:中信出版集团,2020.
[14]【美】莫提默·J.艾德勒,【美】查尔斯·范多伦.如何阅读一本书[M].郝明义,朱衣,译.北京:商务印书馆,2004.
[15]【挪】乔斯坦·贾德.苏菲的世界[M].萧宝森,译.北京:作家出版社,1996.
[16]【瑞士】亚历山大·奥斯特瓦德,【比利时】伊夫·皮尼厄.商业模式新生代[M].王帅,毛新宇,严威,译.北京:机械工业出版社,2011.

第3章

[1] GREEVEN M. How Chinese Retailers Are Reinventing the Customer Journey[J]. Harvard Business Review, 2021, 99(5): 84-93.
[2] MOHAMMED R. The Good-Better-Best approach to pricing[J]. Harvard Business Review, 2018, 96(5): 106-115.
[3] BUOLAMWINI J, GEBRU T. Gender Shades: Intersectional Accuracy Disparities in Commercial Gender Classification[J]. Proceedings of Machine Learning Research, 2018 81: 1–15.
[4]【美】克里斯·安德森.长尾理论[M].乔江涛,译.北京:中信出版社,2006.
[5]【美】克莱顿·克里斯坦森.创新者的窘境[M].胡建桥,译.北京:中信出版社,2010.
[6]【美】拜瑞·J.内勒巴夫,【美】亚当·M.布兰登勃格.合作竞争[M].王煜昆,王煜全,译.合肥:安徽人民出版社,2000.
[7]【美】巴里·施瓦茨.选择的悖论:用心理学解读人的经济行为[M].梁嘉歆,黄子威,彭珊怡,译.杭州:浙江人民出版社,2013.

第4章

[1] GOTTFREDSON M. Strategic sourcing from periphery to the core[J]. Harvard Business Review, 2005, 83(2): 132-139.
[2] TEECE D. J. Business models, business strategy and innovation[J]. Long Range Planning, 2009, 43(2-3): 172-194.
[3] ZOTT C, AMIT R. Designing your future business model: an activity system perspective[J]. Iese Research Papers, 2009, IESE Business School Working Paper No. 781.
[4] 林军,胡喆.沸腾新十年(下):移动互联网丛林里的勇敢穿越者[M].北京:电子工业出版社,2021.

第5章

[1] Peprah A A, Giachetti C, Larsen M M, Rajwani T S.How Business Models Evolve in Weak Inst-itutional Environments: The Case of Jumia, the Amazon.Com of Africa[J]. Organization Science, 2022, 33(1): 431-463.
[2] Elizabeth M. Image Problem[J], Forbes, 2000, 66(11): 104-106.
[3] TUKKER A, Product services for a resource-efficient and circular economy e a review[J]. Journal of Cleaner Production. 2015, 97: 76-91.
[4] 彭剑锋,周禹,刘晓雷,陈静淑.任天堂:让世界充满微笑[M].北京:机械工业出版社,2013.
[5]【日】三谷宏治.商业模式全史[M].马云雷,杜君林,译.南京:江苏文艺出版社,2016.

[6] 【美】塔尔莱特·赫里姆. 塔木德：犹太人的经商智慧与处世圣经 [M]. 邹文豪, 译. 北京：中国画报出版社, 2009.
[7] 王萌, 路江涌, 李晓峰. 电竞生态：电子游戏产业的演化逻辑 [M]. 北京：机械工业出版社, 2018.
[8] 【丹麦】乌尔里克·瓦格纳,【丹麦】拉斯穆斯·K. 斯托姆,【英】克劳斯·尼尔森. 当体育遇上商业：体育赛事管理及营销 [M]. 胡晓红, 张悦, 译. 北京：中国友谊出版公司, 2018.
[9] 【瑞士】亚历山大·奥斯特瓦德,【比利时】伊夫·皮尼厄. 商业模式新生代 [M]. 王帅, 毛新宇, 严威, 译. 北京：机械工业出版社, 2011.
[10] 【美】约瑟夫·派恩, 詹姆斯·H. 吉尔摩. 体验经济 [M]. 毕崇毅, 译. 北京：机械工业出版社, 2012.

第 6 章

[1] TEECE D J. Profiting from technological innovation: Implications for integration. collaboration, licensing and public policy[J]. Research Policy, 1986, 15: 285-305.
[2] 杨国安. 组织能力的"杨三角"：企业持续成功的秘诀 [M]. 北京：机械工业出版社, 2010.
[3] 【美】彼得·蒂尔,【美】布莱克·马斯特斯. 从 0 到 1：开启商业与未来的秘密 [M]. 高玉芳, 译. 北京：中信出版社, 2015.
[4] 高春平. 晋商学 [M]. 太原：山西经济出版社, 2009.
[5] 【美】托马斯·弗里德曼. 世界是平的 [M]. 何帆, 肖莹莹, 郝正非, 译. 长沙：湖南科学技术出版社, 2006.
[6] 【美】马克·伦道夫. 复盘网飞：从一个点子到商业传奇 [M]. 尚书, 译. 北京：中信出版集团, 2020.
[7] 【美】吉娜·基廷. 网飞传奇：从电影租赁店到在线视频新巨头的历程揭秘 [M]. 谭永乐, 译. 北京：中信出版集团, 2014.
[8] 【美】詹姆斯·戴森. 发明：詹姆斯·戴森创造之旅 [M]. 毛大庆, 译. 北京：中国纺织出版社, 2022.

第 7 章

[1] BARNEY J. Firm resources and sustained competitive advantage[J]. Journal of Management, 1991, 17: 99–120.
[2] 【韩】W. 钱·金,【美】勒妮·莫博涅. 蓝海战略 [M]. 毛大庆, 译. 吉宓, 译. 北京：商务印书馆, 2005.

第 8 章

[1] ANTHONY S. Kodak and the brutal difficulty of transformation[J]. Harvard Business Review, 2012, 36: 56-59.
[2] TEECE D J. Business models, business strategy and innovation[J]. Long Range Planning, 2010, 43(2-3), 172-194.
[3] WEBER F, LEHMANN J, GRAF–VLACHY L, & KÖNIG A. Institution–infused sensemaking of discontinuous innovations: The case of the sharing economy[J]. Journal of Product Innovation Management, 2019, 36(5), 632-660.
[4] WILLIAMS A. Guerrilla Fashion: The Story of Supreme[J]. New York Times, 2012, 21.
[5] ZOTT C, AMIT R. Business model design and the performance of entrepreneurial firms[J]. Organization Science, 2007, 18(2): 181-199.

[6] 【美】E. M. 罗杰斯. 创新的扩散 [M]. 唐兴通, 郑常青, 张延臣, 译. 北京：电子工业出版社, 2016.
[7] 【韩】W. 钱·金,【美】勒妮·莫博涅. 蓝海战略 [M]. 吉宓, 译. 北京：商务印书馆, 2007.
[8] 【美】彼得·蒂尔,【美】布莱克·马斯特斯. 从 0 到 1：开启商业与未来的秘密 [M]. 高玉芳, 译. 北京：中信出版社, 2015.
[9] 楚天阔, 雪箭. 金利来：廉颇老矣, 尚能饭否？[J]. 中国服饰, 2009, 10(08): 20-21.
[10] 【日】井上理. 任天堂哲学 [M]. 郑敏, 译. 海南：南海出版公司, 2018.
[11] 【美】克莱顿·克里斯坦森. 创新者的窘境 [M]. 胡建桥, 译. 北京：中信出版社, 2014.
[12] 【英】克利斯·弗里曼, 罗克·苏特. 工业创新经济学 [M]. 华宏勋, 华宏慈, 译. 北京：北京大学出版社, 2004.
[13] 李聪聪, 熊康宁, 苏孝良, 等. 贵州茅台酒独特酿造环境的研究 [J]. 中国酿造, 2009 (01): 1-4.
[14] 林军, 胡喆. 沸腾新十年（下）：移动互联网丛林里的勇敢穿越者 [M]. 北京：电子工业出版社, 2021.
[15] 【美】迈克尔·波特. 竞争战略 [M]. 陈丽芳, 译. 北京：中信出版社, 2014.
[16] 彭剑锋, 周禹, 刘晓雷, 陈静淑. 任天堂：让世界充满微笑 [M]. 北京：机械工业出版社, 2013.
[17] 【美】斯蒂芬, 维特. 音乐是怎么变成免费午餐的 [M]. 蔡哲轩, 译. 郑州：河南大学出版社, 2018.
[18] 王丹. 一块炸鸡的中国之旅：肯德基的商业哲学 [M]. 杭州：浙江教育出版社, 2019.
[19] 郑刚, 陈劲, 蒋石梅. 创新者的逆袭：商学院的十六堂案例课 [M]. 北京：北京大学出版社, 2017

第 9 章

[1] 【美】马克·伦道夫. 复盘网飞：从一个点子到商业传奇 [M]. 尚书, 译. 北京：中信出版集团, 2020.
[2] 【美】史蒂文·霍夫曼. 穿越寒冬：创业者的融资策略与独角兽思维 [M]. 周海云, 译. 北京：中信出版集团, 2020.
[3] 【美】布拉德·斯通. 一网打尽：贝佐斯与亚马逊时代 [M]. 李晶, 李静, 译. 北京：中信出版社, 2014.
[4] 【美】纳西姆·尼古拉斯·塔勒布. 黑天鹅：如何应对不可预知的未来 [M]. 万丹, 译. 北京：中信出版社, 2018.
[5] 【美】吉姆·柯林斯. 从优秀到卓越 [M]. 余江, 译. 北京：中信出版社, 2006.
[6] 【美】迈克尔·A. 希特,【美】R. 杜安·爱尔兰,【美】罗伯特·E. 霍斯基森. 战略管理：竞争与全球化（概念）原书第 11 版 [M]. 焦豪, 等译. 北京：机械工业出版社, 2016.

第 10 章

[1] CARSE J P. Finite and Infinite Games: A Vision of Life as Play and Possibility[M]. Ballantine Books, 1987.
[2] HOLYOAK K J, MORRISON R G. The Cambridge Handbook of Thinking and Reasoning[M]. Cambridge: Cambridge University Press, 2005.
[3] WITT S. How music got free: A story of obsession and invention paperback[M]. Penguin Books, 2016.
[4] WU X, MURMANN J P, HUANG C, GUO B. The transformation of huawei: from humble beginnings to global leadership[M]. Cambridge: Cambridge University Press, 2020.
[5] 【美】海明威. 太阳照常升起 [M]. 赵静男, 译. 上海：上海译文出版社, 2004.

[6] 【美】克莱顿·克里斯坦森,【澳】詹姆斯·奥沃斯,【美】凯伦·迪伦. 你要如何衡量你的人生 [M]. 丁晓辉, 译. 北京: 北京联合出版公司, 2018.
[7] 【美】克莱顿·克里斯坦森. 创新者的窘境 [M]. 胡建桥, 译. 北京: 中信出版社, 2010.

第 11 章

[1] MOORE J F. Predators and prey: A new ecology of competition[J]. Harvard Business Review, 1993, 71 (3) : 75-86.